2級建築施工管理技士 はじめの一歩

第一次検定対策テキスト

井岡和雄

学芸出版社

はじめに

■飛び込んでみよう、建物をつくる世界へ

皆さんは、「ものづくり」という言葉、聞いたことありますよね。
もともとは、生産や製造を意味する「やまとことば」で、よく建築生産でも使われます。敷地という広いキャンバスの中に、建物という大きな作品をつくりあげる。このような「ものづくり」である建築の世界に飛び込んでみませんか。

建築の世界は、ハードルが高く、狭き門とされていた時代もありましたが、近年は、興味があれば、誰でも飛び込むことが可能です。「今のところ、興味はないが、試しに飛び込んでみようかな」という人でも構いません。この本は、少しでもハードルを低く、飛び込みやすくする本として出版に至りました。

建物をつくる世界は、デザイン、構造、設備、施工（生産）等、多くの専門分野に分かれています。脳の役割で例えれば、感覚的思考の右脳と、論理的思考の左脳のどちらもフル回転させる面白い世界です。少しでも気になったところから始めてみてはどうでしょうか。案外、深みにハマることもありますよ。

■知らなかったことを、新たに知ると楽しい

皆さんは、「新しいもの」や「いつもと違うもの」、「変わったもの」に目を引かれたことはありませんか。

新しいものを買ったり、髪形を変えたり、新しい服を着たりするのも同じです。
この「目新しいものを好む性質」をうまく利用すれば、学習の効果も上がるのではないでしょうか。

「知らなかったこと」を、新たに知ることができれば、少しは楽しくなりますよ。

それどころか、無意識のうちに学習効果が向上し、さらにモチベーションアップにも繋がります。

この本は、新たに知ることへの一歩となる、基本的な最低限の内容を執筆しています。何事も一歩踏み出さないと始まらないので、自分の好きな分野、興味が湧きそうな分野からでも結構です。

とりあえず、読み始めてみてください。

■これから2級建築施工管理技術検定試験に挑戦し、建築施工管理技士を目指す人へ

建築施工に興味をもち、建築施工管理技士を目指す皆さんは、取得後の目標を少なからずもっていると思います。「とりあえず目指してみようかな」でもかまいません。

ただ、目標を達成するためには、初めの一歩を踏み出す必要がありますよね。そして、諦めずに続けてゴールに達しないとだめですよね。

もし諦めそうになれば、ひとつ気楽な気持ちで学習を楽しんでみてはどうでしょうか。

学習も建築も同じで、日々の積み重ねを楽しく続けることが大切です。建物の完成後に充実感が得られるように、学習も最後まで続ければ、知らなかった知識が得られ、その結果として合格に近づきます。

この1冊で第1次検定のすべての範囲を習得することはできませんが、いきなり分厚い参考書や問題集を手にするのではなく、その前のお試しとして、基本的な知識を身に着けることを推奨します。その後、参考書や問題集に取り組んでいただくと、効率的な学習ができるのではないでしょうか。

この本を十分に活用していただき、皆さんの目標を叶える手助けとなる1冊になることを願うとともに、建築業界でのいっそうの活躍を楽しみにしています。

井岡 和雄

2級建築施工管理技術検定試験について

建築の世界には、実に多くの資格がありますよね。その中でも代表的な国家資格として、「施工管理技術検定試験」があります。「施工管理技術検定試験」は現場の施工管理を目的とした試験で、建築、土木、造園、建設機械等の種類があり、1級と2級に分かれています。

建築の現場で活躍されている方、これから活躍しようとする方が最初のステップとして挑戦するのに打ってつけの試験が「2級建築施工管理技術検定試験」です。

試験は、第1次検定と第2次検定があり、第1次検定に合格すれば「施工管理技士補」の称号が与えられます。また、技士補として一定の現場経験を積めば第2次検定を受検することができ、合格後は「施工管理技士」としてさらに活躍できます。

◆試験の日程（前期：1次のみ、後期：1次と2次）

2月～3月	受検申込み（前期）
▼	
6月	1次検定
▼	
7月	1次検定の合格発表

6月～7月	受検申込み（後期）
▼	
11月	1次と2次検定
▼	
翌年1月	1次検定の合格発表
▼	
翌年2月	2次検定の合格発表

◆試験科目と試験時間

第1次検定の検定科目は、建築学等（知識）、施工管理法（知識、能力）、法規（知識）の科目があり、合計50問あります。問題は、選択問題（解答は自由）と必須問題（必ず解答）に分かれており、選択問題においては、解答数が指定解答数を超えた場合、減点になります。

解答数の合計は40問で40点満点です。

解答方式は、マークシートによる四肢択一式、及び能力問題に関しては五肢択一式で出題されます。試験時間は150分で、午前中に行われます。なお、法令集等の持ち込みは認められていないので、注意しましょう。

◆受検資格

第1次検定は、試験実施年度に満17歳以上となる方であれば受検でき、実務経験も不要です。

受検案内の内容は
変更することがありますので、
必ず早めに各自で確認
するようにしましょう。

◆合格ラインと合格率

第1次検定の合格点は、40点満点の60％以上の点数、24点以上で合格となります。試験の実施状況等を踏まえ、変更される可能性はありますが、ほとんどの年度で変更されていません。合格率は、概ね45％前後となっています。ちなみに、第2次検定は35％前後です。

◆第2次検定

第1次検定を合格すると、3年の建築施工管理に関する実務経験年数を経てから第2次検定試験です。7月に受検申込みがあり、11月に検定試験が行われます。第2次検定は午後から行われるため、最終学歴と実務経験年数によっては、第1次検定と第2次検定の同時受験が可能です。

また、第2次検定は、「建築」「躯体」「仕上げ」と3種類の検定種別があり、自身の実務経験内容に即した検定種別で受検しなければなりません。

解答方式は、施工管理法についての記述式による筆記試験とマークシートによる四肢択一式の試験が午後に行われ、試験時間は120分です。

◆19歳以上であれば、１級の第１次検定も受検可能

2級の第1次検定に合格したものの、第2次検定に合格せずに19歳以上となった場合、1級の第1次検定を受験することもできます。ただし、2級と同様、一定期間の実務経験年数がなければ、第2次検定を受検することはできません。

第1次検定の受検要件は
年齢のみで、広き門となっていますよ。
第2次検定に関しては、一定期間の
実務経験がないと受検できない
狭き門ですね。

一般財団法人建設業振興基金　試験研修本部（https://www.fcip-shiken.jp/）

試験を行っている機関です。一般財団法人建設業振興基金のホームページでは、試験に関する詳細を調べることができます。受検に関する内容は、変更されることがあるので、必ず各自で確認することを推奨します。

目　次

第8章　建物の完成をめざす編　～仕上げ工事～　165

第9章　現場を円滑にすすめる編　～管理計画～　205

第 1 章

快適な生活環境づくり編

～環境工学～

一度は耳にしたことがあると思いますが、吉田兼好の「徒然草」の一節に、**「家のつくりやうは、夏を旨(むね)とすべし。冬は如何(いか)なる所にも住まる。あつき頃、わろきすまひは、たへがたき事なり。」**があります。

現代文では、「家のつくり方は夏を主とするのがよい。冬はどんな所にも住むことができるが、暑い季節に、建て方の劣っている住まいは、我慢できない。」となります。

つまり、湿気の多い日本では、夏向きがよいとされていますが、どうでしょうか。夏向きにつくれば冬にこまり、冬向きにつくれば夏にこまりますね。しかし、夏向きにつくって冬に我慢しようというのであれば、夏向きにつくることができます。

どのような場合も、メリット、デメリットがありますが、デメリットを最小限に抑えることが、快適な生活環境づくりにつながります。快適な生活環境を考える上で、太陽の光、空気、水等の自然環境、及び音、色が、良くも悪くも人間の日常生活に影響を及ぼす要素といえます。これらの要素を考えることから一歩、始めてみましょう。

落水荘（カウフマン邸）

フランク・ロイド・ライトによる設計。自然豊かな山の景色に調和するカウフマンの別荘。
ライトの確立した「プレーリースタイル（草原様式）」である。

001―採光・照明　室内の明るさをどう確保するか

室内の明るさを確保するには、一般に、太陽の光を窓から取り入れて、室内を明るくすることを考えますね。また、窓の大きさや位置、高さによって室内の明るさも変わり、ましてや窓で十分な明るさが確保できなければ、照明器具を用いることになります。

❑昼光と採光

昼光（ちゅうこう）とは、太陽の光による昼間の明るさをいい、直射光と天空光を合わせたものとして考えます。**（昼光＝直射光＋天空光）**この昼光によって**必要な明るさを確保する**ことを採光といいます。

直射光　大気層を透過して直接地表に到達する光。
天空光　大気層で拡散、乱反射されて地表に達する光。

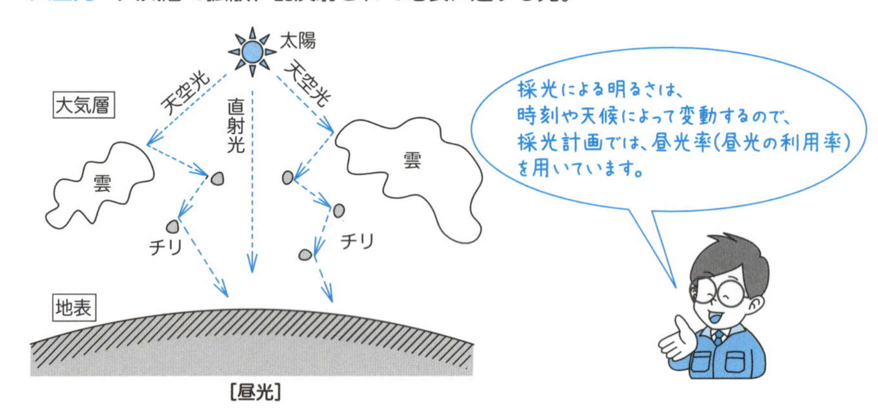

［昼光］

❑窓の位置や形による室内の明るさ

・**側窓**（がわまど）は**壁の中央**にあるほど、**上方**にあるほど、室内の明るさは**大きく**なり**均斉化**される。

側窓　部屋の鉛直壁に設けられた窓。
均斉化　室内の明るさを均一にすること。

・縦長窓の方が、室内の奥まで明るさが届いて**均斉化**される。
・形、面積、材質が同じ窓の場合、**天窓は側窓より明るい。**
天窓は建物の屋根に設けられた窓で、側窓の３倍の明るさが確保される。
・窓の大きさが同一の場合、１箇所に集中するより、**分散して設ける**方が**均斉化**される。
・片側採光は、照度分布が不均一で、隣接建物の影響が大きい。

❏昼光率とは

昼光率は、**室内の**ある点での**天空光による照度**と、**屋外の全天空照度**との比率で、次式で表されます。

照度　**物体が照らされる明るさ。**
全天空照度　**直射光を除いた全天空光による明るさ。**

$$
昼光率[\%] = \frac{室内のある点での天空光による照度(E)}{屋外の全天空照度(Es)} \times 100
$$

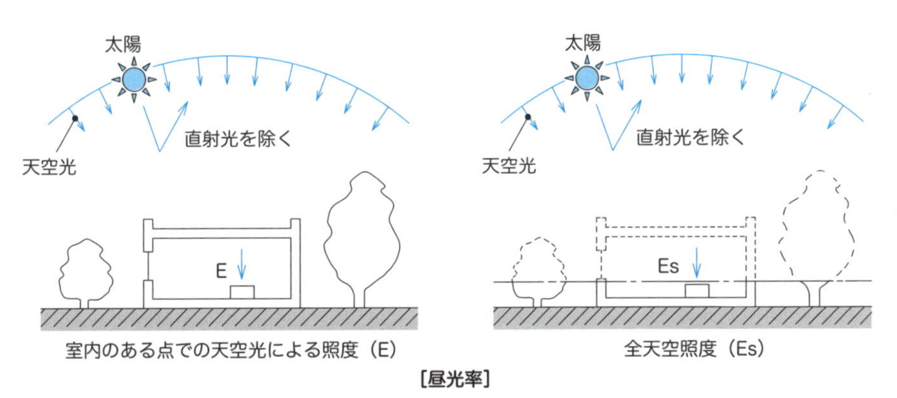

[昼光率]

❏昼光率のポイント

・**全天空照度が変化しても、昼光率は変化しない。**

・周囲の建物や樹木等の**影響を受ける。**
・窓の大きさ、位置の**影響を受ける。**
・側窓を有する室内のある点の昼光率は、窓からの距離が遠くなるほど**低くなる。**
・室内表面の反射率によって**異なる。**

❏**均斉度とは**

室内の明るさをなるべく均等にしたい。そのような場合に用いられる指標が均斉度で、数値が1に近づくほど均等であることを示しています。

均斉度　作業面の最低照度の最高照度に対する比 $\left(\frac{\text{最低照度}}{\text{最高照度}}\right)$。

採光による場合：1/10以上、照明による場合：1/3以上。
「全般照明による照度」と「局部照明による照度」の比：1/10以上。

❏**照明方式と方法**

照明方式には、光源からの直接光を利用する直接照明と、光源からの直接光を利用せず、壁面や天井面の反射を利用する間接照明があります。

直接照明　**陰影が濃く、かたい感じの光。**
間接照明　**陰影が薄く、やわらかい感じの光。**

次のような照明の方法があります。
全般照明（アンビエント照明）　作業面全体を一様に照らす方法。**天井の照明。**
局部照明（タスク照明）　作業面の一部を補高照度で照らす方法。**机のスタンド。**

併用方式（タスク・アンビエント照明）
全般照明（アンビエント照明）で周囲に最低限必要な明るさを確保し、作業面は局部照明（タスク照明）によって照度の不足分を補う方法。**全般照明と局部照明を併せて行う。**

❏光に関する用語

光束　視感度に基づいて測定された単位時間当たりの光のエネルギー量。
光源から目に入ってくる光のエネルギー全体。単位（lm　ルーメン）。

光度　光源からある方向にどれだけの光の量が出ているかを表す。
単位立体角当たりの光束で、光源の明るさを表す量。単位（cd　カンデラ）。
配光：光源の各方向に対する光度の分布を示したもの。

照度　光源によって照らされる面の明るさ。
点光源による照度は、光源からの距離の2乗に反比例（点光源の逆2乗の法則）。
単位（lx　ルクス）又は（lm/m^2　ルーメン毎平方メートル）。

輝度　光を発散する面（反射面等）から特定の方向へ出ている光の明るさ。
特定の方向から見たときの明るさ。単位（cd/m^2　カンデラ毎平方メートル）。

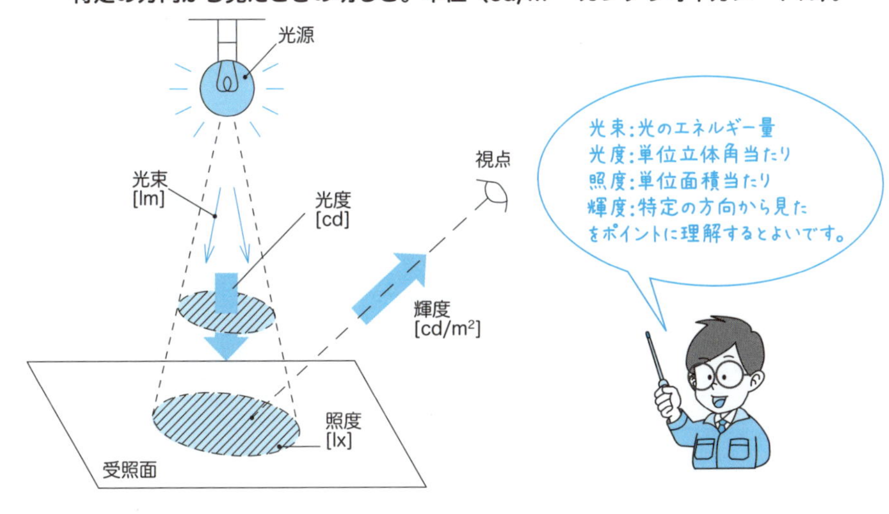

[光に関する用語]

❏色温度とは

色温度は、光源の出す光の色を、これと等しい光色を出す黒体の絶対温度によって表したものです。単位はK（ケルビン）で表し、色温度が高くなるほど「黒→深赤→**橙**→桃→白→**青白**→青」と色が変化します。

メモ　白熱電球：約2850K　　白色蛍光ランプ：4500K　　昼光色蛍光ランプ：6500K
色温度の低い光源は、暖かみのある雰囲気。（橙：ロウソクの炎、青白：ガスバーナーの炎）

002— 日照・日射　「夏至の南面が一番日当たりがよい」は間違い？

スバリ、間違いです。夏場、「夕方になると西日がきつい」ということがありますね。実は東面、西面の方が南面よりも日当たりがよいです。寒い季節は嬉しい西日が、夏になると悩みの種になっています。

❑日照率

ある地点の日照の状況は、日照率(%)＝$\frac{\text{日照時間}}{\text{可照時間}}$×100 で定義することができます。

日照時間　ある地点に実際に**日の照った**時間。**天候や障害物の影響を受ける。**

可照時間　ある地点の**日の出から日没**までの時間。
緯度や季節によって決まり、天候や障害物の影響は受けない。

❑太陽の位置

太陽の位置は、地表面と太陽との角度である**太陽高度**と真南からの角度である**太陽方位角**で決定されます。観測している位置で、太陽が真南になることを**南中**といいます。

南中時　太陽が真南に位置するとき。**太陽方位角が0度で、太陽高度が1日の中で最も高い。**

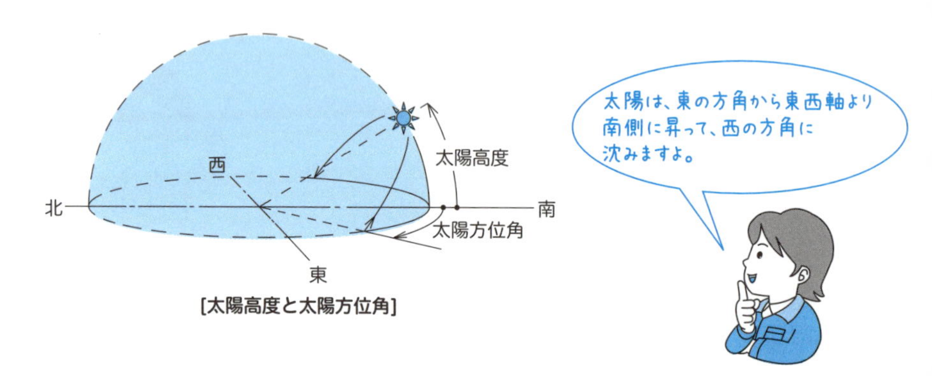

[太陽高度と太陽方位角]

❏太陽の軌道

太陽の軌道は、春夏秋冬という4つの季節によって、下図のように変化しますが、まずは**春秋分の軌道**を基準に捉えましょう。

春秋分　太陽は**真東**から昇って**南の空**を通っていった後に**真西**へと沈んでいく。
南中時の太陽高度（北緯35度）＝90°−35°（緯度）＝55°→約55°

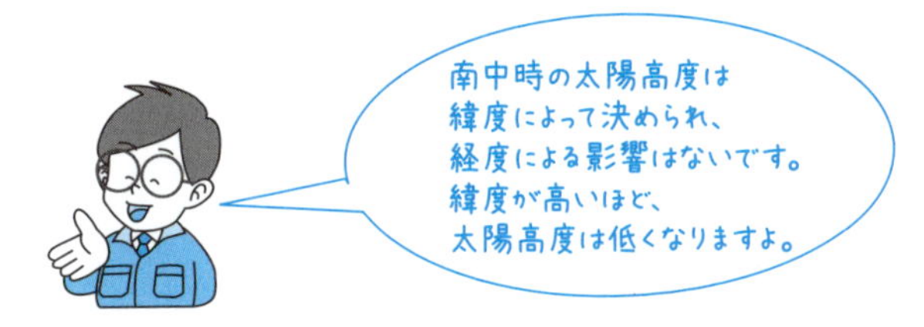

夏至　太陽の昇る方角と沈む方角が**北の方向**へずれ、**太陽高度**が春秋分より**大きくなる。**
南中時の太陽高度（北緯35度）＝90°−35°＋23.4°（地軸の傾き）
＝78.4°→約80°

冬至　太陽の昇る方角と沈む方角が**南の方向**へずれ、**太陽高度**が春秋分より**小さくなる。**
南中時の太陽高度（北緯35度）＝90°−35°−23.4°（地軸の傾き）
＝31.6°→約30°

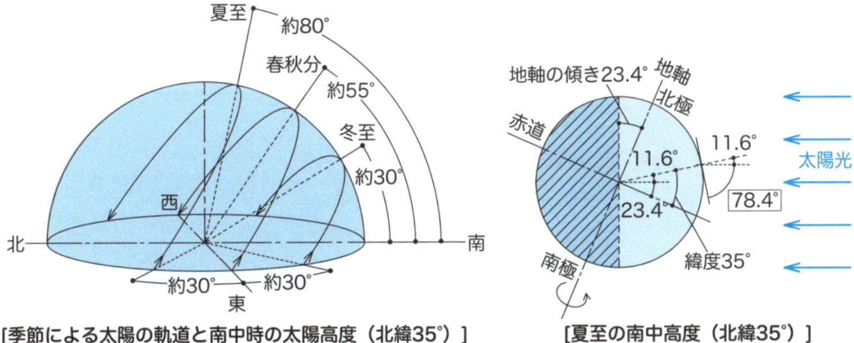

[季節による太陽の軌道と南中時の太陽高度（北緯35°）]　**[夏至の南中高度（北緯35°）]**

❏日射と日射量

太陽の光を熱作用の観点からとらえたものが日射で、地表に到達した太陽の放射エネルギー、すなわち「日差し」です。波長別に、次のように分類されます。

紫外線	（短波長）380nm以下	化学線。消毒・生育作用、日焼け、退色等の化学作用がある。
可視光線	380～780nm	人間の目で見える光で、この範囲を一般的に光と呼んでいる。
赤外線	（長波長）780nm以上	熱線、加熱、乾燥等の熱作用がある。

日射量は、ある面が単位面積当たり単位時間内に受ける熱量で表され、**単位は [W/m²]** を用います。**直接地表**に達する日射量を直達日射量、乱反射されて地表に達する日射量を**天空日射量**といい、それらを合計したものが**全天日射量**です。**昼光の考え方と類似します。**

❏大気透過率とは

大気透過率（P）とは、大気層に入射する以前の太陽の日射量（太陽定数I_0）に対する、地表での直達日射量（I）の割合をいい、次式で表されます。

$$大気透過率(P)=\frac{I}{I_0}$$

I：直達日射量、 I_0：太陽定数（＝約1370W/m²）

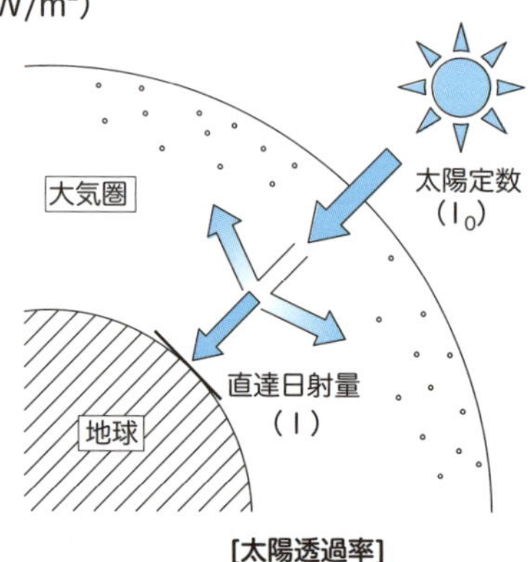

[太陽透過率]

❑各方位面が受ける直達日射量

季節ごとの終日の直達日射量の変化を各方位面から表したものが以下の図で、この図から次の内容が読み取れます。

- **南向き鉛直面**が受ける1日当たりの直達日射量は、**夏期より冬期の方が多い。**
- **夏至**の1日当たりの直達日射量は、**南向き鉛直面**より**東・西向き鉛直面**の方が**大きい。夏の冷房負荷（冷房の光熱費）を減らすには、東・西面採光ではなく、南面採光にするとよい。**
- **冬至**の1日当たりの直達日射量は、**水平面**より**南向き鉛直面**の方が**大きい。**

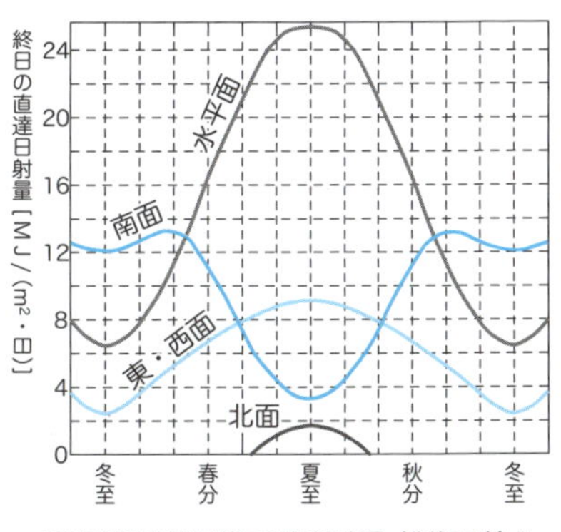

［各方位面が受ける終日の直達日射量（北緯35度）］

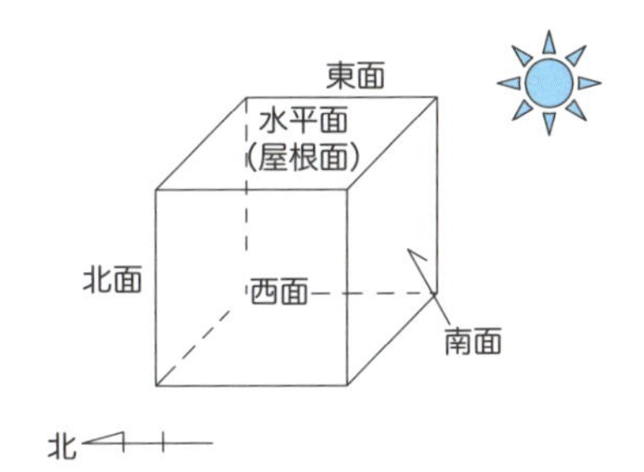

メモ　夏至：水平面＞東・西面＞南面＞北面
冬至：南面＞水平面＞東・西面

❑隣棟間隔とは

隣棟間隔とは、南北方向に建築物がある場合、**南側**の建築物の日影が**北側**の建築物にとどかないようにする壁面間の距離をいい、太陽高度が低く、日影が最も長くなる**冬至において検討**します。**緯度が大きいほど、南北隣棟間隔比が大きいです。**

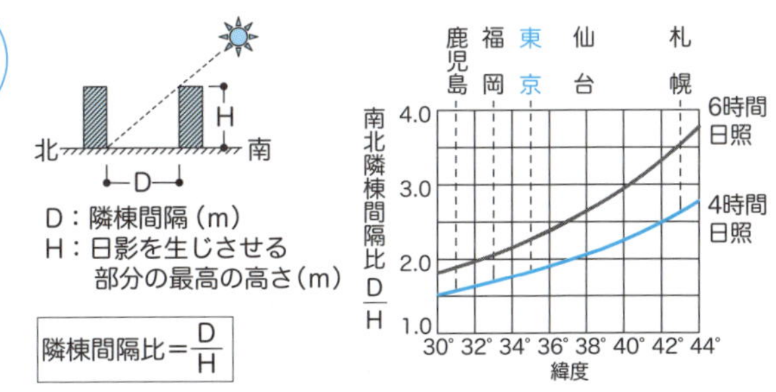

［緯度による南北隣棟間隔比］

003—換気　部屋の空気をきれいに保つために

部屋の空気をきれいにするために、だれでも思いつくのが、窓を開けることですよね。部屋の汚れた空気を、屋外の新鮮な空気と入れ換えることが換気です。換気することで、部屋の空気をきれいに保つことができ、温度や湿度の調整ができる等効果がいっぱい。

❑換気のしくみ

部屋の空気を入れ換えるためには、風や空気の力と、流入口や排出口となる開口部が必要です。この風や空気の力をどのように得るかによって、**自然換気**と**機械換気**に分かれます。

自然換気　機械を使わず、窓を開けることで風や空気の自然な力を利用して換気する。

機械換気　主に送風機（ファン）等の機械の力を利用して換気する。

❑自然換気

自然換気には、室内外の風の圧力差による**風力換気**と、温度差による空気密度の違いで換気する**重力換気**があります。重力換気は、温度差による換気ともいいます。

風力換気　風力による換気Qは、次式で求めることができます。

$Q=\alpha \times A \times v \times \sqrt{C_u - C_d}$ [m^3/s]　**この式から、換気量は何に比例する？**

α：流量係数（窓の断面形状で定まる）　A：開口部面積［m^2］　v：風速［m/s］
Cu：風上の風圧係数　Cd：風下の風圧係数

メモ　√（ルート）のことを平方根といいます。

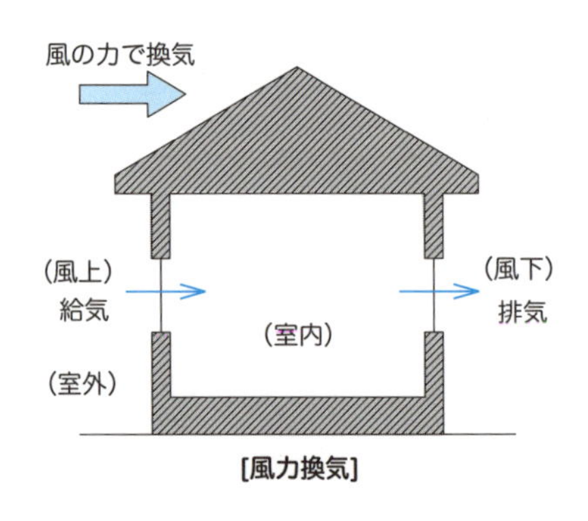

[風力換気]

重力換気　重力（空気の温度差）による換気Qは、次式で求めることができます。

$Q=\alpha\times A\times\sqrt{2gh\times\Delta T}$ [m³/s]　**この式から、換気量は何に比例する？**

α：流量係数（窓の断面形状で定まる）　A：開口部面積［m^2］

g：重力加速度（9.8［m/s^2］）　h：上部開口と下部開口との高さの差［m］

ΔT：室内外の温度差 $\dfrac{t_i-t_o}{273+t_i}$ [℃]

t_i：室内の空気温度［℃］　t_o：室外の空気温度［℃］

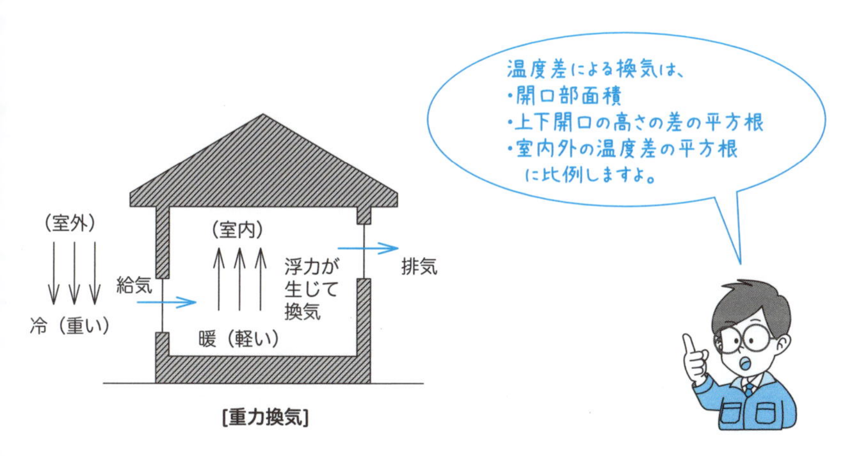

[重力換気]

メモ　暖かい空気は軽いので上昇、冷たい空気は重いので下降。

給気　**室外の空気を室内に送り込むこと。**

排気　**室内の空気を室外に送り出すこと。**

❑機械換気

機械換気は、その換気方式により、3種類に分類することができます。

なお、機械による動力を必要としない自然換気を、第4種換気方式と呼ぶこともあります。

第1種換気方式

（第1種機械換気方式）

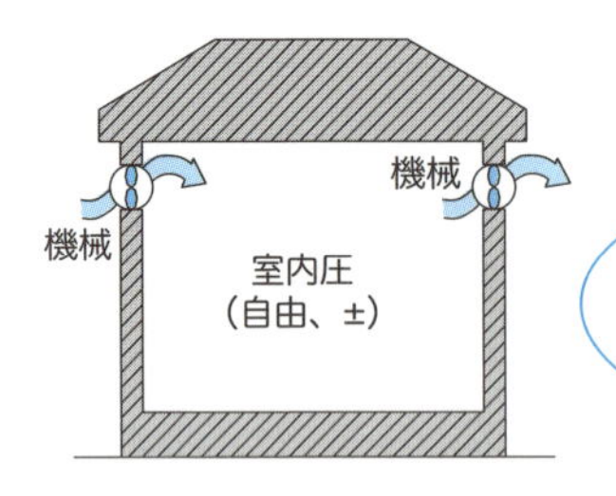

給気も**排気**もファン等の**機械**で行う最も完全な方式。

室内の圧力は、**正圧**、**負圧**ともに可能。

劇場、地階の機械室、クリーンルーム等に採用。

第2種換気方式

（第2種機械換気方式）

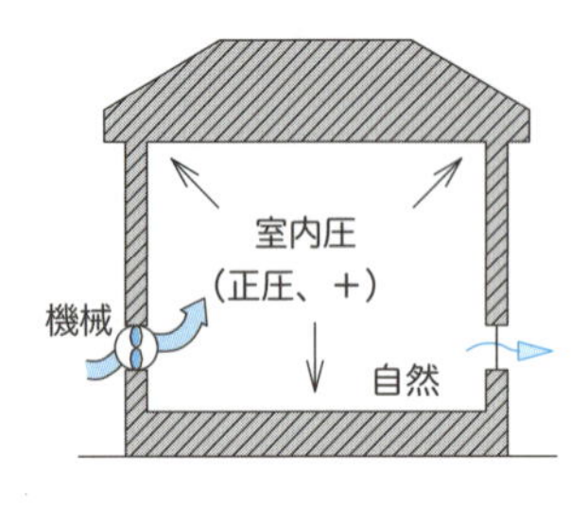

給気を**機械**で、**排気**を窓等の**自然**で行う方式。

室内が**正圧**となり、**外部からの汚染空気**の流入を防止。ボイラー室、手術室、クリーンルーム等に採用。

第3種換気方式

（第3種機械換気方式）

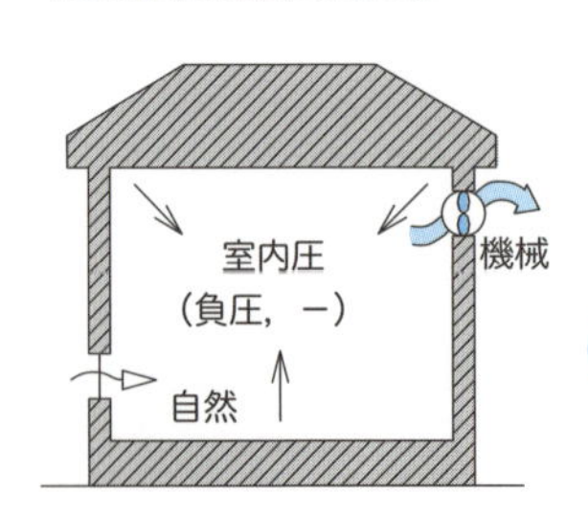

給気を**自然**で、**排気**を**機械**で行う方式。

室内が**負圧**となり、**室内で発生した汚染空気**を周囲に漏らさない。

台所、便所、浴室等一般的に採用されることが多い。

□必要換気量（必要な換気量）

汚染質が発生している室における必要換気量Qは、その室における汚染質の許容濃度P_iとその発生量K、及び外気の汚染質の濃度P_oによって決まります。一般に、居室の必要換気量は、**二酸化炭素（CO_2）濃度を基準**とします。**一般居室の必要換気量、1人あたり30m^3/hです。**

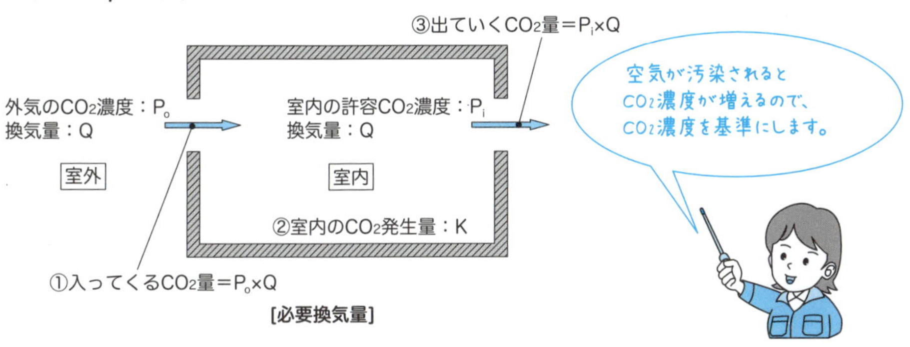

［必要換気量］

$P_o \times Q + K = P_i \times Q$ の関係から、

$$Q = \frac{K}{P_i - P_o} \ [m^3/h]$$

K：室内の CO_2 発生量［m^3/h］
P_i：室内の許容 CO_2 濃度（0.001＝0.1%＝1,000ppm 以下）
P_o：外気の許容 CO_2 濃度

□室内空気の環境基準

評価項目	許容値	評価項目	許容値
温度	18℃～28℃	湿度	40%～70%
気流速度	0.5m/s 以下	浮遊粉塵量	0.15mg/m^3 以下
一酸化炭素（CO）	6ppm（0.0006%）	ホルムアルデヒド	0.1mg/m^3 以下 室温 23～25℃：0.08ppm 以下
二酸化炭素（CO_2）	1000ppm（0.1%）		

クロルピリホスは、原則、使用禁止

□換気回数

換気回数Nは、室内の空気が1時間に入れ替わる回数を表し、次式で求めます。

$N = \frac{Q}{V}$［回 /h］　Q：1 時間当たりの換気量［m^3/h］　V：室容積［m^3］

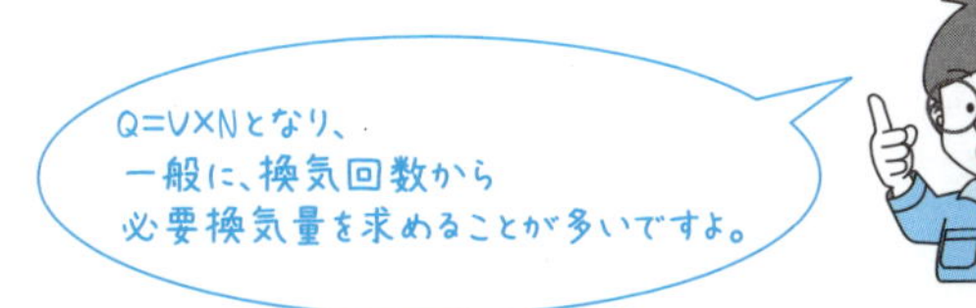

004—熱・結露　熱と温度差に注意して快適な環境にしよう

物体に蓄えられたエネルギーを熱といい、温度はその熱をどのくらい蓄えられているかを分かりやすく数値化したものです。温度差が生じると高温から低温に熱の移動が起こり、室内の環境に様々な影響をもたらします。特に結露はカビの発生の要因になりますので注意しましょう。

❏熱の伝わり方の形態

熱の伝わり方には、3つの形態があります。次の図のように、鍋でお湯を沸かす状態を考えてみましょう。

熱の伝導　主に固体中を、熱エネルギーが高温側から低温側に移動する現象。
鍋底内部の熱の移動。

熱の対流　液体や気体の流体の流れによって、熱エネルギーが運ばれる現象。
お湯の流れによる熱の移動。高温部の流体は上昇、低温部の流体は下降。

熱の放射　物体から放出される赤外線（電磁波）によって、熱エネルギーが移動する現象。
炎からの赤外線による熱の移動。熱放射は、空気がなくても発生する。

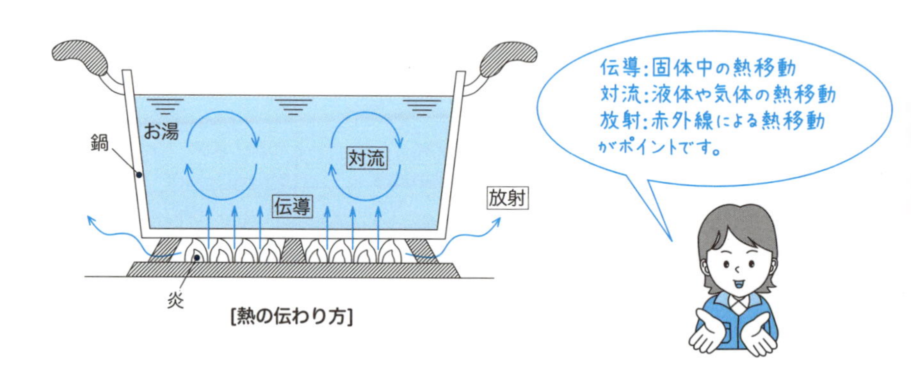

[熱の伝わり方]

❏建物の壁での熱の伝わり方は

建物の壁での熱の伝わり方は、高温側の空気の熱が壁の表面に**熱伝達**し、壁の内部を**熱伝導**したのち、再び壁の表面から低温側の空気へ**熱伝達**します。この伝熱の一連の過程を**熱貫流**といいます。

熱伝達　空気と壁の表面、壁の表面と空気との間に熱が伝わること。
対流による熱伝達、放射による熱伝達。

熱伝導　壁等の材料の内部で、一方の表面から他方の表面へ熱が移動すること。
高温側から低温側に移動。温度勾配が緩いほど、熱が伝わりやすい。

熱貫流　熱が高温の空気側から、伝熱→伝導→伝達と低温の空気側に伝わる一連の過程。
熱貫流のしやすさを熱貫流率で表し、値が大きいほど熱が伝わりやすい。

単一の材料からなる壁で、室温が外気温より高い場合、室内から室外へ流れる熱貫流 q［W/m^2］は、次式で求めることができます。

メモ **壁の熱貫流量Q＝熱貫流q×壁の面積A**

$$q = K \times (t_i - t_o) = \frac{1}{R} \times (t_i - t_o) \ [W/m^2]$$

K：熱貫流率［$W/(m^2 \cdot K)$］
R：熱貫流抵抗［$m^2 \cdot K/W$］（R＝1/K）
t_i：室温（高温側）
t_o：外気温（低温側）

「〜率」は「〜のしやすさ」、
「〜抵抗」は「〜のしにくさ」で
覚えましょう。

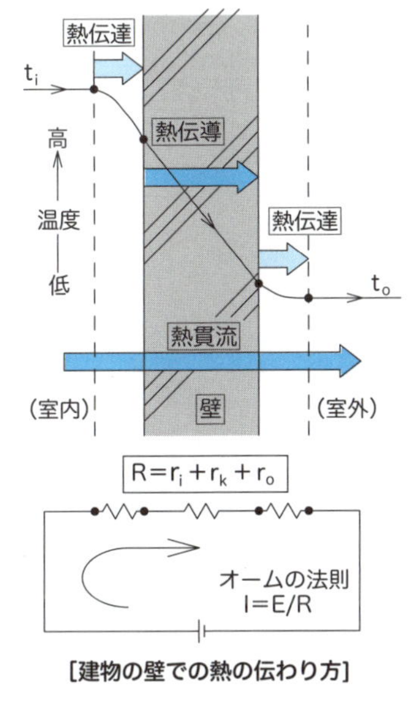

［建物の壁での熱の伝わり方］

$$R = r_i + r_k + r_o \ [m^2 \cdot K/W]$$

r_i：室内側の熱貫流抵抗［$m^2 \cdot K/W$］
r_k：壁の熱伝導抵抗［$m^2 \cdot K/W$］
r_o：室外側の熱貫流抵抗［$m^2 \cdot K/W$］

熱量は、電気のオームの法則（I＝E/R）に
置き換えると考えやすいですよ。
電流I→熱量Q、
電圧（電位差）E→温度差（t_i−t_o）、
電気抵抗R→熱抵抗R

□熱伝導率と密度（比重）との関係は

材料内の熱の伝わりやすさを示す量として**熱伝導率［W/（m・K)］**があり、密度（比重）の大きい材料ほど熱伝導率が大きくなる傾向があります。また、内部に空隙のある固体の比重は**「かさ比重」**（空隙を含んだみかけの密度）で表され、同じ材料でも、圧縮して**「かさ比重」**が大きくなると、熱伝導率が大きくなります。

メモ　重い材料ほど、熱が伝わりやすい。材料が水で濡れると重くなり、熱が伝わりやすい。

代表的な建築材料の熱伝導率と密度

分類	材料	熱伝導率［W/（m・K)］	密度［kg /m^2］
金属	ステンレス	15	8,000
	鋼材	45	7,860
	アルミニウム	210	2,700
セメント	コンクリート	1.6	2,300
	ALC	0.15	600
ガラス	板ガラス	1.0	2,540
木質	木材	0.15	600
断熱材	グラスウール	0.047	15
	硬質ウレタンフォーム	0.027	40
その他	水	0.59	997
	空気	0.026	1.2

※熱伝導率は、平均温度20℃での値

□結露とは

冷たい水が入ったガラスコップの表面が水滴で濡れる現象を見たことがあると思います。この現象が**結露**です。結露が発生するメカニズムを考える場合、結露の元となる**空気中の水蒸気**について理解する必要があります。

飽和水蒸気量（相対湿度100%）　空気中に含むことのできる水蒸気量の限界量。温度が高いほど大きい。

①一定量の水蒸気を含む空気（乾球温度15℃、相対湿度70％）

↓　冷却

②飽和状態になるときの乾球温度（露点温度10℃）

↓　露点温度以下に冷却

③限界値を超えて、余分な水蒸気が水滴となる（結露の発生）

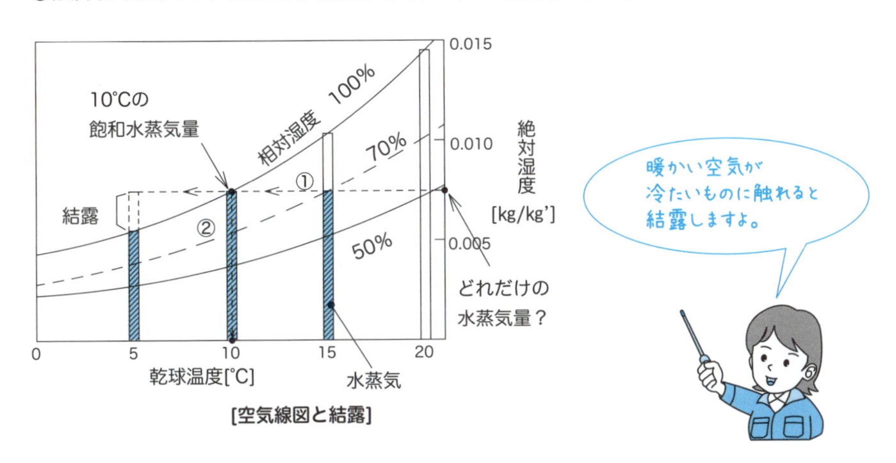

[空気線図と結露]

□結露とその防止対策

結露には、壁等の表面で起きて目に見える**表面結露**と、壁等の内部で起きて目に見えない**内部結露**があります。いずれも、結露の防止対策の考え方は同じです。室内の高温・高湿の空気をどのようにするかがポイントです。

表面結露の防止対策	内部結露の防止対策
・外壁等に熱伝導率の小さい材料を用いて断熱性を高める。 ・適切な換気を行って、室内の湿度を下げる。 ・壁の表面の温度を上昇させて空気の流動をよくする。	・外壁の内部に、室内の高温・高湿の空気を侵入させない。（室内側に防湿層） ・外壁の屋外側から侵入した空気は、外壁面に気密性の低い材料を用いて、屋外に戻す。（屋外側に通気層）

005— 色彩　色のもつ効果で姿が変わる

色は建物をつくる上で思った以上に人の心理に影響を与えますよね。世の中にあるものすべてに色がついていますが、色のもつ効果を知ることで建物の姿や人の生活環境も変わります。ものづくりに携わる人は、色を選ぶことが多いので、色の基本をマスターしましょう。

❏色の認識

色の認識には、光源、物体、視覚の3要素が必要です。人間の目は、**380～780nmの波長**の電磁波を光として感じることができ、これを**可視光線**といいます。

例えば、赤色の物体は、赤の光線を反射して、それ以外の光線を吸収することで、反射された赤の光線が眼の中の視覚細胞を刺激して赤く見えます。

光源色　太陽や電球のような光源からのしきこう色光（可視光線）。
一般的には「色」のこと。可視光線は、「P16、❏日射と日射量」を参照。

物体色　物体の表面の色で、光がないと見えない色。
「色彩」といい、光が反射して見える表面色と、光が透過して見える透過色に分けられる。

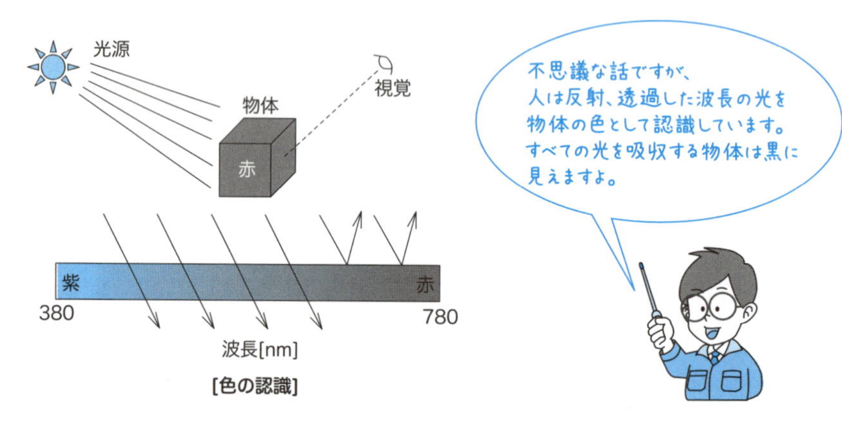

[色の認識]

❏色の混合と三原色

色の混合とは、2つ以上の色光、あるいは色料を合わせて他の色をつくることをいいます。色の混合は大きく分けて加法混色と減法混色に分けられます。

加法混色　色光の混合。三原色は、R（赤）、G（緑）、B（青）。
色と色を混ぜ合わせるごとに明るさが増加して、白色に近づく。

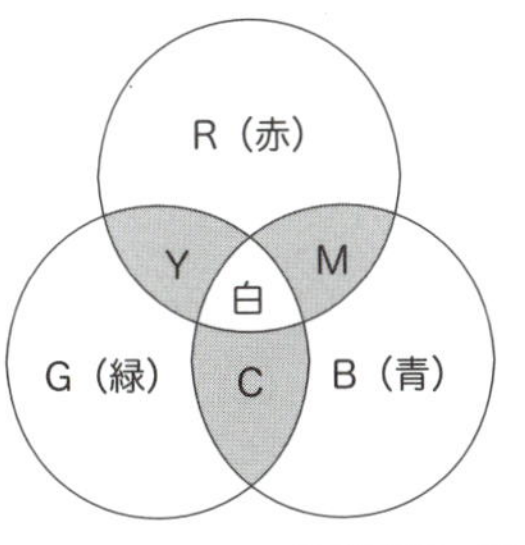

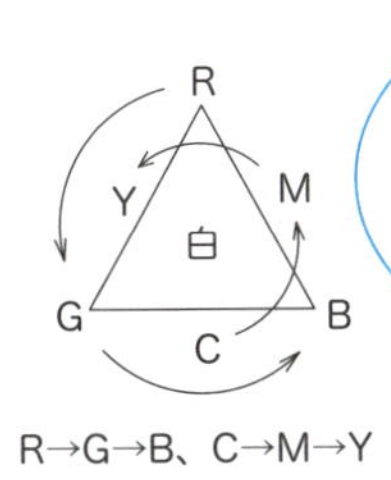

［加法混色（色光の三原色）］

加法混色は、光源色の混色として、
PCモニター、LEDライト等で
採用されています。
青色LEDの発明者は、日本人ですよ。
赤、緑、青の3色を混ぜると白になるので、
青色がないと白色ができなかったのです。

減法混色　色料の混合。三原色は、C（シアン、青緑）、M（マゼンタ、赤紫）、Y（イエロー、黄）。
色と色を混ぜ合わせるごとに明るさが減少して、黒色に近づく。

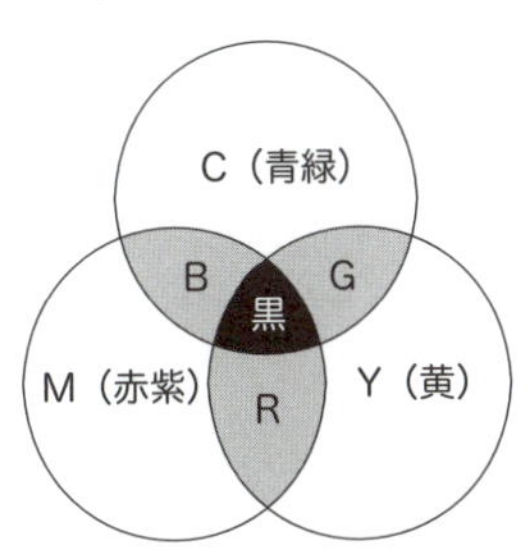

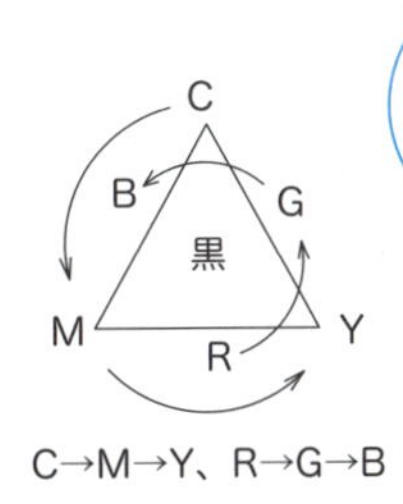

［減法混色（色料の三原色）］

減法混色は、物体色の混色として
印刷物等で採用されています。
減法混色の三原色の2色で加法混
色の1色がつくれますよ。
その逆も確認してみてください。

❏物体色を表すマンセル表色系

物体色の色を決定づける要素である色相、明度、彩度の3要素により、色を記号で正確に表現する方法の1つとしてマンセル表色系が建築では多く採用されています。

色相（ヒュー）：色合い
明度（バリュー）：色の明るさ（反射率）
彩度（クロマ）：色の鮮やかさ

マンセル色立体　色を3要素で表す場合に、立体として分類、配列したもの。
円周上に色相、中心軸方向に明度、中心軸から放射状（半径方向）に彩度を示します。

色の表示方法（マンセル記号）

有彩色　5R7/8：5Rは色相、7は明度、8は彩度を示す。

無彩色　N5：Nは無彩色を示し、5は明度を示す。

メモ 完全な黒：N0　完全な白：N10

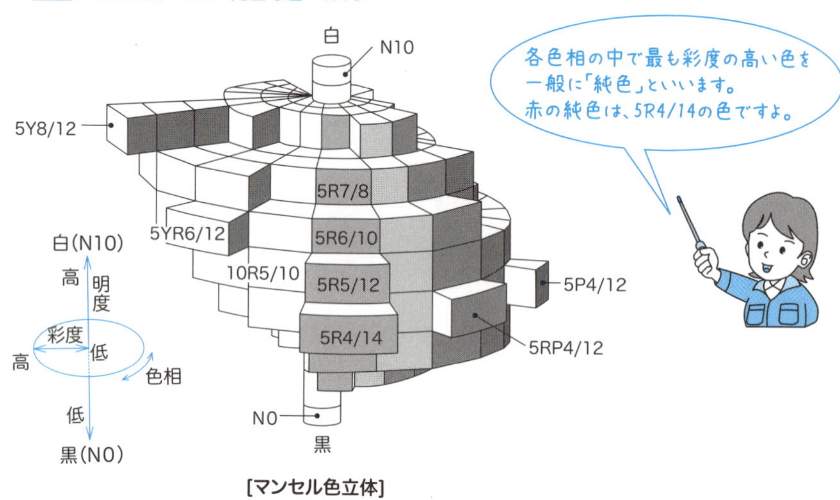

[マンセル色立体]

色相　色の主波長に関係する要素で色合いを示します。波長の短いものからP、B、G、Y、Rと、各々の中間色であるPB、BG、GY、YR、RPを足した10色から成る左回りの色相環。

メモ P→B→G→Y→R：ピービーがイヤーで語呂合わせ

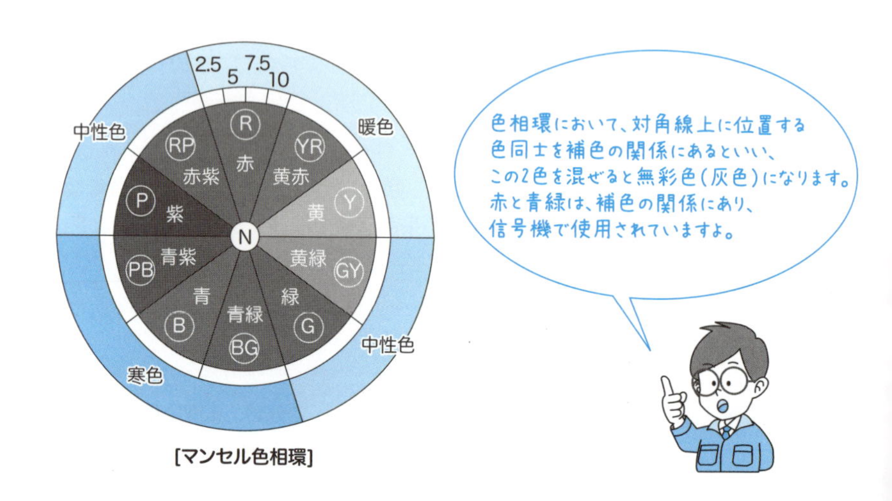

[マンセル色相環]

明度　色の表面の反射率の度合いで、明暗の段階を表す。

メモ 明度Vが3～8の場合、反射率はρ［%］≒V×（V－1）で概算できる。明度5の反射率は5×4で約20%。

マンセル明度と反射率の関係

マンセル明度	0/	1/	2/	3/	4/	5/	6/	7/	8/	9/	10/
反射率（%）	0	1.18	3.05	6.39	11.7	19.3	29.3	42.0	57.6	76.7	100

彩度　色の鮮やかさの度合いで、最大の彩度は、色相、明度によって異なる。

❏色の心理的効果

暖色と寒色	暖色：暖かく感じる色（赤～黄色）、進出色。 寒色：寒く感じる色（青緑～青紫）、後退色
膨張と収縮	明度、彩度が高いほど膨張して見える。
派手と地味	明度、彩度が高いほど派手に見える。
重いと軽い	明度の低い色は重く、高い色は軽く感じる。
硬いと柔らかい	明度の低い色は硬く、高い色は柔らかく感じる。

❏色の見え方

面積効果	大きい面積のものは小さい面積のものより、明度や彩度が増加して見える。
補色残像	ある色を見た後に白色を見ると、始めに見た色の補色が感じられる。
色相対比	同じ色でも背景色の影響を受けて、その色が背景色の補色に近づいて見える。 ・赤の背景色の黄色は、緑がかる。 ・緑の背景色の黄色は、赤みがかる。
明度対比	明度の低い色を背景にした場合、実際の色より明度が高く見える。
彩度対比	彩度の低い色を背景にした場合、実際の色より鮮やかに高彩度に見える。
補色対比	補色を並べた場合、互いに彩度が強調され鮮やかに見える。
プルキンエ現象	同じ色でも暗い所で見ると、短波長の青い色は鮮やかに見え、長波長の赤い色は次第に暗く沈んで見える。
演色性	壁等を照明する光源の種類や照明方法を変えた場合、同じ色でも異なった色に見えることがある。

面積効果や演色性は、
色を選択する上で、
必ず知っておくべき内容です。

006—音響　音でこんなに変わる生活環境

日常で、私たちは不快な音や快適な音等、様々な音に囲まれていますよね。不快な音は対策が必要ですが、快適な音環境として、周辺のサウンドスケープ（音の風景）に目を向けてみてはどうでしょうか。耳を塞ぐことから、耳を澄まして音をとらえる考えも素敵ですよ。

❑音は縦波として伝わる

音は物体（気体、液体、固体）を通して伝わるエネルギーの変動で、波動としての特徴（周波数、波長、周期、振幅、速度等）をもつ音波として表せます。また、媒質（空気等音を伝える物質）の揺れる方向が、波の進む向きと同じである縦波で、密の部分と疎の部分があるので疎密波ともいいます。

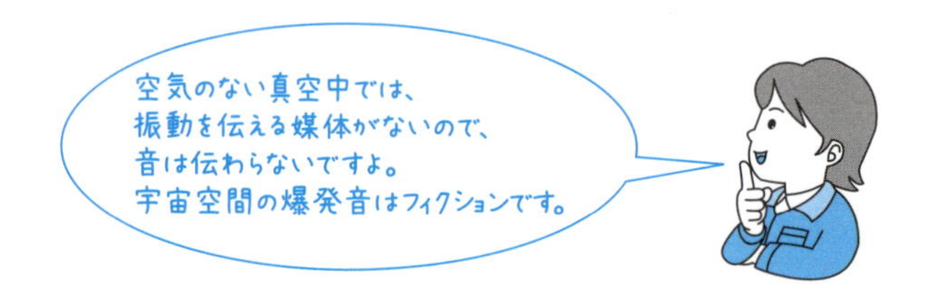

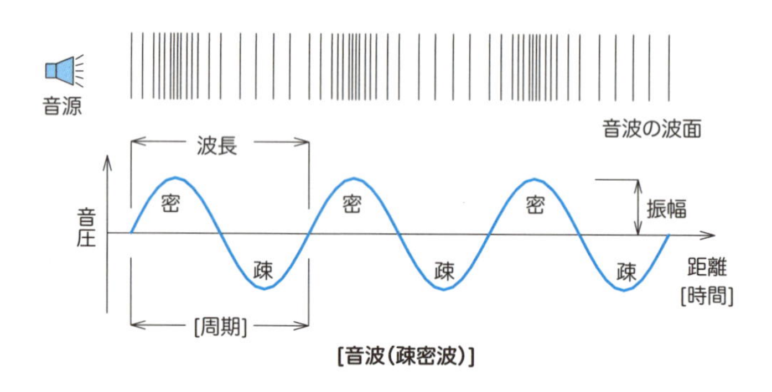

[音波(疎密波)]

波長λ［m］　1周期における1波の長さ。

周波数f［Hz］　疎密の1秒間における繰り返しの回数。

空気中の音速C［m/s］　気温t［℃］の場合、C＝331.5＋0.6tの式で表せる。

気温15℃の場合、約340m/s。C＝λ×fの関係がある。

❏波長と周波数の関係

波長と周波数は、空気中の音速の式（C＝λ×f）から相反する増減関係にあります。

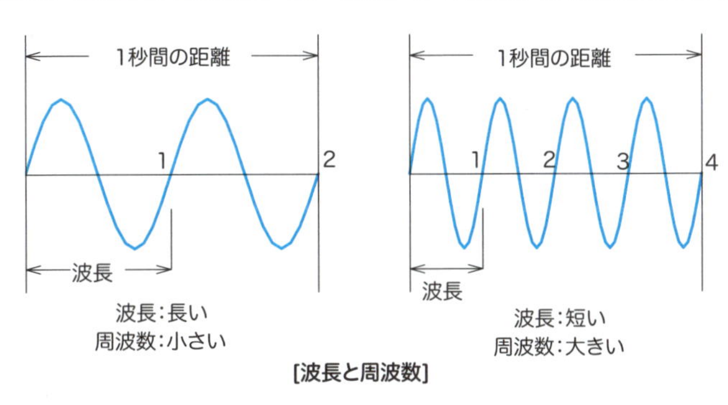

[波長と周波数]

❏音の回折と周波数の関係

音の回折とは、音が障害物の背後へ回り込んだり、小穴からの音が穴を音源として四方へ拡散したりする現象をいいます。周波数では、高周波数（高音、短波長）の音は直進性が大きく、低周波数（低音、長波長）の音は、拡散性、回折性が大きいです。

メモ 音波の振幅が大きいほど、大きい音を示し、周波数が大きい音ほど、高い音を示す。波形の違いにより、音色が生じる。

メモ 音の三要素：大きさ、高さ、音色

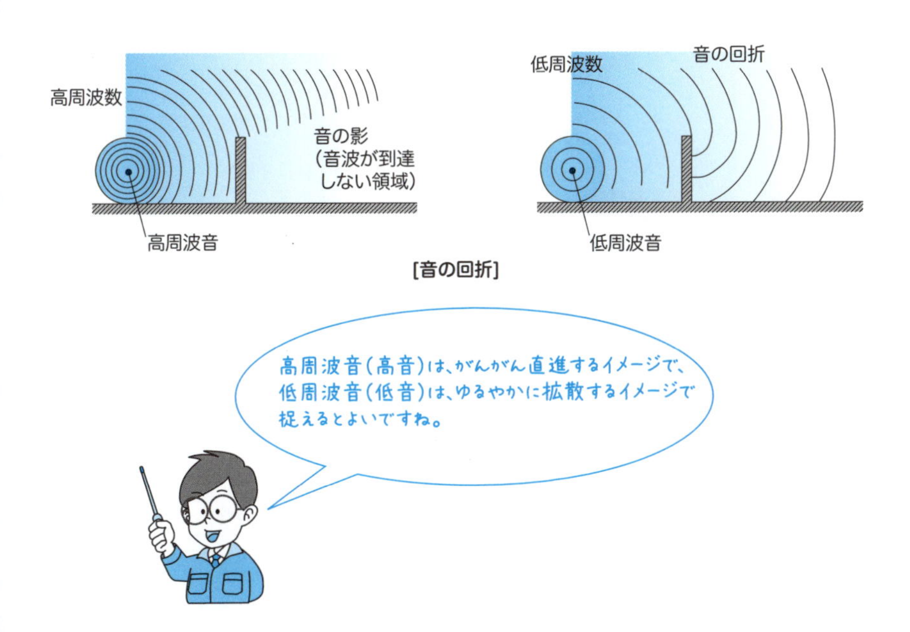

[音の回折]

❑吸音とは

吸音とは、壁等に入射する音を吸収又は透過させて反射させないようにすることをいいます。一般的に吸音率の大小で、吸音の効果を考えます。**吸音材は、一般に室内仕上げで使用します。**

[吸音]

❑吸音タイプ

各種材料による吸音タイプは、次の3種類に分類でき、実際の吸音計画では、この3種類の吸音タイプとその組合せで行われます。

多孔質材料の吸音特性（多孔質型吸音）

グラスウール、ロックウール等の繊維類で微小な孔をもつ材料で、背後に空気層を設ける。吸音率は、低音域で低く、高音域で高い。

メモ 材料の厚さを増す→低音域の吸音率が増加。
空気層の厚さを増す→低音域の吸音率が増加。
表面の塗装→高音域の吸音率が低下。

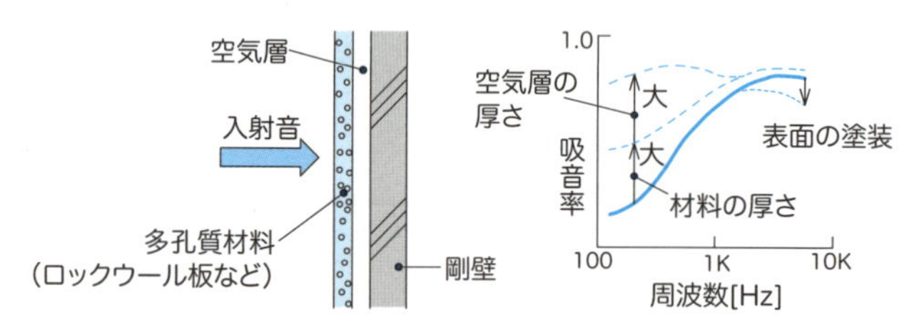

板状材料の吸音特性（板振動型吸音）

合板等の薄い板状の材料で、背後に空気層を設ける。
音によって板が振動し、低音域の音を吸音する。

メモ 多孔質材料を挿入する→低音域のピーク位置の吸音率が増加。
空気層を設けない場合→吸音しない。

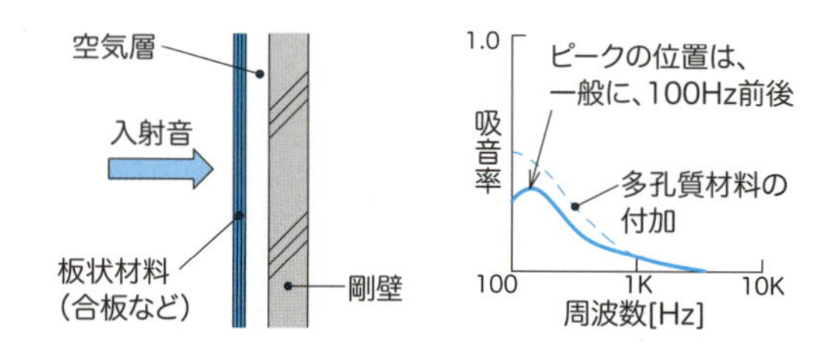

孔あき板材料の吸音特性

（共鳴器型吸音）

有孔ボード等の穿孔板材料で、背後に空気層を設ける。

特定の周波数（中音域）の音を吸音する。

メモ 多孔質材料を挿入→吸音率は全般的に増加。
空気層の厚さを増す→吸音のピーク位置は低音側へ移動。
孔あき板の開口率を増す→吸音のピーク位置は高音側へ移動。

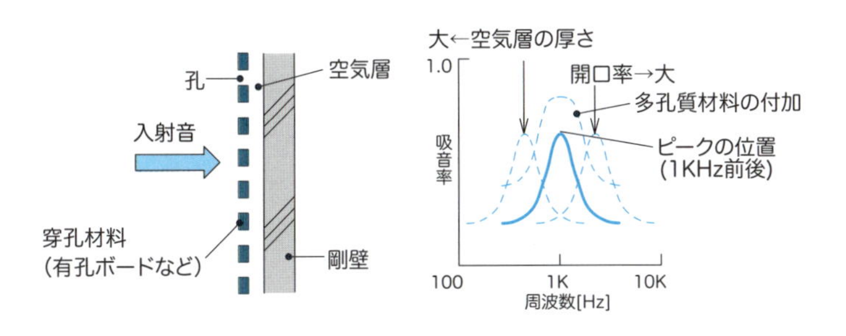

□遮音とは

遮音とは、壁等に入射する音を反射又は吸収させて透過させないようにすることをいいます。つまり、ある空間で発生した音を他の空間へ透過させないようにすることです。一般的に透過損失の大小で、遮音の効果を考えます。**透過損失は、遮音される量を示します。**

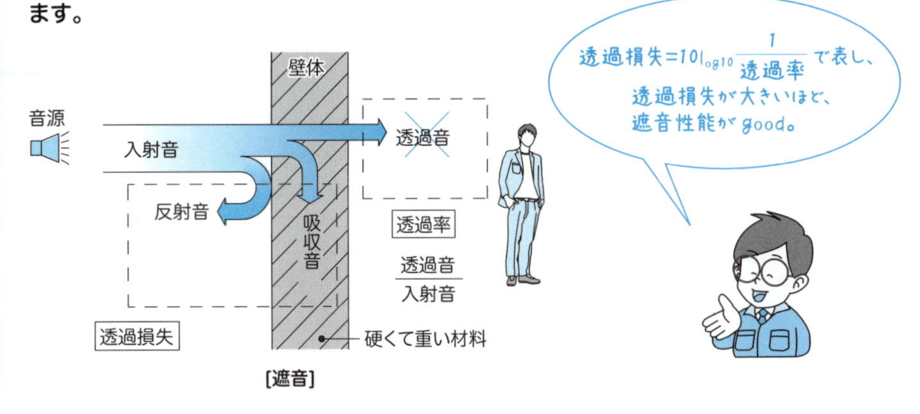

[遮音]

□主な遮音等級

2室間（壁）の遮音等級（**Dr 値**）	Dr-50、Dr-45 等で示す。 数値が**大きい**ほど、室間の遮音性能が高い。（**Dr-50 > Dr-45**）
床衝撃音の遮音等級（**Lr 値**）	Lr-50、Lr-55 等で示す。 数値が小さいほど、床衝撃音の遮音性能が高い。（**Lr-50 > Lr-55**）
サッシの遮音等級（**T 値**）	T-1、T-2、T-3、T-4 の 4 等級に分類されている。 数値が**大きい**ほど、遮音性能が高い。（**T-4 が最も高い**）

ルビンの壺の話

人はものを見るとき、何かを背景として、その対象物を見ています。この場合、見ているものを「図」といい、図の背景になるものを「地」といいます。ルビンの壺は､壺（盃）と人の横顔の二通りに見える反転図形（多義図形の一種）です。

白を地、黒を図として見た場合、つまり白い部分を背景として認識すると、中央に壺（盃）が浮かび上がります。反対に、黒い部分に着目すると、左右から向かい合う2人の横顔が浮かび上がります。どうですか、認識できましたか？

[ルビンの壺]

また､その他の多義図形（同じ図形で違う解釈ができる多義図形）として、以下もあります。

シュレーダーの階段　どちらの壁を手前と捉えるかによって、普通の階段のようにも、天井についている逆さ階段のようにも見える。

ネッカーの立方体　中央の頂点のどちらを手前と捉えるかによって、立方体を斜め上から見たようにも、斜め下から見たようにも見える。

[シュレーダーの階段]

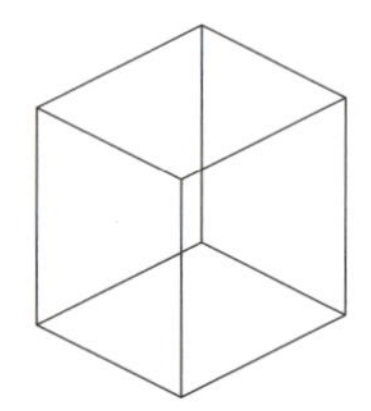

[ネッカーの立方体]

第 2 章

力の基本を考える編

～構造力学～

力を使った言葉として、「力を入れる」とか「力を得る」とか「力になる」とか、いろいろありますが、そもそも構造力学でいう「力」とはどのようなもので、どんなことを表すのでしょうか。構造力学での力の定義は「建築物等の物体に働いて、その物体を動かしたり、変形させたりする作用のこと」をいいます。

例えば、地震で建物が傾いたりした映像を観たことがあると思います。それはまさしく地震力が作用して、「建物の形＝建物の状態」が変化した例で、つまり、**力が働くことで建物に何らかの変化が生じている**、ということです。

力の基本を考える上で、**鉛直**、**水平**、**回転**、この3つを常に意識し、一般に「～に働く力」や「～が受ける力」という表現が出てきますが、どちらも同じことを言っています。

「～に働く力＝～が受ける力」となり、力を考える際は、受け身で考えることを基本にしましょう。

継続は力なり。最初の一歩を踏み出して、やり始めたらやり遂げるまで続けましょう。

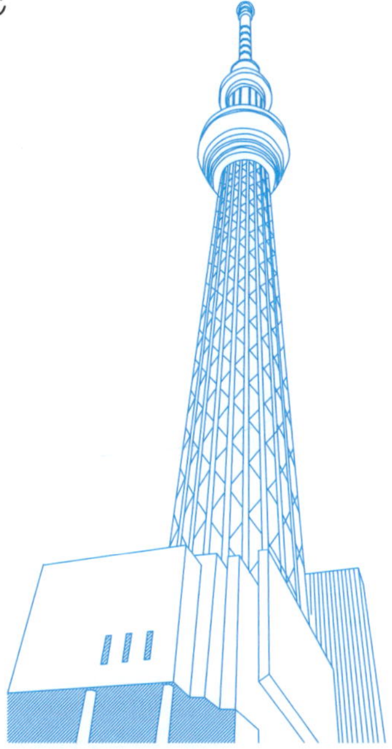

東京スカイツリー

電波塔として世界一高い 634m のタワー。
耐震構造について最新の技術を駆使している。

007—力とつり合い　複数の力の合計がゼロであれば、物体は動かない？

日々の暮らしの中で、建物は、どのような力に対しても、移動や回転をおこさず動かない方が良いですね。つまり、力はつり合っていなければならない。この力のつり合いを、はっきり分かりやすくする方法として、力を矢印で書いて表現します。

❏力の表し方を知る

力を矢印で書くと、どこからどの向きにどのくらいの大きさの力が働いているか、明確にすることができます。また、力の単位はN（ニュートン）を用います。

力の3要素　力の矢印の「大きさ・向き・作用点」のこと。
矢印の前後を延長した線を作用線という。

力の単位　N（ニュートン）で表す。
質量1.0[kg]の物体が受ける重力は、1.0［kg］×9.8［m/s²］＝9.8［N］

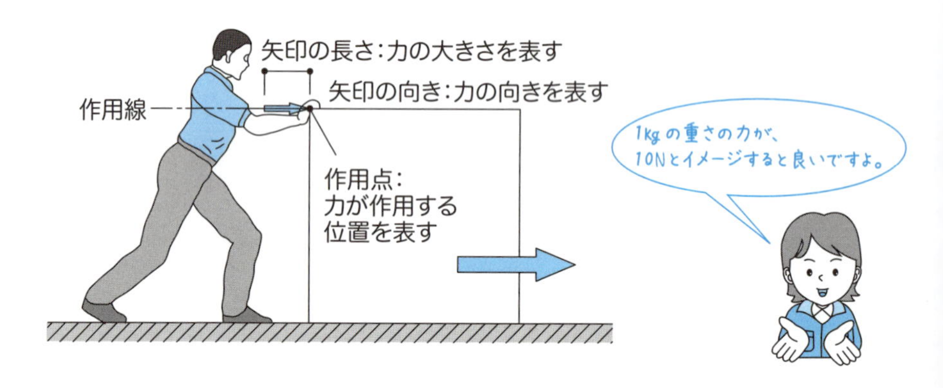

❏水平方向の力とつり合い

次の図のように、水平方向のみに力が生じている場合を考えてみましょう。

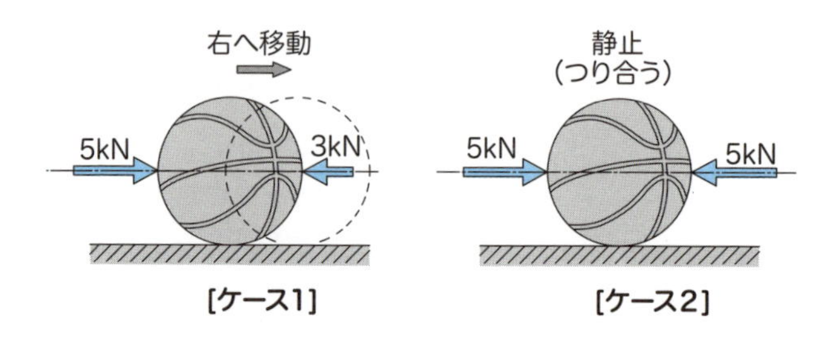

力は大きさだけでなく、方向性をもった量（ベクトル量）ですので、符号を用いて向きを表します。

水平方向の符号　右向き（→）：「＋」、左向き（←）：「－」

鉛直方向の符号　上向き（↑）：「＋」、下向き（↓）：「－」

(+)
(-) ・ (+)
(-)

[力の符号]

ケース1：ΣX＝（+5kN）＋（−3kN）＝＋2kN　**右に移動**

Σ（シグマ）は、足し合わせることを意味する。

ケース2：ΣX＝（+5kN）＋（−5kN）＝0kN　**静止（つり合う）**

水平方向の静止条件：ΣX＝0

鉛直方向の静止条件：ΣY＝0

❏回転させる力（力のモーメント）とは

力のモーメント　物体を回転させようとする力の働き。

点OのモーメントM_o＝力（P）×力の作用線までの垂直距離（L）。

$$M_o = P \times L$$

モーメントの符号　右回り（↻）：「＋」、左回り（↺）：「－」

[モーメントの符号]

❏力のモーメント（回転力）のつり合い

次の図のように、力のモーメントが生じている場合を考えてみましょう。

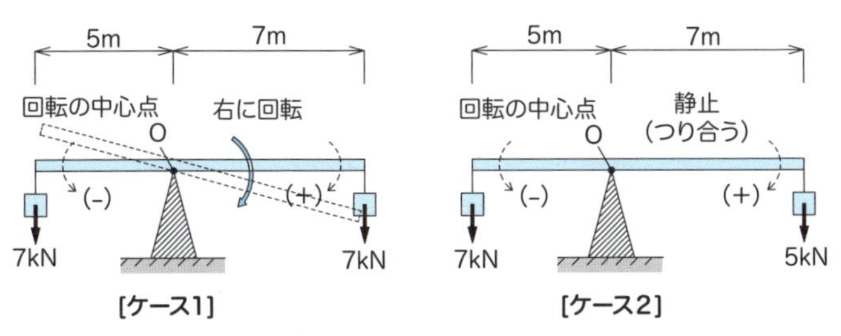

ケース1：ΣM_o＝（−7kN×5m）＋（+7kN×7m）＝−35＋49＝＋14kN·m　**右に回転**

ケース2：ΣM_o＝（−7kN×5m）＋（+5kN×7m）＝−35＋35＝0kN·m　**静止（つり合う）**

力のモーメント（回転力）の静止条件：ΣM＝0

2 構造力学

008―反力と応力の算定　物体の外から働く力と内部の力を考えてみよう

物体に働く力を考える場合、物体の外からどのような力が働くかを考えますよね。当然、物体の内部にも力が伝わっています。その際、水平方向、鉛直方向、回転方向を意識しながら別々に考えていくと効果的です。また、力の算定方法には順序がありますよ。

❏荷重と反力の関係を知ろう

物体の外から働く力として、荷重と反力の関係をまず知りましょう。**荷重**は、物体に働く既知の力で、その荷重に対して、物体が動かないように抵抗している未知の力が**反力**です。**手で壁を押す場合、押す力が荷重で、押し返される力が反力となります。**

❏支点と反力の種類

構造物を支えている点が支点で、その支点に働く抵抗力が反力です。次の3種類を考えます。

	移動端（ローラー）	回転端（ピン）	固定端（フィックス）
支点	移動する　回転する	回転する	
反力	V:鉛直反力	V:鉛直反力 H:水平反力	V:鉛直反力 H:水平反力 M:モーメント

構造物と地盤、あるいは構造物と構造物の結合点が支点です。移動、回転、固定の反力は覚えましょう。

❏荷重の種類と置き換え

構造物に作用する荷重はいくつかありますが、下図のような荷重は、単純な集中荷重に置き換えて反力を算定します。

荷重の種類		置き換えた荷重
斜めの荷重P	➡	鉛直荷重P_Y 水平荷重P_X
等分布荷重w ℓ	➡	集中荷重$w\ell$ $\frac{\ell}{2}$ $\frac{\ell}{2}$ (1)：(1)
等変分布荷重w ℓ	➡	集中荷重$\frac{w\ell}{2}$ $\frac{2}{3}\ell$ $\frac{1}{3}\ell$ (2)：(1)

斜めの荷重は、
次の三角形の比率を
参考にしましょう。

$\sqrt{2}$ 45° 1 45° 1

2 30° $\sqrt{3}$ 60° 1

5 4 3

❏反力の算定

図のような荷重を受ける単純梁の支点A、Bに生じる反力を求めてみましょう。

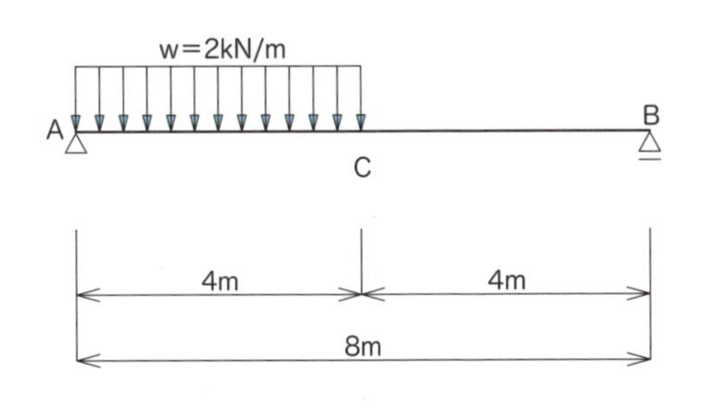

等分布荷重を集中荷重に置き換えて、支点A、Bに生ずる反力を設定することから始めます。

メモ 3つのつり合い条件は、どれから使用してもよいので、ΣM=0から使用しましょう。

V_Bの算定

$\Sigma M_A = 0$より、 メモ 回転の中心は支点でとろう。

$8kN \times 2m - V_B \times 8m = 0$

$16kN \cdot m - V_B \times 8m = 0$

$16kN \cdot m = V_B \times 8m \quad \therefore V_B = 2kN$（↑）

メモ 計算結果がマイナスであれば、下向き（↓）。

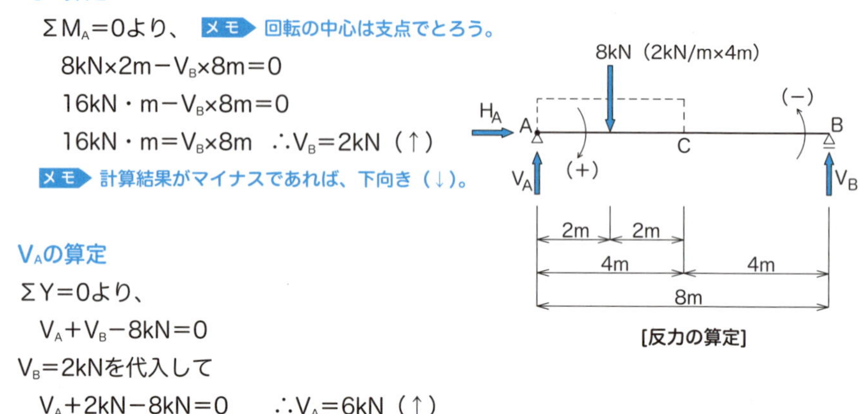

[反力の算定]

V_Aの算定

$\Sigma Y = 0$より、

$V_A + V_B - 8kN = 0$

$V_B = 2kN$を代入して

$V_A + 2kN - 8kN = 0 \qquad \therefore V_A = 6kN$（↑）

H_Aの算定　$\Sigma X = 0$より、$H_A = 0$ メモ 水平荷重がないので、水平反力は生じない。

❑応力の種類

部材に外力が加わった場合、部材は変形を起こそうとするが、部材の内部には、これに抵抗して、つり合うような力が働きます。この部材の内部に働く力を応力といいます。

メモ 軸方向力：押したり引いたりする力　せん断力：紙を破るときの力
曲げモーメント：棒を曲げるときの力のイメージ

軸方向力	せん断力	曲げモーメント
N　N	Q　Q	M　M
引張（+、←・→）	右回転（+、↑・↓）	下側引張（+、↷・↶）
N　N	Q　Q	M　M
圧縮（−、→・←）	左回転（−、↓・↑）	上側引張（−、↶・↷）

❏応力の仮定方法がポイント

　応力を求める位置（点C）で切断し、どちらか一方を選択します。選択した部材の反対側に応力が表れるので、その応力をP40の図（応力の種類の図の上段）を基本に仮定します。

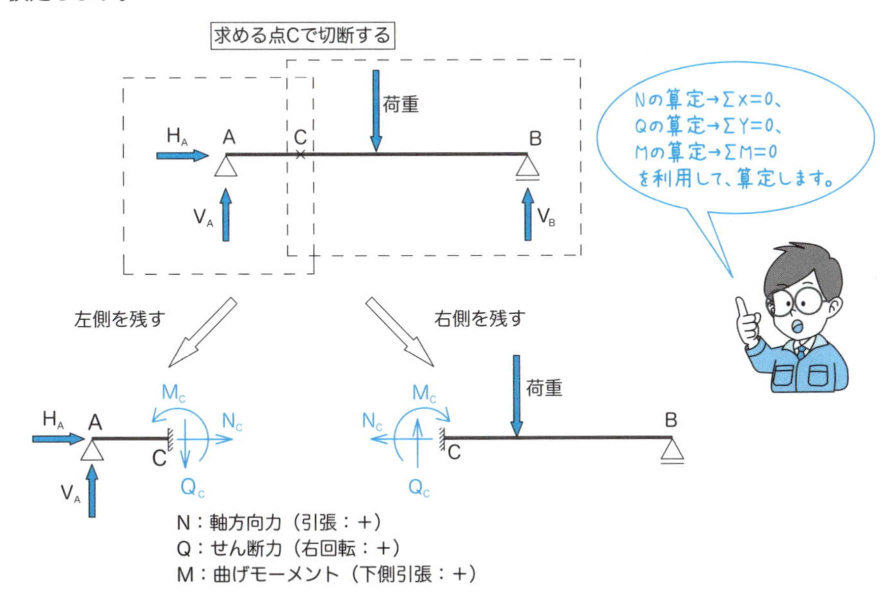

❏応力の算定

　図のような荷重を受ける単純梁の点Cの応力（せん断力Q_C、曲げモーメントM_C）を求めてみましょう。

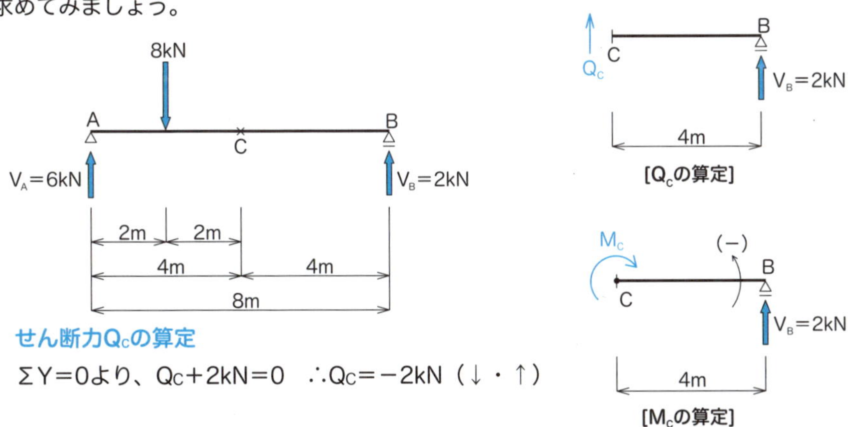

せん断力Q_Cの算定

$\Sigma Y=0$より、$Q_C+2kN=0$　$\therefore Q_C=-2kN$（↓・↑）

曲げモーメントM_Cの算定

$\Sigma M_C=0$より、$M_C-2kN\times4m=0$　$\therefore M_C=8kN\cdot m$（↻・↺）

曲げモーメントの中心は、切断点Cでとることが重要。

009—曲げモーメント図の描き方 どのような力でひび割れが発生するか

割り箸を曲げるとひび割れて折れますよね。これは曲げモーメントによるものです。「どの位置にどの程度の曲げモーメントが生じているか」を視覚的にわかりやすくした図が曲げモーメント図です。この図を理解することで部材の負担の様子がイメージしやすくなります。

❑部材の圧縮側と引張側

力によって部材が曲がった場合、圧縮側と引張側が存在します。圧縮側は、変形後の部材が短くなり、引張側は長くなります。また、**部材の中央部分（中立軸）は長さに変化はありません。**

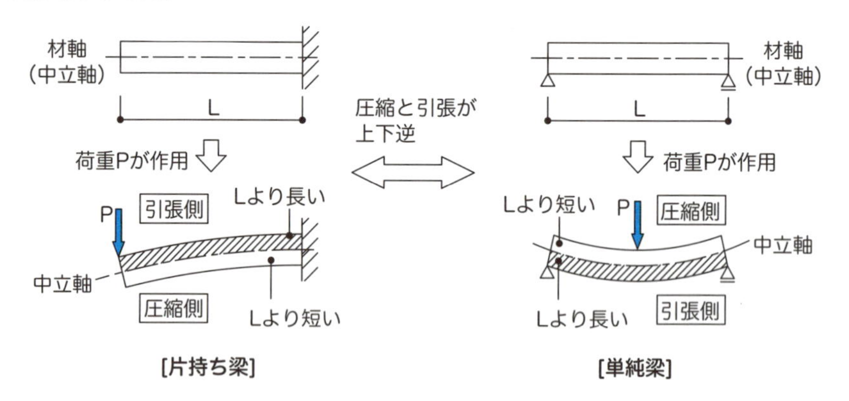

❑片持ち梁の曲げモーメント図を知ろう

曲げモーメント図（M図）は、曲げモーメントの大きさを部材の材軸を表す線を基準にグラフ化した応力図です。曲げモーメントは引張側に表現し、その大きさは材軸からの垂直距離で表します。

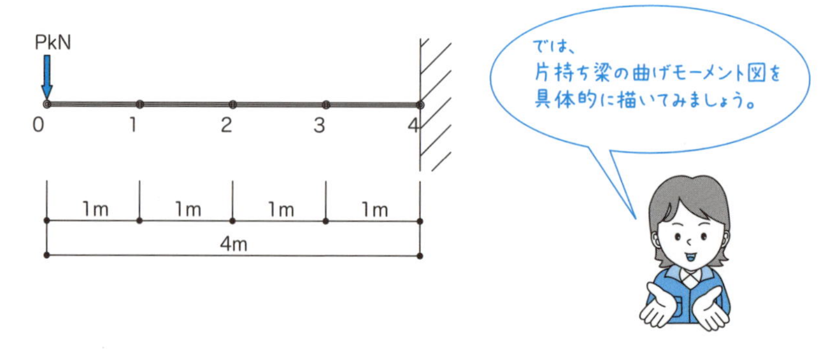

各点で切断した部材の左側を残し、右側の曲げモーメントを求めてみます。

点0のモーメント

$\Sigma M_0 = 0$より、

$M_0 = 0\text{kN}\cdot\text{m}$

点1のモーメント

$\Sigma M_1 = 0$より、

$-P\text{kN} \times 1\text{m} + M_1 = 0$

$\therefore M_1 = P\text{kN}\cdot\text{m}$

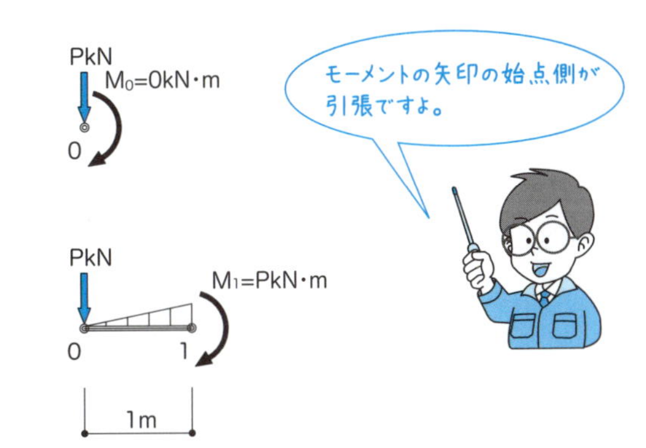

点2のモーメント

$\Sigma M_2 = 0$より、

$-P\text{kN} \times 2\text{m} + M_2 = 0$

$\therefore M_2 = 2P\text{kN}\cdot\text{m}$

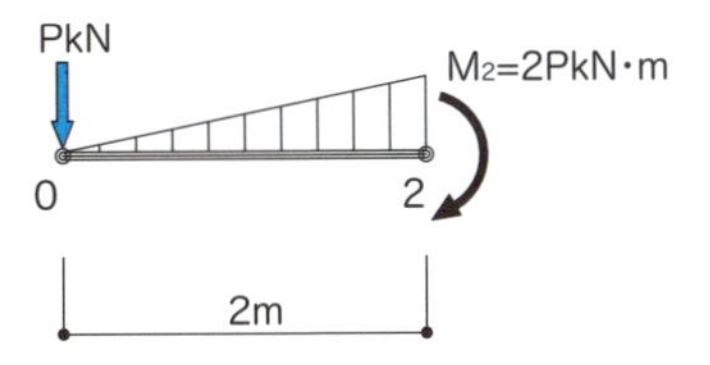

点3のモーメント

$\Sigma M_3 = 0$より、

$-P\text{kN} \times 3\text{m} + M_3 = 0$

$\therefore M_3 = 3P\text{kN}\cdot\text{m}$

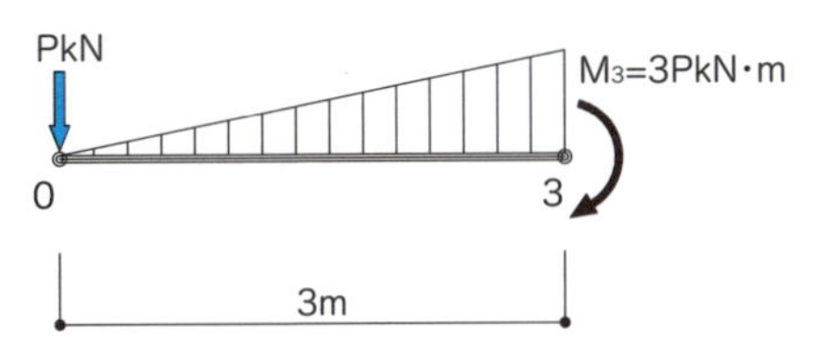

点4のモーメント

$\Sigma M_4 = 0$より、

$-P\text{kN} \times 4\text{m} + M_4 = 0$

$\therefore M_4 = 4P\text{kN}\cdot\text{m}$

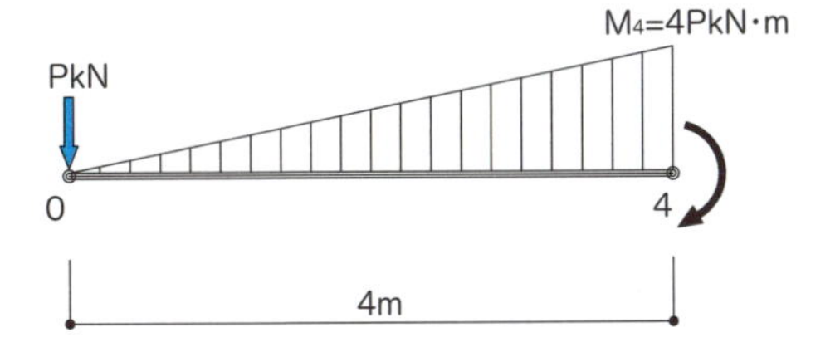

❑片持ち梁の曲げモーメント図は基本形

曲げモーメント図を描く場合、荷重が生じている点や支点に注目して描きますが、片持ち梁の曲げモーメント図を基本形として利用すると簡単に描ける場合があります。

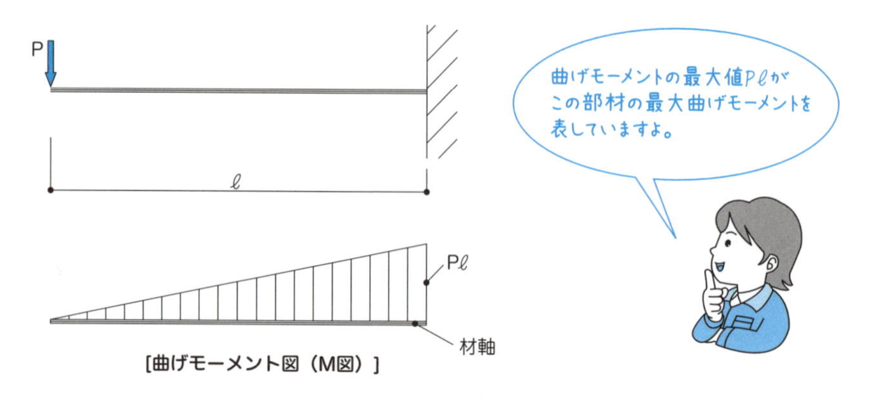

[曲げモーメント図（M図）]

❑曲げモーメント図の描き方

図に示す梁に同じ大きさの集中荷重Pが作用した時の曲げモーメント図を描いてみましょう。ただし、曲げモーメントは材の引張側に描くものとします。

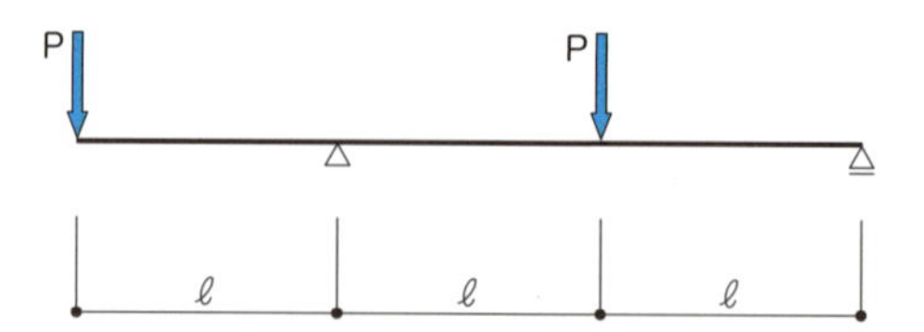

支点に生じる反力を求めます。**条件式は、ΣM=0から使用しましょう。**

$\Sigma M_B=0$より、

$-P\times\ell+P\times\ell-V_D=0$

$\therefore V_D=0$

$\Sigma Y=0$より、

$-P+V_B-P+V_D=0$

$V_D=0$を代入して、

$-2P+V_B=0$

$\therefore V_B=2P$

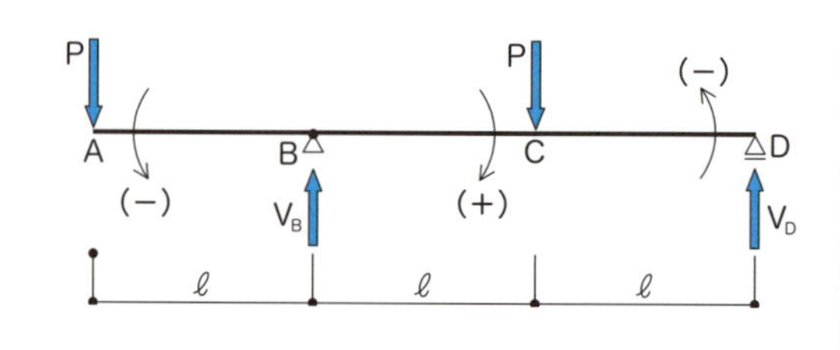

AB間の曲げモーメント図

点Bに生じる曲げモーメントM_Bを求めます。

$\Sigma M_B = 0$より、

$-P \times \ell + M_B = 0$

$\therefore M_B = P\ell$（上側引張）

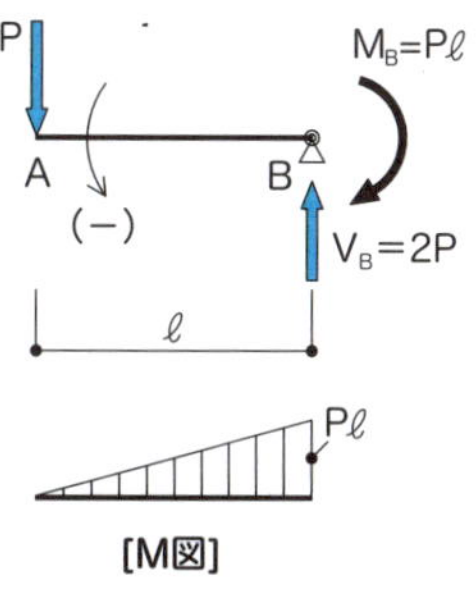

CD間の曲げモーメント図

点Cに生じる曲げモーメントM_Cを求めます。

$\Sigma M_C = 0$より、$M_C = 0$

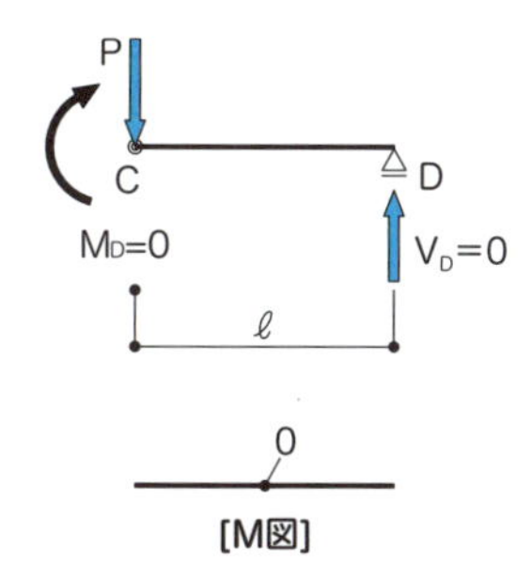

BC間の曲げモーメント図

$M_B = P\ell$の点と$M_C = 0$の点を直線で結ぶと完成するのですが、B点からの距離xの点xにおける任意の曲げモーメントM_xを求めてみましょう。

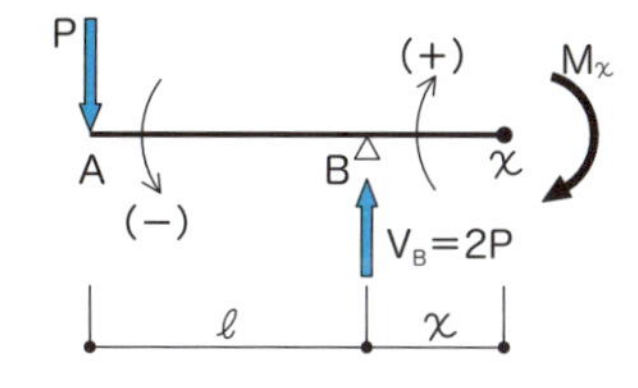

$\Sigma M_x = 0$より、

$-P \times (\ell + x) + 2Px + M_x = 0$

$-P\ell - Px + 2Px + M_x = 0$

$\therefore M_x = Px - 2Px + P\ell$

$\quad = -Px + P\ell$　**メモ** BC間の一般式。

この式から、$M_x = 0$となる位置は、$x = \ell$である点Cです。

部材全体の曲げモーメント図

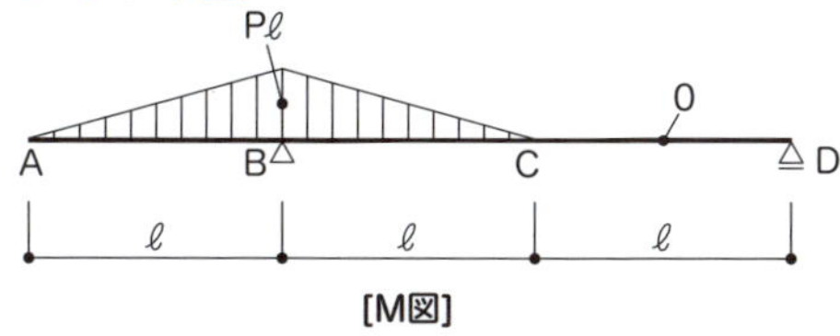

[M図]

建築で使われる単位の話

建築業界では、センチメートルという単位はほとんど使いません。図面の表示では長さの単位はミリメートルであり、原則、単位を表示しない。例えば、3m50cmは3500と表示されます。

言葉で表現するときも同様で、「さんぜんごひゃく」あるいは「さんメーターごひゃく」と読んでいます。普段の生活で、センチメートルを使用することが多いですが、建築業界では、ミリメートルの単位に慣れるようにしましょう。

寸法の測定において、「100を切る」とは何のこと

現場で耳にする言葉で、寸法を測る際に「100を切る」という言葉があります。

100切りとは、スケール等を用いて長さを測る場合、基準となるポイントに目盛りの0mmではなく、100mmをあてて測定することです。当然、測定したスケールの目盛りから100mmを差し引いて実際の寸法を測定することになります。

実は、建築で使用される必須道具**スケール（コンベックス）**の先端にある金具の動きに、その秘密が隠されています。

この金具の動きは、爪を何かにひっかけて測定するのか、あるいは壁等にぶつけて測定するのかによって、爪金具の厚み分の長さが補正される仕組みになっています。

したがって、爪を利用できない状況では、寸法に誤差が生じるので、切りの良い100mmを基準にして、100mmの目盛りを基準位置に合わせて測定していきます。

二人で測定を行う時は、お互いが100切りの確認をしないと、とんでもないことになりますよ。

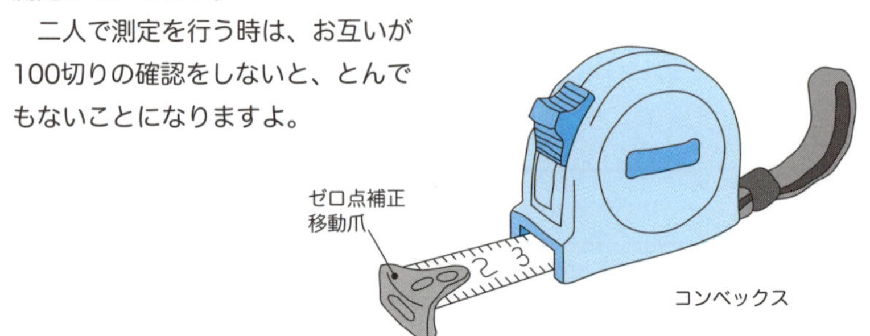

第 3 章

建物を形づくっている骨組み編

～各種構造～

建物を形づくっている骨組みは、人間でいう骨格を意味しています。骨格は人間の体を支えていますよね。
同様に、建物の骨組みは、建物を支えています。

各部材を接合することを**「組む」**といい、組まれた構造部材は、建物を支える骨格になるので**「骨組み」**と呼んでいます。

また、骨組みとなる部材を結合して組み立てた構造物を**架構**といいます。

この骨組みに使用される構造部材は、どんな材料を使用してもいいわけではありません。木材、鋼材、コンクリート等が**指定建築材料**として、建築物の基礎、主要構造部等に使われます。

したがって、建物構造も、木造、鉄骨造、鉄筋コンクリート造等に分けられるので、建築に携わるうえでは、少なくとも構造の種類とその特徴を理解しておきましょう。

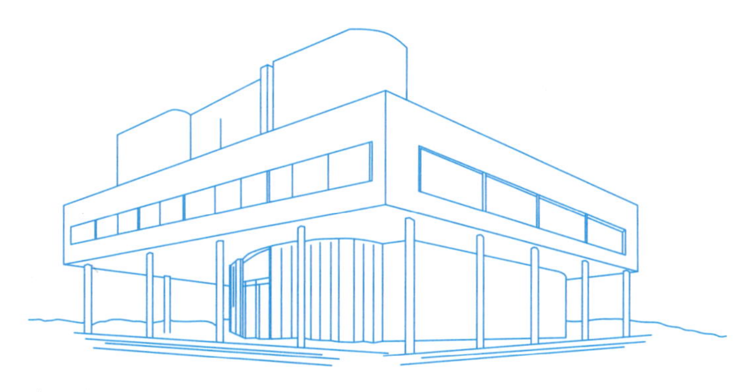

サヴォア邸

ル・コルビュジエが設計
した近代建築の住宅。
芝生からふわりと浮き上がったような
真っ白い建物。

010—地盤・基礎　建物を支えるには、土の性質と基礎の種類を知ろう

物事を成し遂げる場合に「基礎を固める」とよく言いますよね。建物の場合は、重量を支えて安定させるために設ける最下部の構造をいい、一般的には土の中に埋められています。土の種類や特徴を知った上で、適切な基礎を選択しなければ建物は倒れますよ。

❑地盤の種類

地盤は地層により構成され、その形成された年代により、沖積層、洪積層、第三紀層等があります。

沖積層　新しい堆積層で、不安定な地盤。
不安定な地盤なので沈下しやすい。

洪積層　比較的安定した地盤。
直接基礎の支持層に適する。

第三紀層　最も安定した地盤。
杭基礎の支持層に適する。

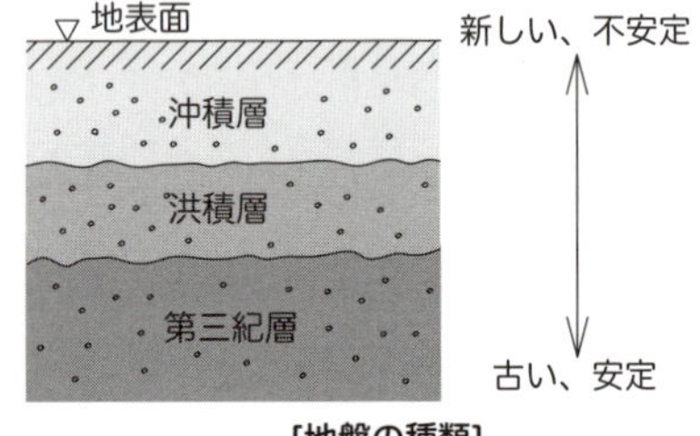

[地盤の種類]

❑土の分類

土は粒の大きさにより、次のように分類できます。

種　類	レ　キ	砂	シルト	粘　土
粒　径	2mm 以上	2～0.075mm	0.075～0.005mm	0.005mm 以下

土の粒径は、
レキ>砂>シルト>粘土の順に小さくなり、
土の強さ(地耐力)も同様ですよ。
また、粘土は粒同士が粘着力で、
砂はかみ合わせで、結びついていますよ。

❑圧密沈下と即時沈下

地盤が荷重を受けることにより沈下する現象を地盤沈下といい、圧密沈下と即時沈下があります。

圧密沈下　長時間かけて土中の水が抜け、土の体積が減少して起きる沈下。
水を通しにくい、粘性土地盤で生じやすい。

即時沈下　載荷と同時に土中の水が抜けて沈下。
水を通しやすい、砂質土地盤で生じやすい。

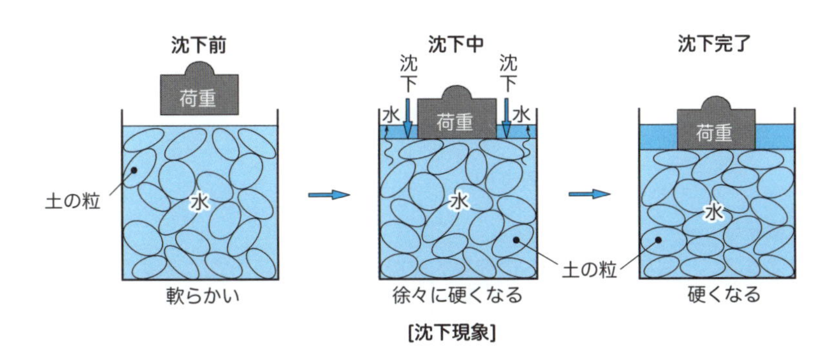

[沈下現象]

❑液状化現象とは

水で飽和した、粒径が比較的均一で細かい粒の少ないゆるい**砂地盤**では、地震の揺れの影響で液体状になって、地盤の力を失ってしまいます。このような現象を液状化現象といいます。

メモ　液状化現象は、砂質土地盤で生じやすい。

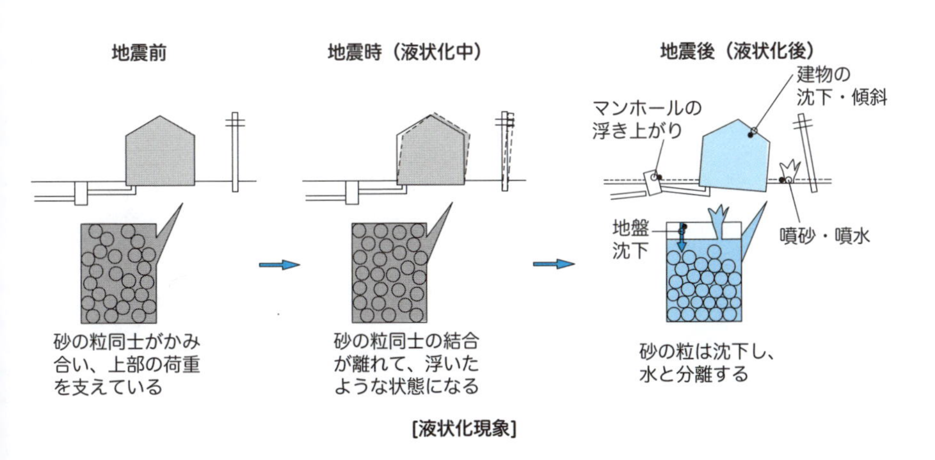

[液状化現象]

❏不同沈下とは

地盤が軟弱なために建物全体が均等に沈下するのではなく、一方向に偏って沈下・傾斜する沈下を不同沈下といいます。粘性土地盤の圧密沈下によって生じる場合もあります。

メモ 不同沈下は、粘性土地盤で生じやすい。

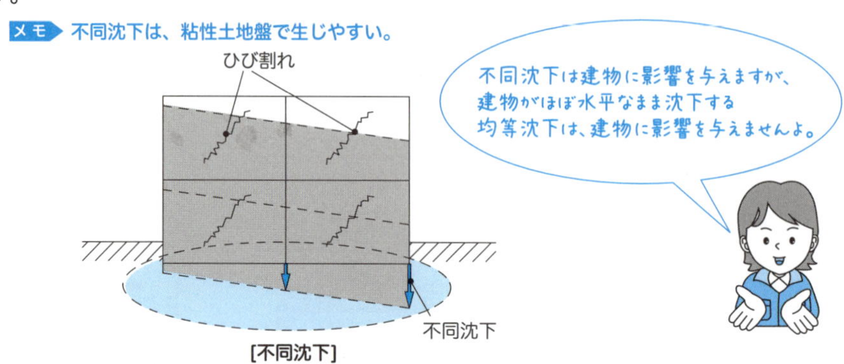

[不同沈下]

❏直接基礎

直接基礎は、基礎スラブからの荷重を直接地盤に伝える形式の基礎で、基礎スラブの形式によって、フーチング基礎（独立基礎、布基礎）とべた基礎に大別されます。

メモ 直接基礎の強さ：べた基礎＞布基礎（連続フーチング基礎）＞独立基礎

独立（フーチング）基礎

単一の柱からの荷重を独立したフーチングによって支持する基礎。

メモ 点で荷重を支持。

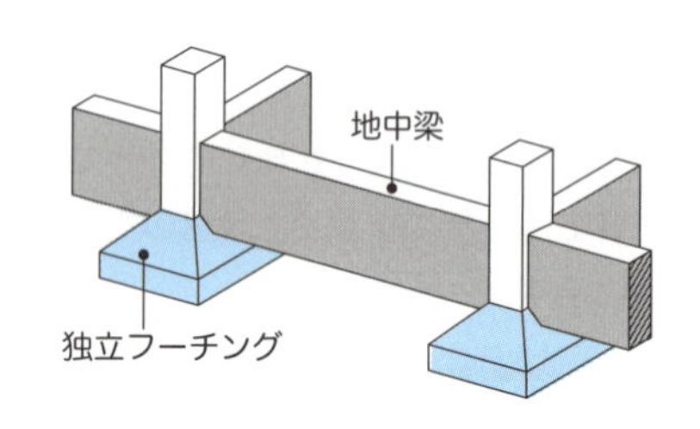

連続（フーチング）基礎（布基礎）

壁または一連の柱からの荷重を帯状のフーチングによって支持する基礎。

メモ 線で荷重を支持。

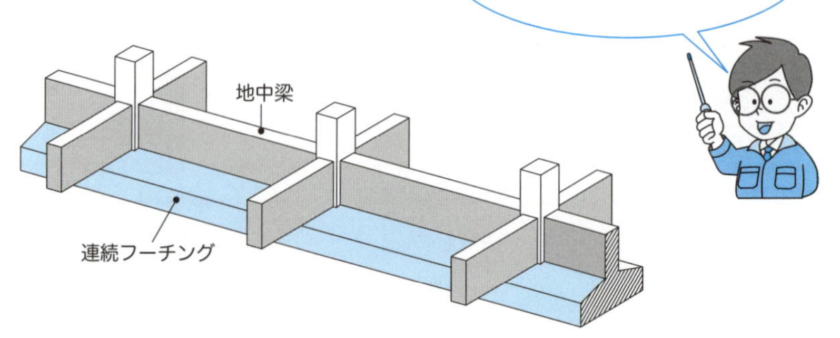

べた基礎

荷重を単一の基礎スラブで、広範囲の地盤に直接伝える基礎。 メモ 面で荷重を支持。

❑杭基礎の支持形式による分類

杭基礎は、地盤が軟弱で、過大な沈下が予想される場合や支持力が不足する場合に用いられる基礎です。軟らかい地盤に対して打ち込んだ杭の支持条件よって、支持杭と摩擦杭に分けられます。

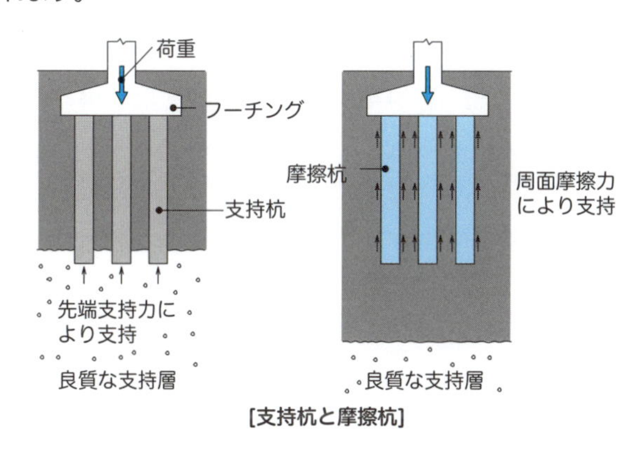

[支持杭と摩擦杭]

❑杭基礎の工法による分類

工　法	概　要
打込み杭	既製の杭を、打撃や振動によって地盤に打込む。
埋込み杭	既製の杭を、あらかじめ掘った穴に挿入する。
場所打ちコンクリート杭	杭を設置しようとする場所に穴をあけ、その中にかご状の鉄筋を挿入し、コンクリートを打込んで杭をつくる。

011—鉄筋コンクリート造　鉄筋とコンクリートは名コンビ

水、セメントに砂や砂利を混ぜて硬化させたものがコンクリートで、コンクリートは押しても壊れないが、引っ張ると壊れます。鉄筋はその逆で、押すと曲がりますが、引っ張っても壊れない。この両者を合わせることで、互いの弱点を補ったものが鉄筋コンクリートです。

❏鉄筋とコンクリートの関係

コンクリートは、引張力に弱いが圧縮力に強く、逆に鉄筋は、圧縮力に弱いが引張力に強いため、コンクリートが圧縮力を、鉄筋が引張力を負担する構造が鉄筋コンクリート造です。

また、鉄筋は錆びるとその強度を失いますが、コンクリートが高アルカリ性のため錆から守られています。さらに、一体式構造であるため建築の自由度も高いです。

材　料	圧　縮	引　張	線膨張（熱膨張）係数
コンクリート	○	×	ほぼ等しいので、温度変化があっても一体となって伸縮する。
鉄　筋	×	○	

○：強い　×：弱い

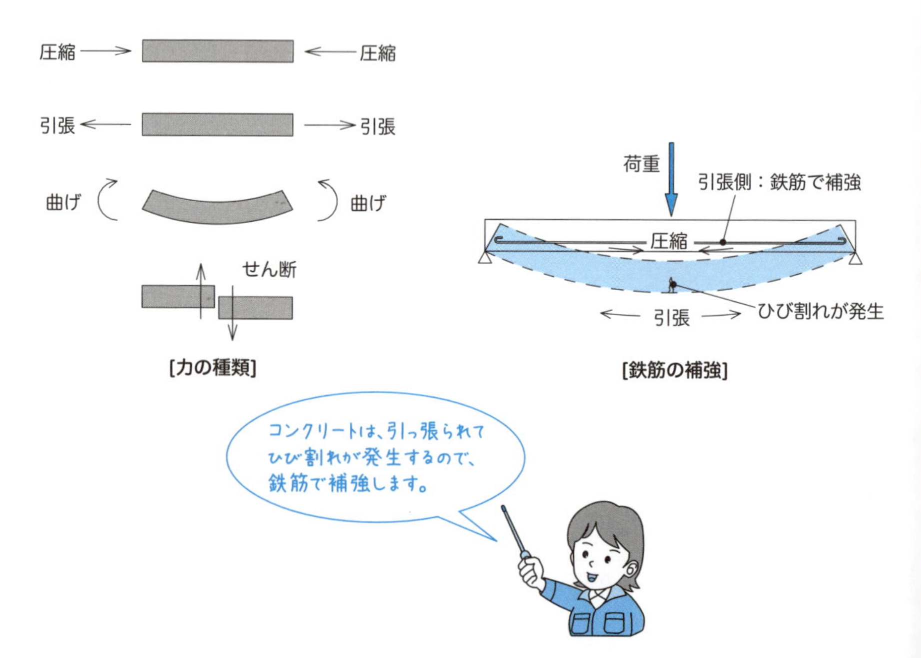

[力の種類]

[鉄筋の補強]

□鉄筋コンクリート造の 2 つのタイプ

鉄筋コンクリート造の形式は、大別すると、柱と梁で構成するラーメン構造と、壁面と床版（スラブ）等の平面的な構造材で構成する壁式構造の2つのタイプがあります。

メモ 梁：主に柱の水平方向に架けられる部材

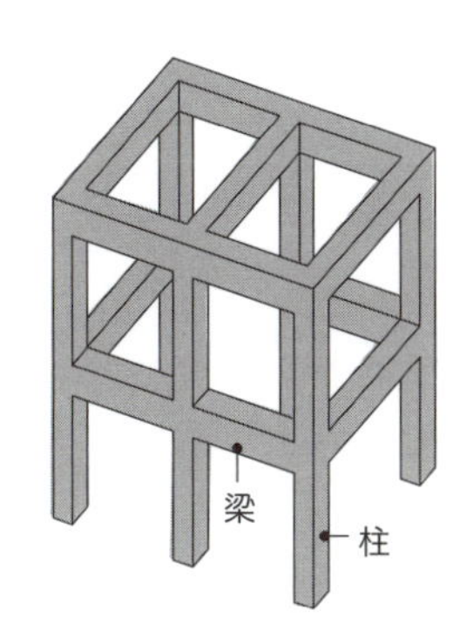

ラーメン構造

柱や梁を剛接合した格子状や門形等の骨組で荷重を負担させる形式。地震に対して変形は大きいが、粘り強い。

メモ 剛接合：外力を受けても接合部が変形しにくいようにした接合

靭性（じんせい）：部材の粘り強さ
脆性（ぜいせい）：部材のもろさ

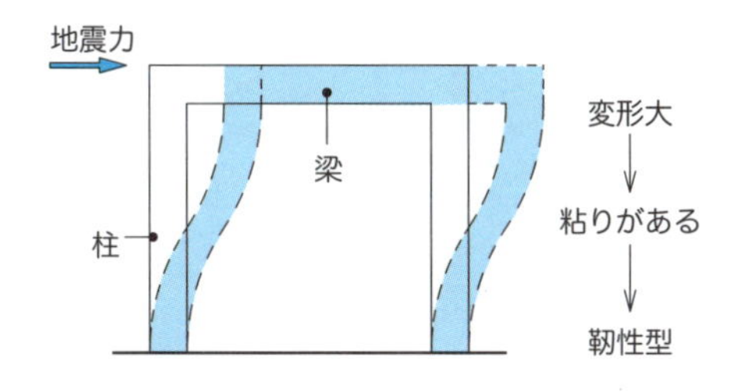

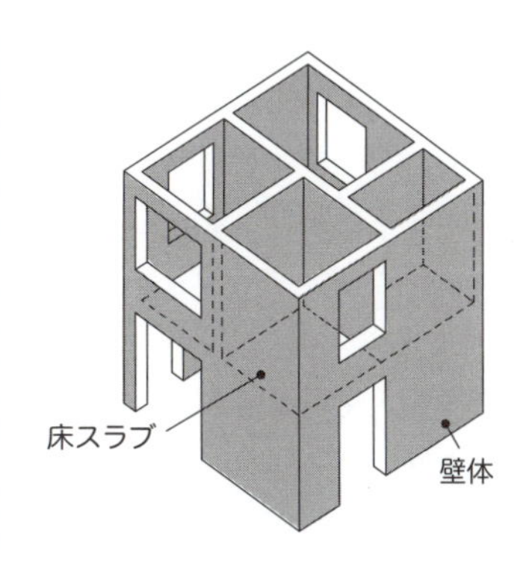

壁式構造

板状の壁体と屋根スラブや床スラブを一体的に組み合わせて構成される形式。
地震に対して、変形が小さく粘りがないが、強度が大きい。

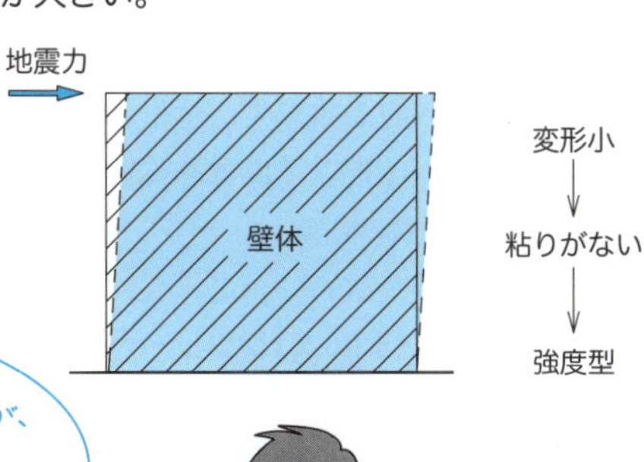

耐震設計の考え方は、
靭性型：負担する荷重が小さいが、変形が大きい
強度型：負担する荷重が大きいが、変形が小さい
の2つがあります。

❏柱の構造

鉄筋コンクリート造の柱は、断面の周辺の縦方向に主筋を配し、帯筋（フープ）又はスパイラル筋で主筋を取り囲んで補強します。

スパイラル筋　**主筋の周囲にらせん状に巻き付ける鉄筋。**

主筋　柱の材軸方向に入れる鉄筋で、主に軸方向力と曲げモーメントを負担。

帯筋（フープ）　柱の主筋を囲む鉄筋で、コンクリートとともにせん断力を負担。

帯筋は、柱のせん断補強筋。

その他、主筋の座屈防止、コンクリートの圧壊防止。

メモ　主筋の座屈防止：主筋が曲がるのを防ぐ

コンクリートの圧壊防止：囲んだ内部のコンクリートを拘束

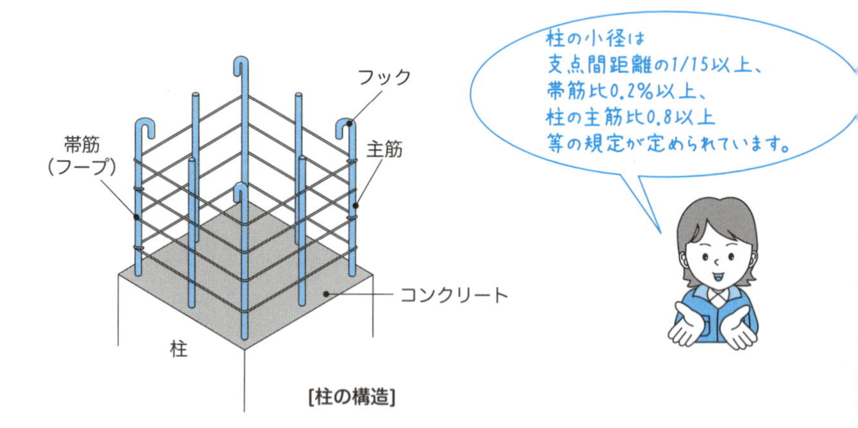

[柱の構造]

❏梁の構造

鉄筋コンクリート造の梁は、断面の周辺の横方向の上下に主筋を配し、あばら筋（スターラップ）で上下の主筋を取り囲んで補強します。

主筋

梁の材軸方向に入れる鉄筋で、主に曲げモーメントを負担。主要な梁は、全スパンにわたり複筋梁（上端、下端ともに主筋を配置）とします。

メモ　スパン：柱と柱の間隔

あばら筋（スターラップ）

梁の主筋を囲む鉄筋で、コンクリートとともにせん断力を負担。**あばら筋は、梁のせん断補強筋。**

腹筋

梁せいが大きい場合に、あばら筋のズレや変形を防ぐために設ける補助鉄筋で、上下の主筋の間に入れる。**梁せいが600mmを超える場合に必要で、幅止め筋とセット。**

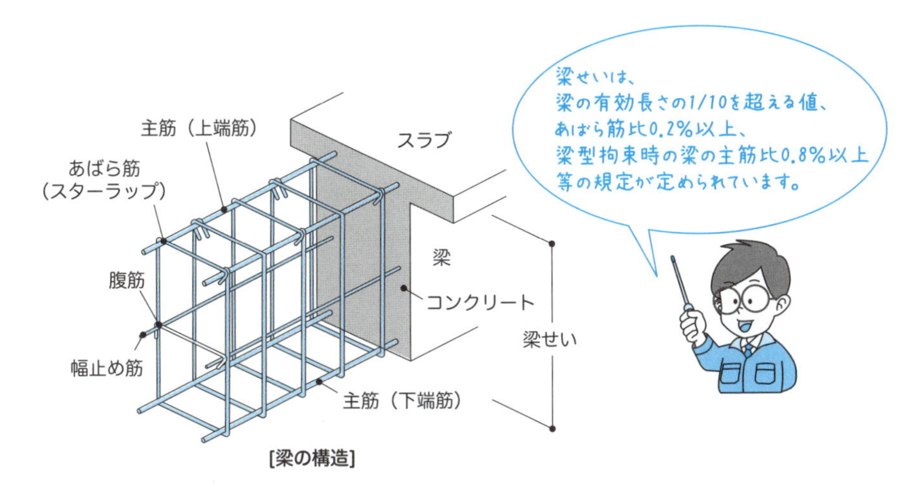

[梁の構造]

❑短柱とスリット

腰壁や垂れ壁のついた柱は短柱となります。短柱は他の柱よりも早く、曲げ降伏の前にせん断破壊してしまう可能性があり、これを防ぐためにはスリットを設ける必要があります。

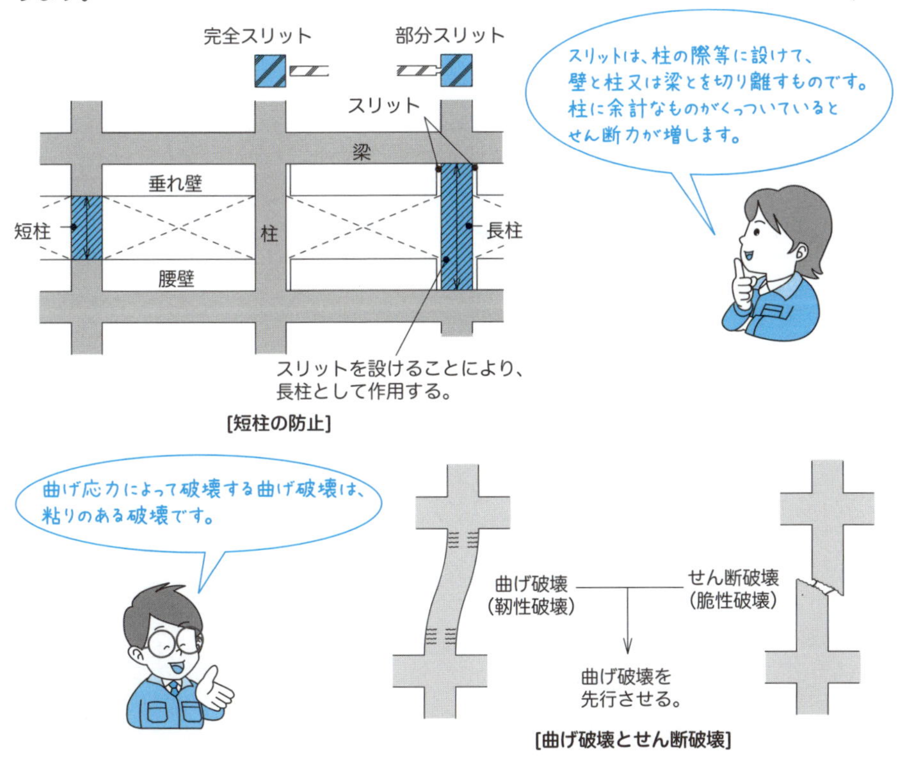

[短柱の防止]

[曲げ破壊とせん断破壊]

012—鉄骨構造　曲がっても折れないが、錆と火災に注意しよう

鉄骨構造は、鉄と炭素の合金である鋼材を用いますが、どのようなイメージがありますか？建築では靭性の高い軟鋼を使用するので粘りがあるが、錆びやすい。一方、鋼材は不燃材料なので燃えませんが、500℃程度で急激に強度が失われ、建物崩壊の危険性が増しますよ。

❏鉄骨構造の特徴と部材の名称

鉄骨構造は、各種の鋼材を用いて組み立てられた構造で、鋼構造とも呼ばれています。構造形式としては、柱、梁、ブレース（筋かい）を利用したブレース構造、柱と梁を剛接合してブレースを不要としたラーメン構造、三角形を多数組み合わせたトラス構造等があります。

メモ ブレース（筋かい）：柱や梁等で作った四角形の面内に入れる斜めの部材

鉄骨構造の特徴
・靭性に富み粘り強いので、耐震性に優れている。 ・細く薄い部材であるため、座屈やねじれ等による変形を考慮する必要がある。 ・鋼材は不燃材料であるが、十分な耐火性能を有しないので耐火被覆が必要である。

部材の名称と役割

部　材	役　割
フランジ	曲げモーメントを負担する。
ウェブ	せん断力を負担する。
ダイアフラム	箱形断面材の局部破壊を防止する。
スチフナー	ウェブの局部座屈を防止する。中間スチフナーともいう。
スカラップ	溶接継目の交差を避けるために設ける部分的な切込み。

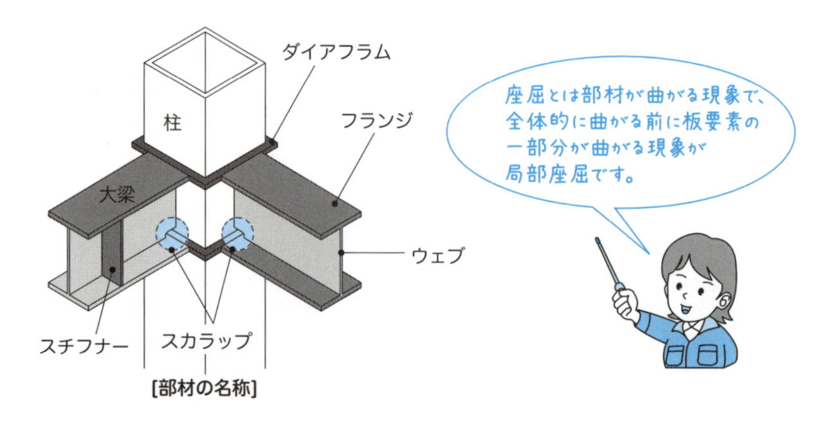

[部材の名称]

❏鋼材の接合方法

鋼材の接合方法には、ボルト接合（普通ボルト接合）、高力ボルト接合（摩擦接合、引張接合）、溶接接合（完全溶込み溶接、部分溶込み溶接、隅肉溶接）があります。

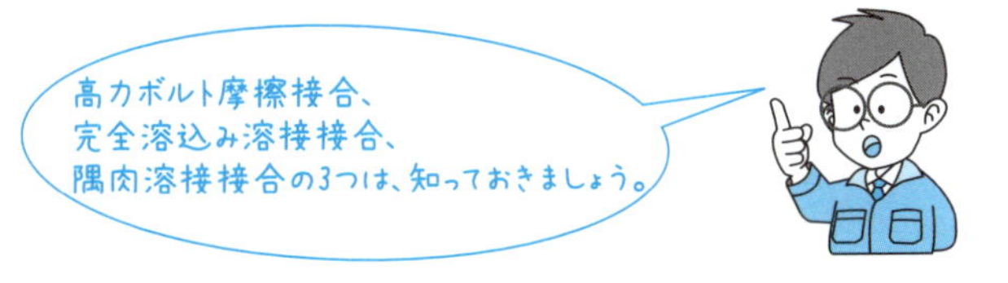

普通ボルト接合

穴の開いた部材を重ね合わせて普通ボルトを差し込み、反対側からナットで固定する方法です。ボルトやナットと接合したい鋼材の間には、座金（ざがね）と呼ばれる円盤状の金属を挟みこみます。

メモ 接合部の許容耐力：ボルト自身の許容耐力と板の許容支圧力の小さい方の値

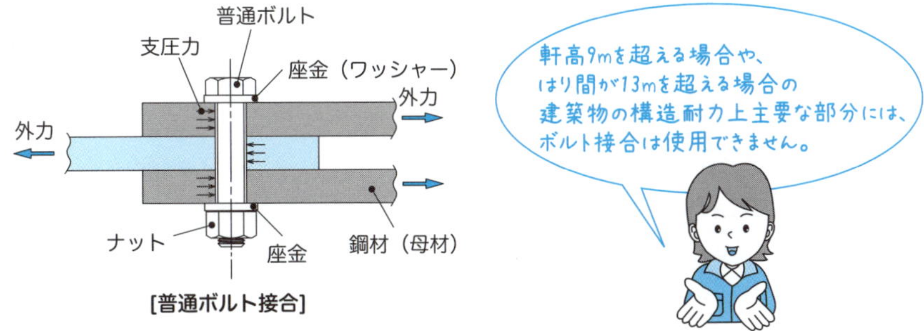

[普通ボルト接合]

高力ボルト接合

高力ボルト接合には、摩擦接合と引張接合があります。高力ボルト摩擦接合は、ボルトの軸に導入された張力によって生じる接合部材間の摩擦力のみによって力を伝達する固定方法です。

メモ 高力ボルト引張接合：ボルトの軸方向に引張力が作用する接合方法

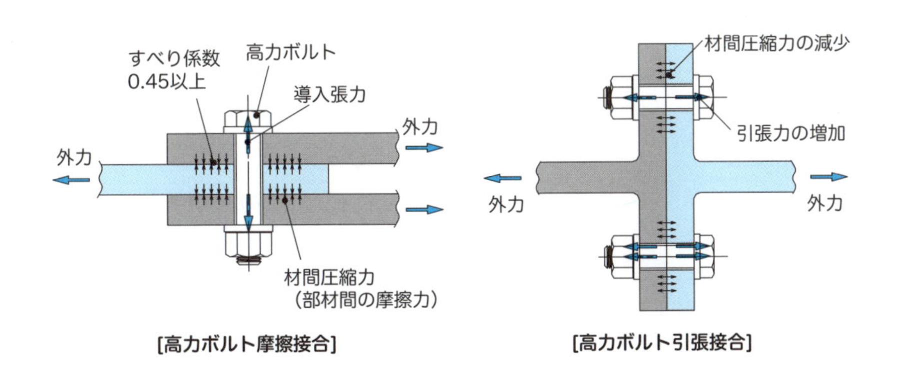

[高力ボルト摩擦接合]　[高力ボルト引張接合]

溶接接合

被覆アーク溶接（手溶接）は、心線（溶着金属）のまわりを被覆材（フラックス）で包んだ溶接棒と母材の間に電圧を加えて、その間に生ずるアーク熱により母材及び心線を溶融させて溶接する方法です。溶接棒を溶接機につないで、溶接棒と母材を溶かして接合します。

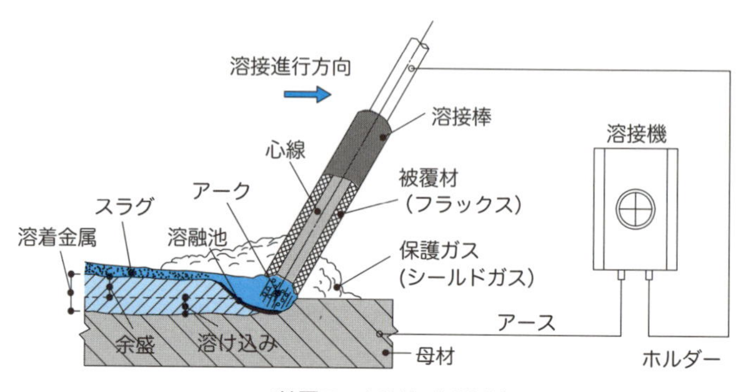

[被覆アーク溶接（手溶接）]

❑溶接接合の形式

力を伝える溶接継目の形式には、完全溶込み溶接、部分溶込み溶接、隅肉溶接があります。

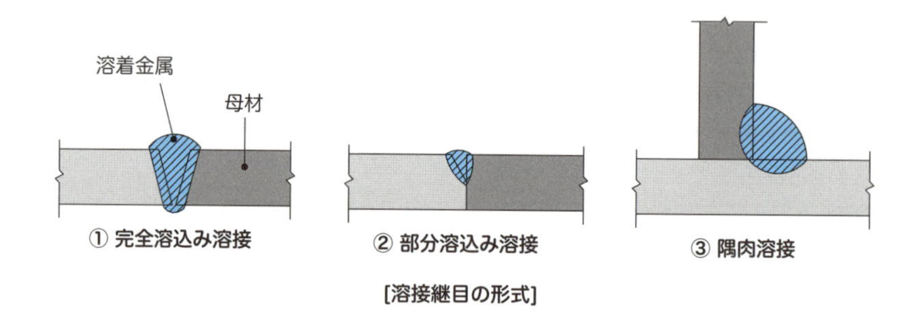

[溶接継目の形式]

継目の形式	概　要
①　完全溶込み溶接	つき合わせた母材に開先（溝、グルーブ）をつくり、その中を溶着金属で埋めて接合する溶接。
②　部分溶込み溶接	接合する部材間に部分的な開先を設け、溶接の溶込みが、接合する部材の全厚さに達しない溶接。
③　隅肉溶接	隅角部に溶着金属を盛って接合 ほぼ直交する２つの面を接合する三角形状の断面の溶着部をもつ。

❑溶接に関連する用語

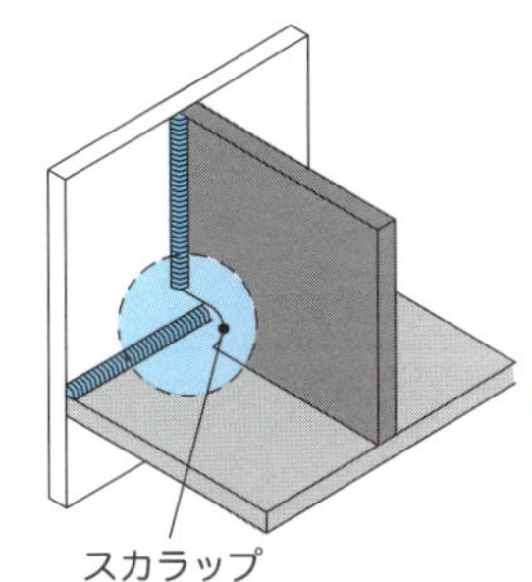

スカラップ

鋼構造部材の溶接接合部において、溶接継目どうしの交差を避けるために設ける部分的な円弧状の切込み。

スカラップに起因する脆性破壊を避けるために、スカラップを設けないノンスカラップ工法が推奨されていますよ。

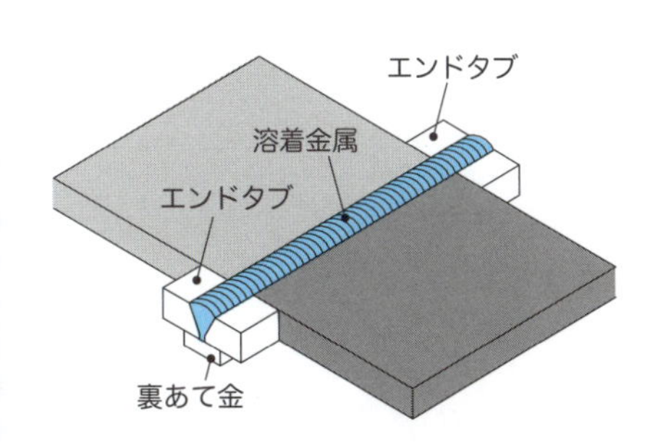

裏あて金

突合せ溶接継目において、裏はつりをしない場合に開先の底部に裏から当てる金属板。 メモ 裏はつり：裏面から削り取る作業

エンドタブ

溶接欠陥が生じやすい溶接ビードの始端と終端の溶接を行なうために、溶接接合する板材の両端に取り付けた補助鋼板。

メモ 溶接ビード：1回のパスによって作られた溶着金属

❑鉄骨の柱脚の形式

鉄骨構造の柱脚の形式には、露出形式、根巻き形式、埋込形式があり、その固定度の大小関係は、埋込形式＞根巻き形式＞露出形式です。

メモ 根巻き形式と埋込形式は、完全固定として扱う。

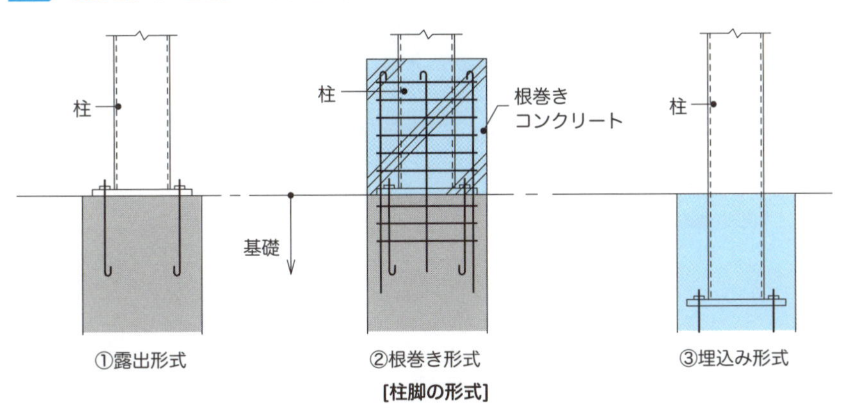

[柱脚の形式]

013— 木構造　日本の風土にあった建物だが、地震に抵抗するには壁が必要

建築は、それぞれの地域で産出する建材を用いて、その土地の気候にあった構法でつくられてきました。木材は調湿性が高く、高温多湿な日本の気候風土に適した建材です。柱、梁、筋かい等の１本１本の骨組から構成される軸組工法は、日本の風土的建築ともいえます。

❏木造の在来軸組工法を知ろう

在来軸組工法は、日本で古くから用いられた木造建築の工法の1つです。柱、梁、桁、筋かい等の骨組（軸組）から構成され、これに壁を加えて建物を支える構造形式です。

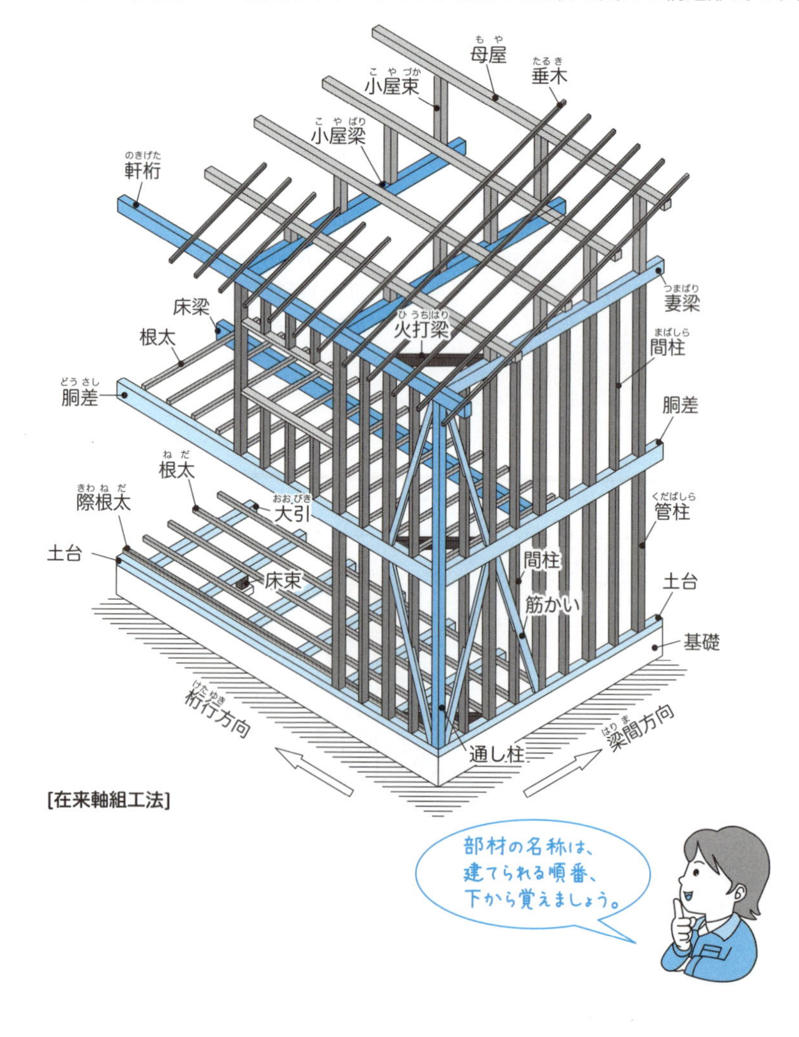

[在来軸組工法]

❑壁面を構成する部材

土 台	柱の下部に配置して、柱からの荷重を基礎に伝えるために用いられる。
柱	各階を１本で通す**通し柱**と、各階で寸断される**管柱**がある。 柱の有効細長比は 150 以下とする。 メモ 有効細長比：部材の細長さを表す比率 ３階建ての１階の柱の断面は、原則として、小径 13.5cm 以上とする。 メモ 小径：最小寸法
間柱（まばしら）	柱と柱の間に約 45cm 間隔で入れて、壁の下地材の取り付けに用いる部材。
胴縁（どうぶち）	壁の下地材で、板状の仕上げ材等を取り付けるための横桟。
胴差（どうさし）	建物外周部の２階以上の床の位置で、柱を相互につないでいる横架材。 メモ 横架材：水平に架けわたす構造材
梁（はり）	柱から柱に架け渡される横架材。各階床の小梁や根太を受け、柱や胴差しに荷重を伝える。
軒桁（のきげた）	垂木を受け小屋梁を桁行方向に連結する横架材。
筋かい（すじかい）	外力による軸組の変形を防ぐために、柱と横架材の対角線方向に入れる部材で、圧縮筋かいと引張筋かいがある。 メモ 圧縮筋かい：厚さ 3cm× 幅 9cm 以上 引張筋かい：厚さ 1.5cm× 幅 9cm 以上、径 9mm 以上の鉄筋 耐力壁：筋かいを入れた壁、あるいは既定の面材を張った壁

❑地震や風に抵抗する耐力壁

木構造では、耐力壁によって地震や風等の水平力に抵抗させます。耐力壁は、梁間方向、桁行方向のそれぞれの方向に、つり合い良く必要な量を配置し、かつ、隅角部を補強します。

桁行方向の壁量計算（2階建ての場合）

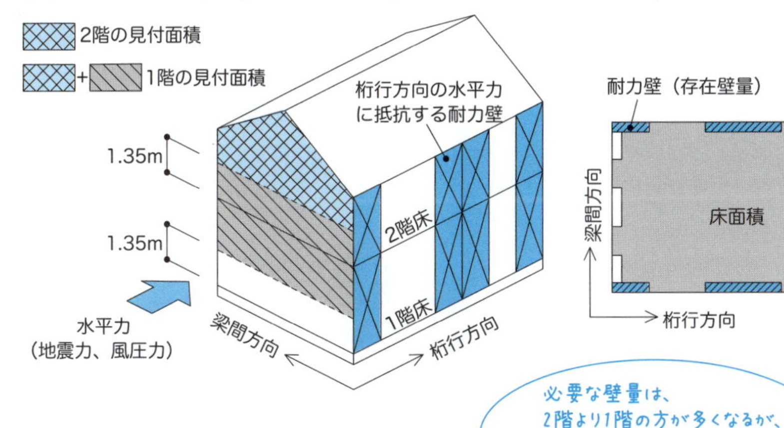

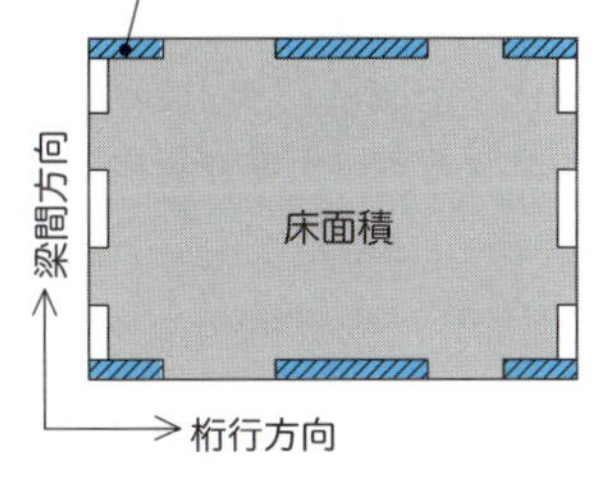

地震力に対する必要壁量

2階：階の床面積に乗ずる数値×2階の床面積

1階：階の床面積に乗ずる数値×1階の床面積

メモ 階の床面積に乗ずる数値は、求める階が支える荷重に基づいて算定。

風圧力に対する必要壁量

2階：階の見付面積に乗ずる数値×2階の見付面積

1階：階の見付面積に乗ずる数値×1階の見付面積

メモ 見付面積の算定は、梁間方向の見付面積に基づいて算定。

必要な壁量は
2階より1階の方が多くなり、
また、方向による違いがあります。
ただし、見付面積に乗ずる数値は同じです。

存在壁量

長さ×壁倍率で算出され、壁の耐力を長さで表したもの。

実際の壁の長さが1mであっても、筋かいを入れた壁か、構造用合板を張った壁では、壁量が異なります。 メモ 壁倍率の最大値：7.0

各階、各方向ごとに必要壁量を比較して、
より値の大きい方を、必要壁量として決定し、
存在壁量がその値を上回っていれば安全です。

梁間方向の壁量計算（2階建ての場合）

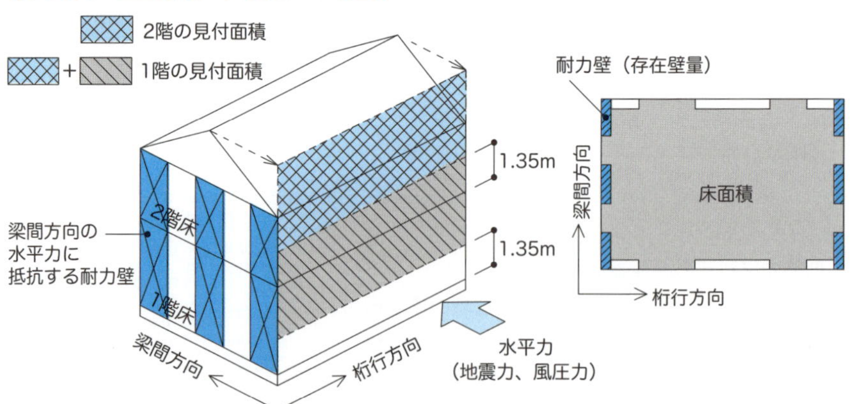

❏床面を構成する部材

根太	床板を受ける横架材。通常、大引や床梁の上に直角方向に300～450mmほどの間隔で架け渡すが、コンクリートスラブの上に直接置くこともある。
際根太	床板の端部を支えるため、大引きや床梁に直交する方向に架け渡す壁際の根太。
根太掛け	床板の端部を支えるため、大引きや床梁に平行に柱や間柱の側面に取り付ける部材。
大引	最下階の根太を受け、土台や基礎等に荷重を伝える90mm角程度の角材。通常、床束（端部は土台または大引受け）により支持される。メモ 床束：束石の上に立て大引を受ける
火打	小屋組、床組の水平面にあって、斜めにいれて隅角部を固める部材。

❏小屋組（和小屋）を構成する主な部材

棟木	小屋組の頂部を主として桁行方向につなぐ横架材で、母屋とともに垂木を受ける部材。
母屋	棟木と軒桁の中間で、垂木を受ける部材。和小屋では小屋束の上に渡し、洋小屋では合掌の上にのる。
小屋束	小屋梁の上にあって母屋や棟木を支える垂直材。メモ 束：短い柱
垂木	棟木から母屋、軒桁に斜めに架け渡す部材で、この上に野地板等が張られる。

❏小屋組（洋小屋）を構成する主な部材

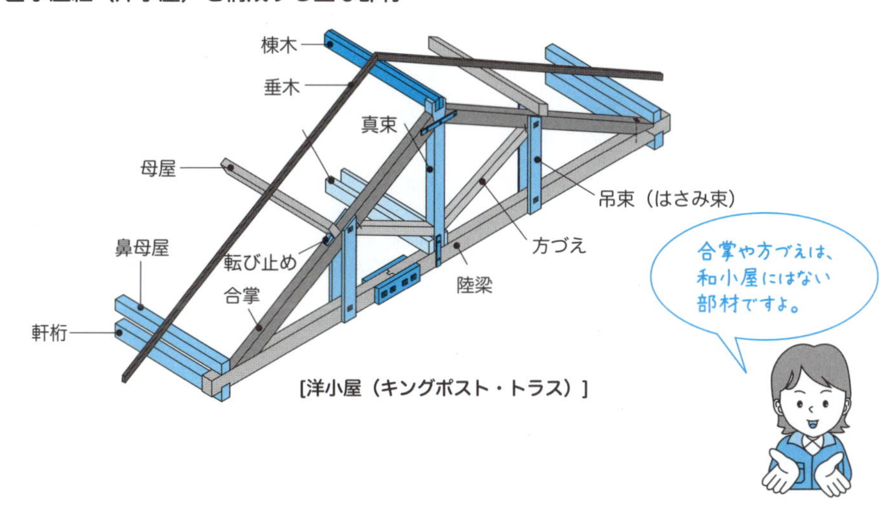

[洋小屋（キングポスト・トラス）]

合掌	陸梁とともにトラスの三角形を形成する上部斜材で、母屋を受ける。
真束	中央で棟木、合掌を受け、陸梁を吊る束。
振れ止め	屋組相互を連結して、小屋組の面外方向への変形を防止する部材（合せ梁）。
転び止め	合掌の上に取り付け、母屋が移動、回転しないように留めておく部材。
鼻母屋	最も軒に近い位置にある母屋。鼻先（先端）にある母屋。

現場は、昭和のスイーツパラダイス

現場でのエピソードで、職人さんが「監督さん、ドーナツ持ってきて」と言ってきたときに、この人は何を言っているのだと思い、その時に初めてドーナツの意味を知ったというのは新入社員にはよくあるエピソードです。

「ドーナツ」は、壁筋のコンクリートのかぶり厚さを確保するために入れるスペーサーです。円の中心に孔が空いており、横の鉄筋に縦にはめることで使用します。

「まんじゅう」は、鉄骨の柱の高さを所定の位置に据えるために、最下部の柱の下に敷くモルタルのことで、正式にはベースモルタルといいます。建入れ直しがしやすいように、鉄骨のベースプレートよりも小さく、円形にモルタルを盛り上げてつくります。

「だんご」はタイルの張り方の1つで、タイルの裏側にだんご状のモルタルを乗せ、それを壁に押し付けて張ります。タイル以外にも石こうボード等の材料を接着材で張る場合に、部分的に塗って接着させる場合を「だんご張り」と呼んでいます。

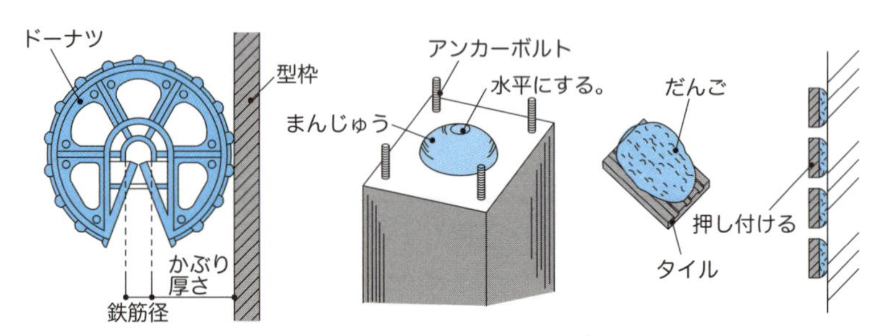

他にも、お菓子にちなんだ現場用語として、**「あんこ」**、**「ようかん」**、**「せんべい」**等があります。

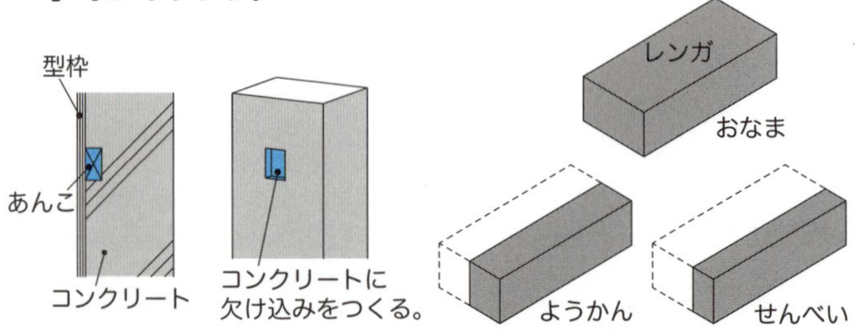

第 4 章

建物を建てるために使われる材料編

～建築材料～

建物を建てるために使われる材料は、自然界に存在しているもの、自然界の中で暮らしている状態で身近にあるものを使ってきました。

たとえば、足元にある土、泥、石等や、森にふんだんにある樹木等を用いて建築を作るようになっていったわけです。木材が豊富な地方では木造建築が多く建てられ、石材が得やすい国では、石造建築が建てられてきました。

建築工事に用いられる材料を一般に建材といい、具体的には、木材、セメント、コンクリート、金属、ガラス、石材、タイル等多種多様な材料があります。建物はその地方の気候や風土に合わせて、適材適所が求められるので、建築材料の種類と特徴をよく理解し検討し、使い分ける必要があります。

また、現在ではサスティナブル建材やサスティナブル建築が注目されています。

サスティナブル（Sustainable：持続可能）を目指すことは、個人の生活を豊かにするだけでなく、地域の持続的な発展や地球環境問題の解決にも役立つことにつながりますよ。

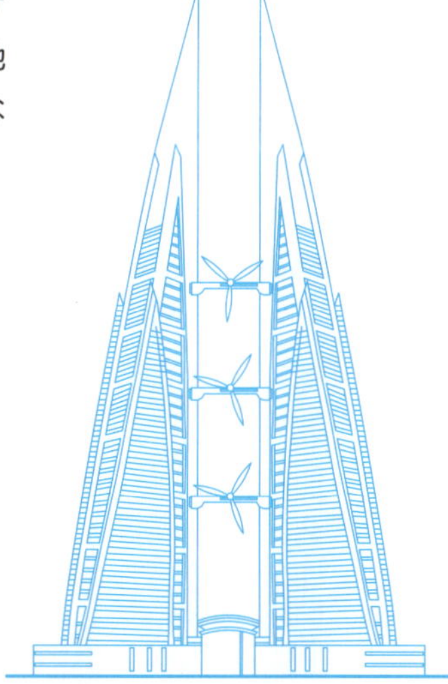

バーレーン・ワールド・トレード・センター
世界で初めて風力発電のタービンを備えた
超高層ビル。

014—木材・木質材料　最も親しまれる木のポイントは含水率にあり

日本で最も親しまれている木ですが、木の欠点の多くは水分に関係しています。伐採した木を乾燥しないでそのまま使うと、木が曲がったり割れたりしますよね。木の中に含まれる水分の割合が含水率で、含水率が下がると木材としての欠点が少なくなります。

❏木材の組織を知ろう

樹木は、中心から、**樹心**、**木質部**、**樹皮**の3つの組織から成り立っており、木質部のうち、樹心に近い部分を**心材**、樹皮に近い部分を**辺材**といいます。

メモ 心材：赤身材　辺材：白太材

性　能	心　材	辺　材
強度	大	小
乾燥収縮、腐朽、虫害	小	大

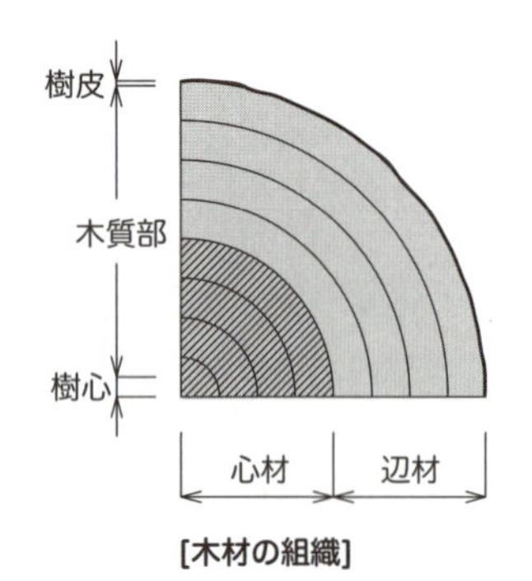

[木材の組織]

木材の方向は、**繊維方向**、**半径方向（年輪方向）**、**接線方向（円周方向）**に分類され、その方向によって、強度や収縮の大小が異なっています。

繊維方向　木が伸びていく幹の方向。

半径方向　木の中心から外に向かう方向。

メモ 柾目：木目が直線

接線方向　年輪に接する方向。

メモ 板目：木目が山形、波形

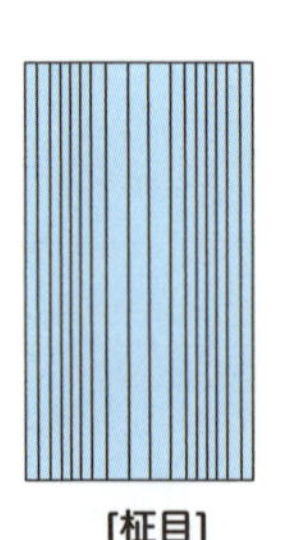
[柾目]

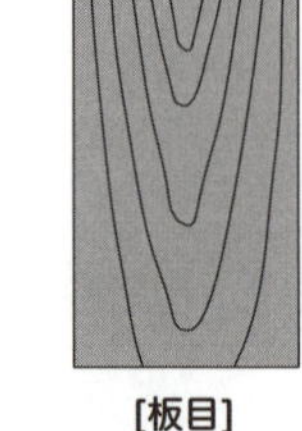
[板目]

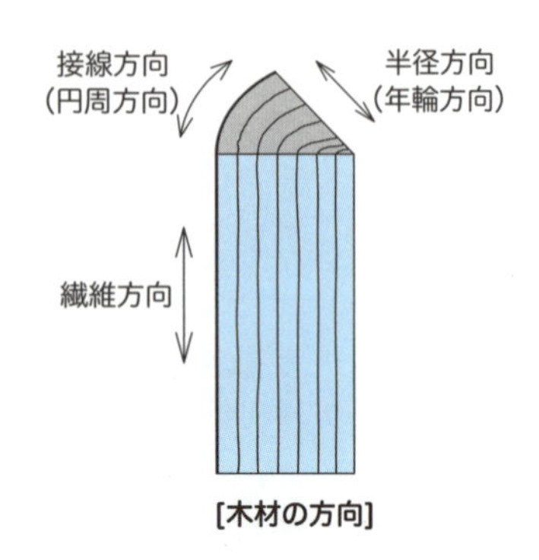

[木材の方向]

❏木材の含水率とは

木材中に含まれる水分の重量比を木材の含水率といい、大気中の温度や相対湿度により影響を受けます。

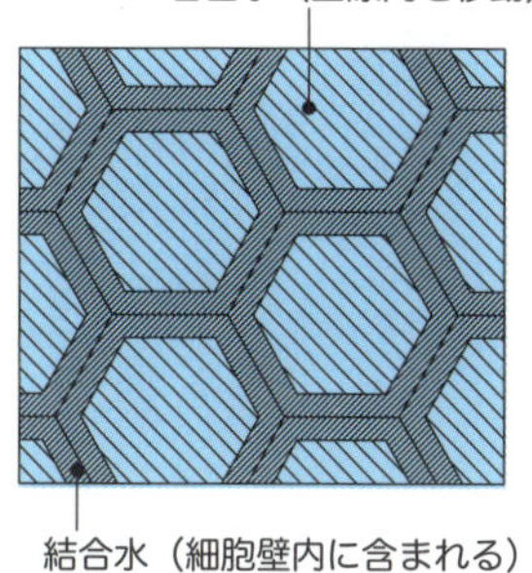

生木（含水率30%以上）

結合水と自由水がともに存在している状態。乾燥する場合は、自由水から乾燥する。

バケツにつけた雑巾をイメージしましょう。

繊維飽和点（約30%）

細胞壁に結合水が満たされているが、自由水がほとんどない状態。

しずくが落ちない程度の雑巾をイメージしましょう。

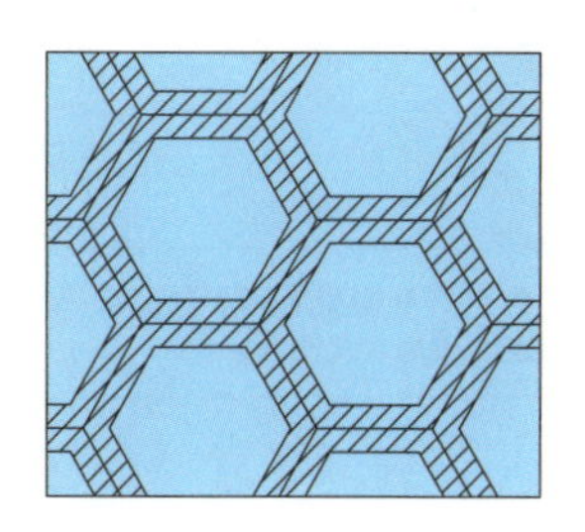

気乾含水率（約15%）

木材に含まれる結合水と空気中に含まれる水分の量が、つり合い状態（平衡状態）になったときの含水率。

絞った雑巾をイメージしましょう。

メモ 全乾（絶乾）状態：さらに乾燥が進み、含水率が0%になった状態

❑含水率の変化で強度、膨張・収縮はどうなる？

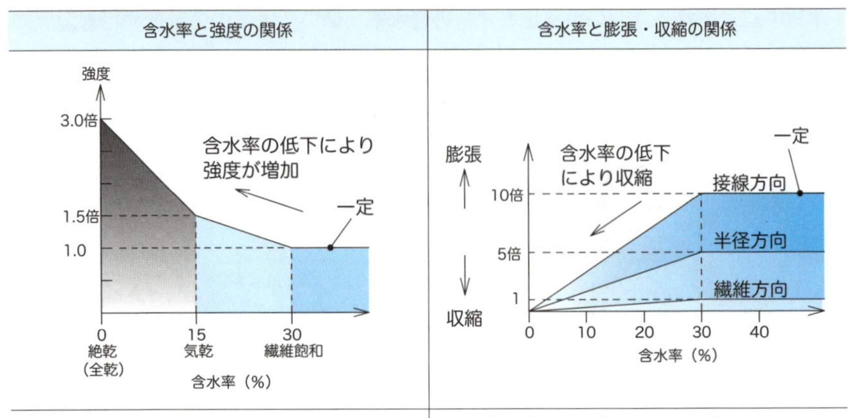

含水率と強度の関係	含水率と膨張・収縮の関係
繊維飽和点以上：強度はほぼ一定。 繊維飽和点以下：含水率の低下により、木材の強度は高くなる。 方向別大小：繊維方向＞半径方向＞接線方向	繊維飽和点以上：強度はほぼ一定。 繊維飽和点以下：含水率に比例して、膨張・収縮する。 方向別大小：接線方向＞半径方向＞繊維方向

❑合板と集成材の違いを知ろう

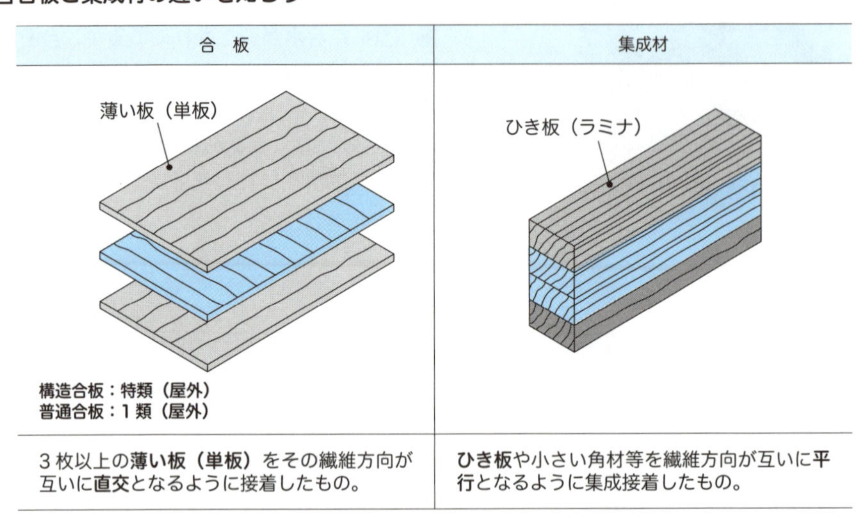

合　板	集成材
構造合板：特類（屋外） **普通合板：1類（屋外）**	
3枚以上の**薄い板（単板）**をその繊維方向が互いに**直交**となるように接着したもの。	**ひき板**や小さい角材等を繊維方向が互いに**平行**となるように集成接着したもの。

□ LVL（単板積層材）と CLT（直交集成材）

LVL（単板積層材） **薄い板（単板）**を、繊維方向をほぼ**平行**となるように積層接着したもの。

CLT（直交集成材） **ひき板**を幅方向に並べ、繊維方向が互いに**直交**になるように組み合わせて積層接着したもの。

原料と積層方向による分類

原料＼積層方向	繊維方向に直交	繊維方向に平行
薄い板（単板）	合板	LVL（単板積層材）
ひき板	CLT（直交集成材）	集成材

□ パーティクルボードと繊維板（ファイバーボード）

パーティクルボード

木材の**小片（チップ）**に接着剤を加えて、加熱圧縮しながら板状に成形したもの。

メモ 木片セメント板：小片にセメントを混入して加圧成形

繊維板（ファイバーボード）

木材を細かく**繊維状**に加工し、板状に成形したもの。

メモ 木毛セメント板：木毛にセメントを混入して加圧成形

繊維板（ファイバーボード）の種類

種　類	概要・特徴
インシュレーションファイバーボード インシュレーションボード（軟質繊維板）	・比重 0.35 未満。 ・防音性・断熱性に優れている。 ・吸音材、畳床、天井材等に用いる。
ミディアムデンシティファイバーボード MDF（中質繊維板）	・比重 0.35 以上～ 0.8 未満。 ・均質で表面が平滑である。 ・家具、収納扉等に用いる。
ハードファイバーボード ハードボード（硬質繊維板）	・比重 0.8 以上（硬質繊維板）。 ・高密度で硬い。 ・床下地や棚板等に用いる。

015—セメント・コンクリート　粒の大きさと水が性能を決める

おいしいパンケーキをつくるときには、材料の調合を考えますよね。コンクリートも同様で、品質のよいコンクリートをつくるためには、砕石や砂等の粒の大きさ、水やセメント等の調合が性能の決め手となりますよ。

❏セメントはどのようなもの

水と反応して硬化する鉱物質の粉末がセメントで、水と反応すると水酸化カルシウムを発生させて強いアルカリ性を示します。時間の経過とともに硬化が進行し強度が増大します。

メモ 水硬性：水と反応して硬化する性質　気硬性：空気中で硬化する性質

各種セメントの種類と特徴

種類		特徴	適用
ポルトランドセメント セメントの粉末により分類。	早強	粉末が普通ポルトランドセメントより細かい。 水和熱が大きい。	工期の短縮 冬期工事
	普通	一般的なセメント。	一般に使用
	中庸熱	水和熱が小さい。 乾燥収縮が少ない。	強度コンクリート マスコンクリート
	低熱		
混合セメント	高炉セメント ポルトランドセメントに高炉スラグを混ぜたもの。	初期強度がやや小さい。 強度発現が遅いが、長期材齢強度が大きい。 水和熱が小さい。化学抵抗性が大きい。 アルカリ骨材反応の抵抗性が大きい。	マスコンクリート 酸類・海水・下水に接する工事
	シリカセメント ポルトランドセメントにシリ化質混合材を混ぜたもの。	化学抵抗性が大きい。 水密性が大きい。	
	フライアッシュセメント ポルトランドセメントにフライアッシュを混ぜたもの。	ワーカビリティー良好。 水和熱が小さい。乾燥収縮が少ない。 中性化速度が大きい。	普通ポルトランドセメントと同等 マスコンクリート
アルミナセメント アルミナの多いボーキサイト等と石灰を原料としたセメント。		超早強性。 水和熱が大きい。 耐火性が大きい。	緊急工事 極低温工事

メモ 水和熱：水と反応するときに発生する熱

□コンクリートの構成を考えよう

セメントに水を練り混ぜたものがセメントペーストで、それに細骨材（砂）を加えたものがモルタルです。さらに、モルタルに粗骨材（砂利）を混ぜあわせたものがコンクリートです。

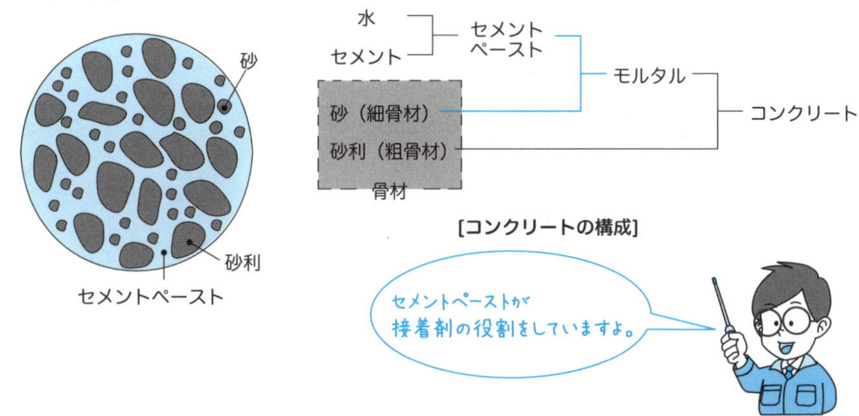

[コンクリートの構成]

□水セメント比は小さいほどよい？

セメントと水の割合により、コンクリートの性能は異なります。**水の質量とセメントの質量**の割合を表したものが**水セメント比**で、次式で表します。

メモ　セメント水比：水セメント比の逆数

$$水セメント比=\frac{水の質量(W)}{セメントの質量(C)}\times 100(\%)$$

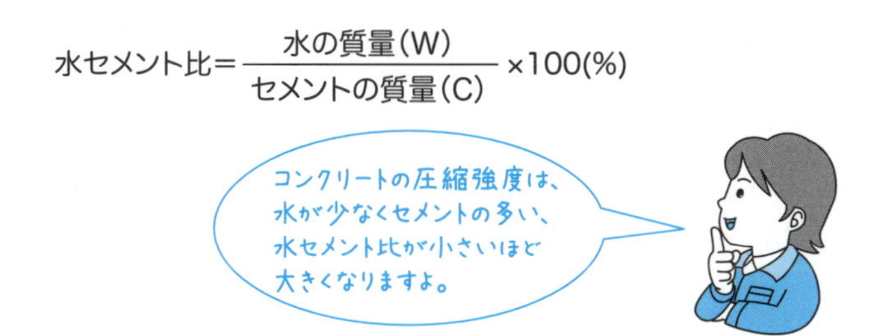

□コンクリートの中性化とは

コンクリートはもともとアルカリ性ですが、硬化したコンクリートが空気中の炭酸ガス（ℓ）の作用によって、次第にアルカリ性を失い、中性に近づく現象を**コンクリートの中性化**といいます。中性化が進行すると水や空気の浸透によって鉄筋が錆びて、コンクリートの耐久性が損なわれます。

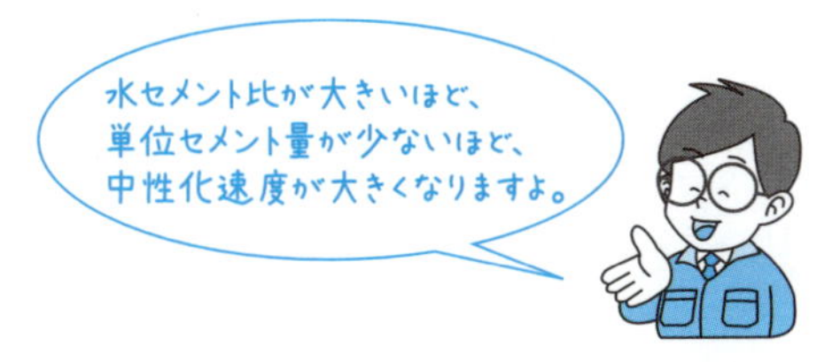

4 建築材料

❏粒の大小による特徴を知ろう

セメントの粉末が細かいほど水との反応が速く、コンクリートの強度発現が速くなります。

また、砂や砂利等の粒が細かいと、水とセメント（セメントペースト）の量が増え、硬化後のコンクリートはひび割れしやすくなります。

メモ 比表面積：材料の表面積をその質量で割った値

粒	細かい	粗　い
イメージ		
比表面積	大きい	小さい
反　　応	速い	遅い
ひび割れ	しやすい	しにくい

❏ワーカビリティーとスランプ

ワーカビリティー

材料の分離を生じることなく、運搬・打込み・締固め等の作業が容易にできる程度（施工軟度）を表すフレッシュコンクリートの性質。

メモ フレッシュコンクリート：打込み直後までのまだ軟らかいコンクリート

スランプ

ワーカビリティーを表すものとしてスランプ試験が行われます。スランプコーンにフレッシュコンクリートを充填し、脱型したとき自重により変形して上面が下がる量をスランプ値として表します。

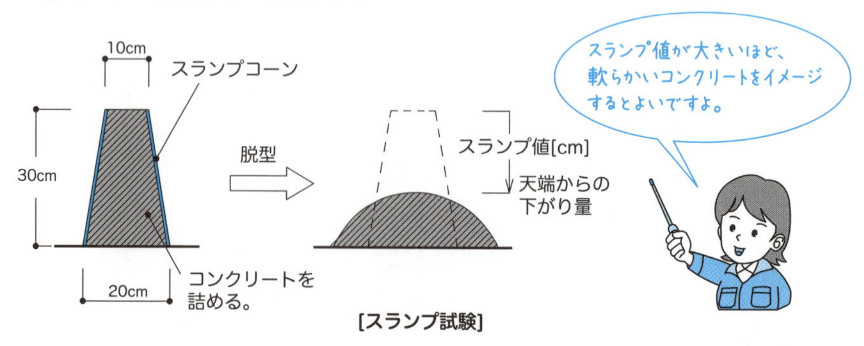

[スランプ試験]

❑普通コンクリートの一般的な規定とは

空気量	4.5%
単位水量	185kg /m^3 以下
単位セメント量	270kg /m^3 以上
水セメント比	65%以下
塩化物含有量	0.3kg /m^3 以下

※水セメント比は、計画供用期間の級が短期・標準・長期の場合

❑コンクリートの強度とヤング係数

コンクリートの強度

材齢四週（28日）の**圧縮強度Fc**で表し、これを設計基準強度とする。

メモ 引張強度は圧縮強度の1/10程度

ヤング係数

応力度（σ）とひずみ度（ε）の関係式で用いられる比例定数。

メモ フックの法則　$\sigma = E \times \varepsilon$

コンクリートのヤング係数Ec［N/mm^2］は、次式で求める。

$$Ec = 3.35 \times 10^4 \times \left(\frac{\gamma}{24}\right)^2 \times \left(\frac{Fc}{60}\right)^{\frac{1}{3}}$$

γ：コンクリートの気乾単位体積重量［kN/m^3］

Fc：コンクリートの設計基準強度［N/mm^2］

鉄筋、鋼材のヤング係数Esは、2.05×10^5［N/mm^2］で一定ですよ。

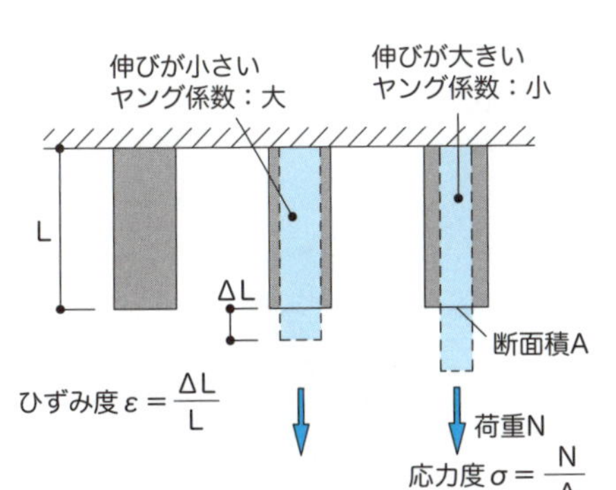

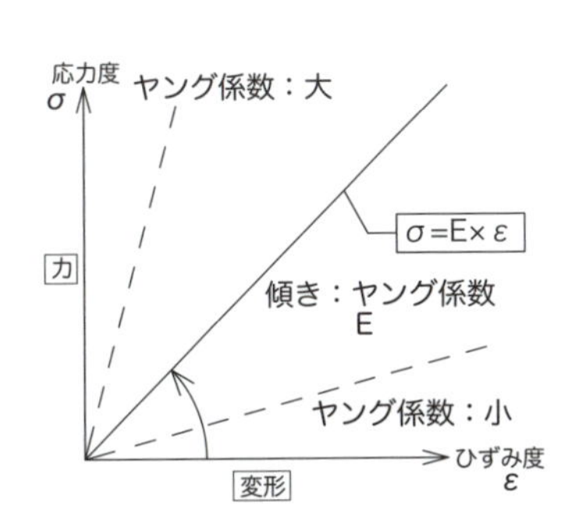

016—鋼材・非鉄金属　鋼材は炭素量に注目しよう

建物に使用される金属には、どのような金属があるでしょうか。鋼材、ステンレス、アルミニウム、銅、鉛等があり、それらの特徴を知った上で適切な部位に使用しましょう。特に、鉄と炭素の合金である鋼材は、この炭素量に関係していますよ。

❏鋼材の特徴

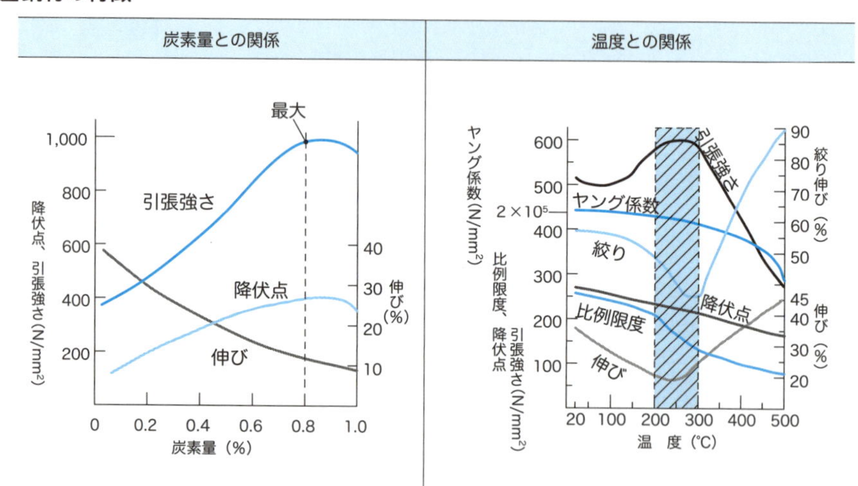

炭素量との関係	温度との関係
炭素量が増えると、引張強度・降伏点強度・硬度が増す。伸びは減少し、溶接性が低下する。 引張強さは、炭素含有量が0.8%のときに最大。 ヤング係数は、炭素量にかかわらず、ほとんど変わらないので設計上は一定とする。	引張強度は、200～300℃程度で最大。 それ以上は急激に低下して、500℃付近で半減、1,000℃でほぼ0（ゼロ）となる。 鋼材の融点は1,500℃。 メモ 1,500℃で溶ける。 鋼材の温度が高くなると、ヤング係数、降伏点は低下する。

鋼材の線膨張係数(熱膨張係数)は、約1.0×10^{-5}[1/℃]で、この値は、コンクリートの線膨張係数とほぼ同じですよ。

❑鋼材の機械的性質を理解しよう

鋼材の引張試験において、引張応力度σとひずみ度εの関係を表したものが、「応力度－ひずみ度曲線」です。

0～比例限度（一定の範囲） 応力度とひずみ度は直線的に増加し、比例関係が成立。

0～比例限度を超え弾性限度まで 引張力によってひずみが生じても、その力を取り除けば、ひずみが消えて、原形に戻る。**この性質を弾性という。**

弾性限度を超える 力を取り除いても元の状態まで戻らない。**この性質を塑性という。**

上降伏点 降伏が始まった点。

メモ SD295等鉄筋の名称にある数値は、降伏点の下限値を表す。

下降伏点を超える ひずみ度の増加によって応力度が上昇し、最大強度（引張強さ）に達して、破壊（破壊点）に至る。

メモ SS400等鋼材の名称にある数値は、引張強さを表す。

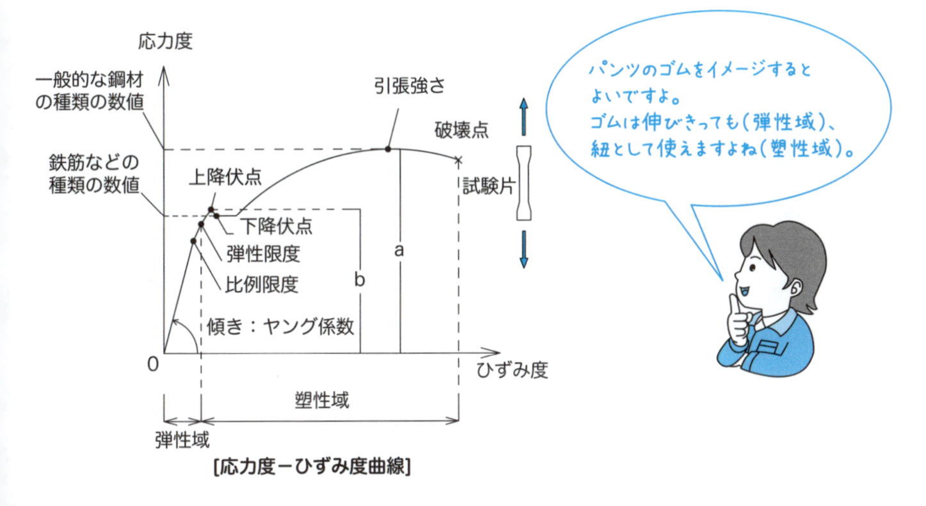

[応力度－ひずみ度曲線]

降伏比 鋼材の降伏点（b）を引張強さ（a）で割った値。

$$\left(\frac{\text{降伏点(b)}}{\text{引張強さ(a)}} < 1\right)$$

降伏比が大きくなると部材の変形能力は低下する。

□構造用鋼材の種別

種別（規格名称）		記　号		特　性
SS	**一般**構造用圧延鋼材	SS400、SS490、SS540		溶接構造に適さない。 SS400 以外の溶接継目は応力負担できない。
SM	**溶接**構造用圧延鋼材	SM400A、SM400B、SM400C SM490A、SM490B、SM490C SM520B、SM520C 等		溶接性がよい。 降伏点の上限は規定されていない。
SN	**建築**構造用圧延鋼材	SN400A	厚 6 ～ 100㎜	小梁等の場合、溶接可能。
		SN400B、 SN490B	厚 6 ～ 100㎜	厚 12㎜以上で降伏点と降伏比の上限を規定。 **柱、大梁に使用。**
		SN400C、 SN490C	厚 16 ～ 100㎜	降伏点と降伏比の上限を規定。 板厚方向の引張力に対する性能を確保。 **柱、大梁、ダイアフラムに使用。**

□その他の構造用鋼材の種別

種別（規格名称）		記　号
SSC	**一般**構造用**軽量**形鋼	SSC400
STK	**一般**構造用角形**鋼管**	STK400、STK490
STKN	**建築**構造用炭素**鋼管**	STKN400W、STKN400B、 STKN490B
SNR	**建築**構造用圧延**棒鋼**	SNR400B

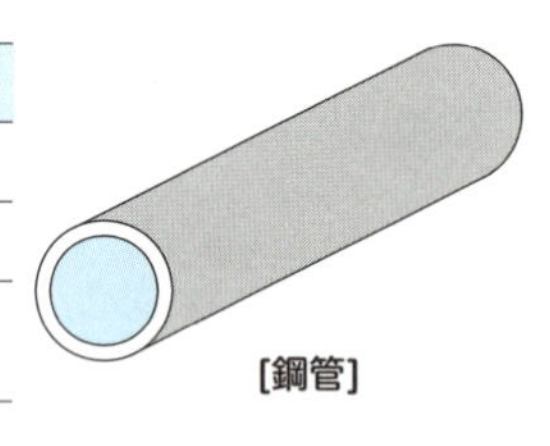
[鋼管]

STKN400wは、塑性変形を
生じない部材に使用しますよ。

種別（規格名称）		記　号
STKR	**一般**構造用**角形鋼管**	STKR400、STKR490
BCR	建築構造用冷間**ロール成形**角形鋼管	BCR295
BCP	建築構造用冷間**プレス成形**角形鋼管	BCP295、BCP325、 BCP325T

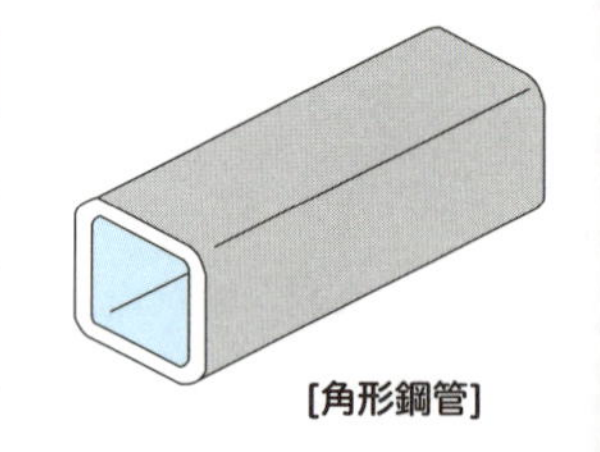
[角形鋼管]

ロール成形は、
円形から角形に成形するよ。
靭性の高い順に、
BCP>BCR>STKRですよ。

❑特殊な鋼材

ステンレス鋼（耐食鋼） 建築構造用ステンレス鋼SUS304（SUS304A）は、クロム18%、ニッケル8%を含有し、18-8ステンレスと呼ばれている。
炭素鋼に比べ、耐食性、耐火性等に優れ、熱伝導率も小さい。

建築構造用耐火鋼（FR鋼） 高温時の耐力に優れており、600℃における降伏点が、常温時の規格値の2/3以上あることを保証した鋼材。

耐候性鋼 リン・銅・クロム等を添加することで、大気中での耐食性を高めた鋼材。

メモ 耐食性：腐食に耐える性質

建築構造用TMCP鋼 厚さが40mmを超える構造部材に適した鋼材。**基準強度の低減が不要。**
熱加工制御技術を適用することで、高強度、低降伏比、優れた溶接性を実現した鋼材。

❑その他の金属材料

アルミニウム 空気中では酸化被膜ができて内部を保護するので、耐食性に優れている。酸、アルカリ、海水に弱い。

普通鋼、ステンレス鋼、アルミニウムの比較

	比重	溶融点［℃］	ヤング係数［N/mm²］	線膨張係数［1/℃］
普通鋼（軟鋼）	7.85	1,530	2.05×10^{5}	1.12×10^{-5}
ステンレス鋼	7.93	1,400	1.93×10^{5}	1.73×10^{-5}
アルミニウム	2.70	660	0.70×10^{5}	2.46×10^{-5}

鉛 非鉄金属のなかでも比重が大きく、X線遮へい用材料等に用いられる。
銅 大気中で表面に緑青を生じるが内部への侵食は少なく、屋根葺き材等に用いられる。

メモ 黄銅（真ちゅう）：銅と亜鉛の合金　青銅（ブロンズ）：銅とすずの合金

017— 建具・ガラス　断熱性・気密性・強度に関心をよせよう

建具（たてぐ）とは、どのようなものでしょうか？建物の外部と内部を仕切るガラス窓や、出入り口に用いられるドア等が建具です。主に開口部に使われる可動式のものが多いので、断熱性・気密性・強度に注目することが大切ですよ。

❏建具の主な性能項目とは

項目	内 容
強さ	外力に耐える程度。
耐風圧性	風圧力に耐える程度。建具の耐えうる風圧力の値によって、耐風圧性の程度を表す。 **S-1（800 Pa）、S-2（1200 Pa）、S-3（1600 Pa）、S-4（2000 Pa）、S-5（2400 Pa）、S-6（2800 Pa）、S-7（3600 Pa）**
耐衝撃性	衝撃力に耐える程度。
気密性	空気のもれを防ぐ程度。 **A-1（A-1 等級線）、A-2（A-2 等級線）、A-3（A-3 等級線）、A-4（A-4 等級線）**
水密性	風雨による建具室内側への水の浸入を防ぐ程度。 建具全面に 4［ℓ /min・m^2］の水を噴射しながら、所定の圧力差を 10 分間保持して、室内側に漏水がない場合にその圧力差で表す。 **W-1（100 Pa）、W-2（150 Pa）、W-3（250 Pa）、W-4（350 Pa）、W-5（500 Pa）**
遮音性	音を遮る程度。 **T-1（T-1 等級線）、T-2（T-2 等級線）、T-3（T-3 等級線）、T-4（T-4 等級線）**
断熱性	熱の移動を抑える程度。建具の熱貫流率（W/（m^2・K））に適合するものとして表す。 **H-1（4.7）、H-2（4.1）、H-3（3.5）、H-4（2.9）、H-5（2.3）、H-6（1.9）、H-7（1.5）、H-8（1.1）**
日射熱取得性	日射熱を遮る程度。日射熱取得率として評価される。 **N-1（1.0）、N-2（0.5）、N-3（0.35）**
結露防止性	建具表面の結露の発生を防ぐ程度。
防火性	火災時の延焼防止の程度
面内変形追随性	地震によって生じる面内変形に追随し得る程度。
耐候性	構造、強度、表面状態等がある期間にわたり使用に耐え得る品質を保持している程度。
形状安定性	環境の変化に対して形状寸法が変化しない程度。
開閉力	開閉操作に必要な力の程度。
開閉繰返し	開閉繰返しに耐え得る程度。

□ドアセットの性能による区分

種類／性能項目	スイングドアセット				スライディングドアセット		
	普通	防音	断熱	耐震※2	普通	防音	断熱
ねじり強さ	◎	◎	◎	◎	規定されていない		
鉛直荷重強さ	◎	◎	◎	◎			
開閉力	◎	◎	◎	◎	◎	◎	◎
開閉繰り返し	◎	◎	◎	◎	◎	◎	◎
耐衝撃性※1	◎	◎	◎	◎	規定されていない		
遮音性		◎				◎	
断熱性			◎				◎
面内変形追随性				◎	規定されていない		
耐風圧性	○	○	○	○	○	○	○
気密性	○	○	○	○	○	○	○
水密性	○	○	○	○	○	○	○

※1.戸の面積の50%以上をガラスが占めるものには、適用しない。
※2.耐震は面内変形時に開放できることをいう。
備考.◎は必須性能とし、○は選択性能とする。

□サッシの性能による区分

種類／性能項目	スイングサッシ			スライディングサッシ		
	普通	防音	断熱	普通	防音	断熱
開閉力※1	◎	◎	◎	◎	◎	◎
開閉繰り返し※1	◎	◎	◎	◎	◎	◎
耐風圧性※2	◎	◎	◎	◎	◎	◎
気密性	◎	◎	◎	◎	◎	◎
水密性	◎	◎	◎	◎	◎	◎
戸先かまち強さ※3	規定されていない			◎	◎	◎
遮音性		◎			◎	
断熱性			◎			◎

※1.スイングは、開き窓に適用し、スライディングは、引違窓及び片引き窓に適用する。
※2.PVC製内窓には適用しない。
※3.耐風圧性の等級S-5以上のものだけに適用する。
備考. ◎は必須性能とする。

❑ガラスの種類

名　称	製造方法・特徴
すり板ガラス	透明なガラスの片面を、珪砂・金剛砂と金属ブラシ等で、不透明にすり加工したガラス。
フロート板ガラス	最も一般的なガラスで、溶融金属の上にガラス素地を浮かべながら成形したガラス。 **フロート法で製造。** 平滑度、透明度が高く、採光性に優れている。
型板ガラス	2本の水冷ロールの間に溶融状態のガラスを通過させ、ロールで彫刻された型模様をガラス面に刻んで成形するロールアウト法によって製造される。**製造工程で型模様を刻む。** 片側表面に型模様を付けたガラスで、光を拡散するとともに視野を遮る機能がある。
網入り板ガラス	フロート板ガラスの中に、格子・亀甲・縞模様の金属網を封入したガラス。 割れても金網に支えられ、破片の散乱の危険が少なく、防火ガラスとして使用される。**網にしたものを挿入。**
線入り板ガラス	フロート板ガラスの中に、金属線を平行に封入したガラスで、見た目がすっきりしているのでデザイン効果がある。 ガラスが割れても破片の飛散を防ぐことができるが、網入り板ガラスとは異なり、防火ガラスとしては使用できない。**線状のものを挿入。**
熱線吸収板ガラス	通常のガラスの原料に微量のコバルト、鉄、ニッケル等の金属を添加して着色したガラス。**熱の吸収しやすい鉄やニッケルを製造時に挿入。** 透明なガラスに比べ、日射エネルギーを20～60%程度吸収して、夏期の冷房負荷を軽減する。 可視光線を一部吸収し、眩しさを和らげる。
熱線反射板ガラス	フロート板ガラスの表面に反射率の高い金属酸化物の薄膜をコーティングしたガラス。**製造したガラスに薄膜をコーティング。** 冷房負荷の軽減。ミラー効果。
強化ガラス	板ガラスを軟化点（約700℃）近くまで加熱した後、常温の空気を均一に吹付けて急冷してつくったガラス。 普通ガラスに比べ3～5倍の強度がある。 割れたときは破片が粒状になり、安全性が高い。 急激な温度変化に対して強い。**車の窓ガラス、入口のドアに使用。**

名　称	製造方法・特徴
倍強度ガラス	フロート板ガラスの2倍以上の耐風圧強度、熱割れ強度を有する加工ガラスで、加工後の切断ができない。 フロート板ガラスと同等の割れ方をし、粒状にならないことから破片が落下しにくいので、高所で用いられる。
合わせガラス	2枚（特殊な場合は3枚以上）の板ガラスでポリビニルブチラール（PVB）樹脂の中間膜をはさみ、加熱圧着したガラス。 中間膜により、割れにくく耐貫通性も高いうえに、割れても破片が飛散しない。 **強化ガラスを合わせることも可能。** 安全性、防犯性が高い。 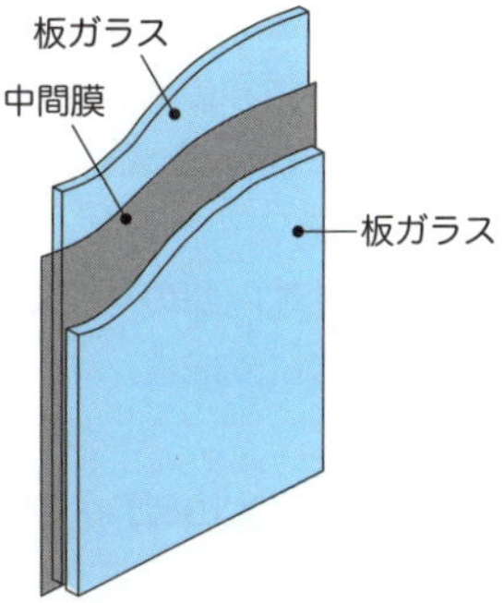
複層ガラス （ペアガラス）	通常、2枚（特殊な場合は3枚）の板ガラスを、専用のスペーサーを用いて一定間隔を保ち、周囲を封着材で密封し内部の空気を乾燥状態に保ったガラス。 断熱性が高く、結露しにくい。 **空気層があるのが特徴。** 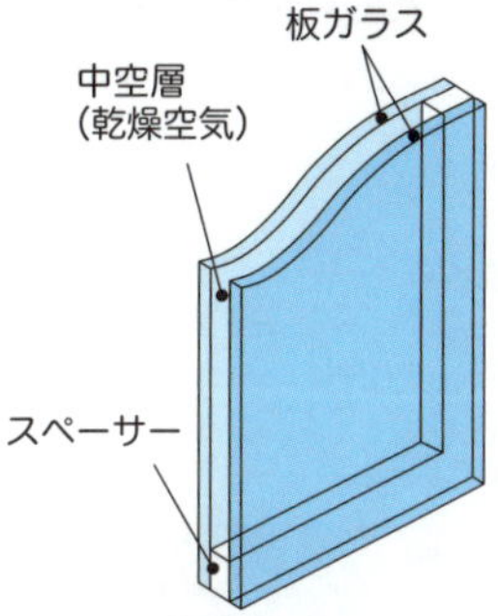
Low-E ガラス	ガラス表面に特殊な金属膜をコーティングした低放射ガラス。 複層ガラスとして使用して、断熱性能をさらに向上させる。 複層ガラスの室内側にLow-Eガラスを使用すると、冬期の断熱性能を重視したものとなり、屋外側に使用すると、夏期の日射遮蔽性を重視したものとなる。 **コーティングした面は、空気層内にする。**
ガラスブロック	箱型ガラスを2個合わせて密着し、内部を中空とし、色や模様をつけたブロック。**光のコントロールや、視線のやわらげに最適。** 断熱性、防音性、遮音性に優れている。

018―石材・タイル　まずは地質を知ることから

石材やタイルには、どのような印象を受けますか。建物に高級感をもたせ、おしゃれに飾りたい場合に、石材やタイルを選択肢のひとつとして考えるのではないでしょうか。特に石材は種類がいくつかありますが、地層を知ることで把握しやすいですよ。

❏岩石から石材がつくられる

石材は、自然界の岩石を建材として使うもので、岩石のできあがる原因から火成岩、堆積岩（水成岩）、変成岩に分類されます。

火成岩　地球内部のマグマが地表または地下で固結した岩石。

花崗岩（深成岩）　マグマが地下数kmの深部で比較的ゆっくり冷却して固結した岩石。

安山岩（火山岩）　マグマが地表近くで冷却固結したもの。

半変成岩　火成岩のうち、深成岩と火山岩の中間の冷却速度でできた岩石。

堆積岩（水成岩）　火成岩が破壊され、その粒が川等により運ばれ堆積、固結した岩石。

変成岩　火成岩や堆積岩が様々な変性作用を受けて変質した岩石。

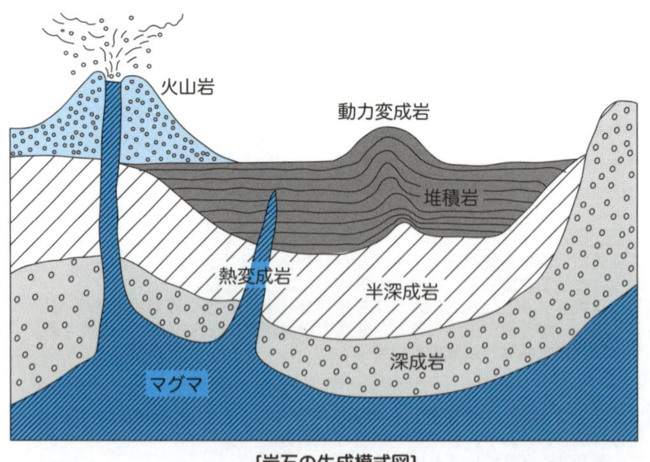

[岩石の生成模式図]

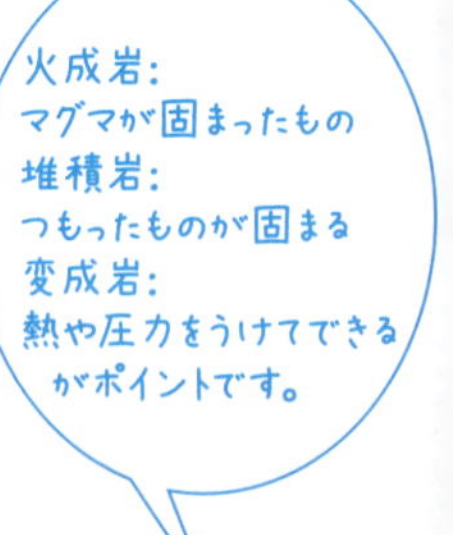

❑石材の種類と特性

分　類	種　類	石材名	特　性
火成岩	花崗岩	（通称、御影石） 稲田石、北木石、万成石	圧縮強さ、耐久性：大。**耐火性：小。** 質かたく、大材が得やすい。
	安山岩	鉄平石、小松石、白河石	細かい結晶でガラス質。耐火性：大。 耐久性：大。
堆積岩	凝灰岩	大谷石	火山灰の凝固したもの。 軟質軽量。風化しやすい。 加工性、耐火性、吸水性：大。
	砂岩	多胡石、サンドストーン	光沢は無く、吸水性が大きい。 摩耗しやすい。耐火性：大。
	粘板岩	雄勝スレート、玄昌石	層状にはがれる。吸水性：小。 質ち密、色調黒。天然スレート。
変成岩	大理石	寒水石、トラバーチン、 オニックス、ビアンコカラーラ、ポテチーノ	質ち密、光沢あり。 **酸、雨水に弱い。**
	蛇紋岩	蛇紋石	大理石に似ている。 磨くと黒、濃緑、白の模様が美しい。

❑タイルの分類と特性

陶磁器は、粘土に長石・石英等の粉末を混ぜて練り固め、成形・乾燥・焼成した製品です。焼成温度等によって土器・陶器・せっ器・磁器に分けられますが、建築で使用するタイルは、陶器･炻器･磁器の3種類で、後者ほど焼成温度が高く、吸水率が低いです。

吸水率による区分	吸水率	特徴	焼成温度
I類（磁器質に相当）	3.0%以下	素地は、ち密で硬く、吸水性がない。 たたくと、金属音がする。	1,300～1,400℃
II類（せっ器質に相当）	10.0%以下	硬さは、陶器質と磁器質の中間。 滑りにくく丈夫なので、床や階段に使用されることが多い。	1,200～1,300℃
III類（陶器質に相当）	50.0%以下	素地は、やや粗く、吸水性がある。 たたくと、濁音を発する。 内装用壁タイルにのみ使用。	1,000～1,200℃

019—防水材料・シーリング材料 施工の特性と耐熱性・耐候性を見極めよう

屋根やバルコニーの床等で、水の浸透を防ぐために使われる材料を防水材料と呼んでいます。一方、部材の接合箇所や窓回り等、水密性や気密性を目的として隙間をふさぐ材料がシーリング材料です。両者とも、防水個所に応じた特性を見極めることが大切です。

❏防水の方法は 2 種類

防水の方法は、面状に防水する方法（メンブレン防水）と、線状に防水する方法（シーリング防水）の2種類があります。

メンブレン防水　被膜を形成して防水層を作る方法。アスファルト防水、シート防水、塗膜防水。

シーリング防水　建物の接合部や窓回り等の隙間をシーリング材でふさぐ方法。

❏アスファルト防水で使用される材料とは

アスファルト防水で使用される材料の概要（1）

材　料	概　要
アスファルトプライマー	ブローンアスファルトをエマルション状にした下地処理剤。 下地と防水層の接着性を向上させるために用いる。 メモ ブローンアスファルト：原油から作られた建築材料用のアスファルト エマルション：アスファルトが小さな粒になって水が中に分散したもの
防水工事用アスファルト（溶融アスファルト）	ルーフィング類の張付けに使用する液状に溶かしたアスファルト。 アスファルトは、融解時の異臭等が問題となるので、近年開発された異臭や煙の出ない低温融解のアスファルトを使用。 メモ 通常は 3 種（温暖地用）、寒冷地は 4 種（寒冷地用）。
アスファルトルーフィングフェルト	有機天然繊維（古紙、木質パルプ、毛くず等）を主原料としたフェルト状のルーフィング原紙に、ストレートアスファルトを浸透させ、その表裏面に鉱物質粉末を付着させたもの。 防水層の中間層や、下張材として用いられる。 メモ アスファルトルーフィング 1500：単位面積質量 1,500g/m^2 以上 ストレートアスファルト：原油から作られたアスファルトでブローンアスファルトより粘着性に富む。アスファルト舗装等に用いる。

ブローンアスファルトは
防水材料の張付けに使用し、
ストレートアスファルトは、
アスファルトフェルトの製造や、
アスファルト舗装に用います。

アスファルト防水で使用される材料の概要（2）

材　料	概　要
ストレッチアスファルトルーフィングフェルト	有機合成繊維を主原料とした不織布原反に、防水工事用アスファルトを浸透、被覆し、表裏面に鉱物質粉末を付着させたもの。 補強張りに使用して、防水層の耐久性を高める。 **メモ ストレッチルーフィング 1800：引張抗張積 1800N・% /cm 以上**
砂付アスファルトルーフィングフェルト	原紙にアスファルトを浸透、被覆し表面に鉱物粉末及び砂を付着させたもの。 **メモ 露出防水用の仕上げルーフィングに使用。**
穴あきアスファルトルーフィングフェルト	アスファルトルーフィングに穴を開けたもので、穴あき部分のみアスファルトルーフィングを下地に接着させる。 **メモ 絶縁工法の１層目に使用。**
網状アスファルトルーフィングフェルト	天然又は有機合成繊維で作られた粗布に、アスファルトを浸透、付着させたもの。 **メモ 防水層の立上り末端部、パイプ等の突出物回りの処理材に使用。**
改質アスファルトシート	合成ゴムまたはプラスチックを添加することで性質を改良したアスファルトを使用した改質アスファルトシート。 **メモ アスファルト防水では、熱工法用改質アスファルトシートを使用。**
粘着層付改質アスファルトシート	裏面全体あるいは部分的（ストライプ状、スポット状）に粘着層を積層して、その上にはく離紙等を積層したもの。 **メモ 絶縁工法の１層目に使用。**

□シーリング材を分類すると

1成分形　あらかじめ施工に供する状態に調製されているシーリング材。

湿気硬化：空気中の水分と反応して表面から硬化。

乾燥硬化：含有水分または溶剤が蒸発することで硬化。

2成分形　シーリング材の主成分であるシリコン（主剤、基剤）が、硬化剤の触媒によって反応して硬化。

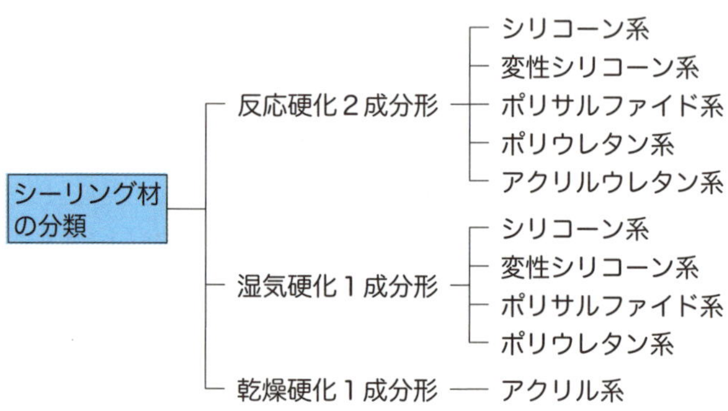

□主なシーリング材の特徴とは

シーリング材の種類と特徴（1）

種　類	主な特徴
シリコーン系	耐熱性（－40℃～150℃）、耐候性に優れている。 ガラス類によく接着するが、目地周辺を汚染することがある。 表面に塗料が付着しにくい。
変性シリコーン系	耐熱性（－30℃～90℃）、耐候性は良好。 目地周辺の非汚染性は良いが、ガラス越しの耐光接着性に劣る。 柔軟性があり、動き（ムーブメント）の大きい金属類等を取付けた場合の目地への使用が可能。 メモ▶ **動き（ムーブメント）が大きい：目地を施工する部材の動きが大きい**
ポリサルファイド系	耐熱性（－20℃～80℃）、耐熱性は良好。 表面にゴミ、ほこりが付きにくい。 表面の仕上げ塗材や塗料を変色させることがある。 柔軟性に劣り、動き（ムーブメント）の大きい金属類等を取付けた場合の目地への使用には適さない。

シーリング材の種類と特徴（2）

種　類	主な特徴
ポリウレタン系	耐熱性、耐候性に劣るが、目地周辺の非汚染性に優れている。 シリコーン系と逆の特性がある。 施工時の気温や湿度が高い場合、発泡のおそれがある。
アクリルウレタン系	硬化後にゴム弾力性があり、コンクリート等に対し汚染がない。 耐久性に優れているが、紫外線に弱く、埃を吸い付けてしまい汚れやすいため、塗膜で被せる場合に使用する。
アクリル系	硬化後、弾性体となり、湿った部分にも使用が可能。 主に、ALC パネル目地に使用。

□シーリング材の種類と使用部位

使用部位＼種類		シリコーン系	変性シリコーン系	ポリサルファイド系	ポリウレタン系	アクリルウレタン系	アクリル系
金属カーテンウォール		○	○				
コンクリートカーテンウォール			○	○			
ALC パネル			○		○	○	○
ガラス回り		○					
建具回り、金属製笠木		○	○				
コンクリートの打継ぎ目地、収縮目地、窓外枠回り	塗装あり				○	○	
	塗装なし		○	○			
石目地				○			
タイル張り	タイル目地			○			
	タイル下地目地				○		

○は、適切なシーリング

020—内装材・その他　代表的な材料の特徴と用途を理解しよう

建物内部の仕上げ材料である内装材には、どのような材料があるでしょうか。床、壁、天井に用いる材料、内装内部に用いる下地材、塗ることで仕上げる材料、張ることで仕上げる材料、分類方法には色々ありますが、まずは身近なものから考えてみましょう。

❑せっこうボードの種類

種　類	概要・特徴
せっこうボード (PB：プラスターボード)	主原料のせっこうと、少量の軽量骨材等の混合物を芯とし、その両面を厚紙(ボード)で被覆して板状に成形したもの。 メモ せっこう：火災時に結晶水が分解されるまで温度上昇を防ぐ
シージングせっこうボード (耐水ボード)	両面の紙と芯のせっこうに、防水処理を施したもので、多湿な場所や水回りの下地に使用する。
強化せっこうボード (強化ボード)	心材にガラス繊維を混入し、火災にあっても、ひび割れや脱落を生じにくくしたせっこうボード。
せっこうラスボード (ラスボード)	せっこうボードの表面に凹みを付けたもの。 メモ 塗壁の下地に使用。 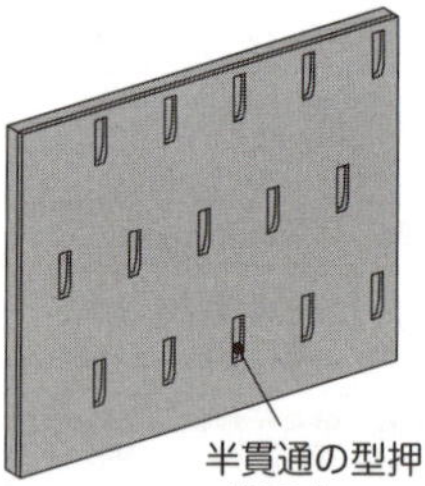 半貫通の型押し(凹み)
化粧せっこうボード (化粧ボード)	せっこうボードの表面に印刷や塗装加工をしたもの。
吸音用穴あきせっこうボード (吸音ボード)	せっこうボードの表面に小穴をあけて、中・低音に優れた吸音効果を発揮するせっこうボード。 メモ 天井仕上げに使用。 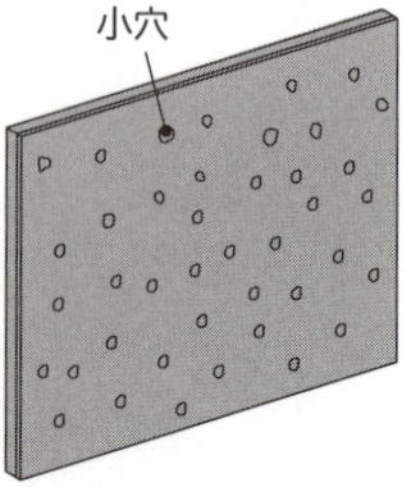 小穴

❏塗料の種類と素地の組合せ

流動状態で物体（被塗面）の表面に薄く塗られ、乾燥して連続した皮膜を形成する材料が塗料です。適応する素地に適切な塗料を塗って塗膜を形成させることで、材料を装飾し、保護することができます。

塗料の種類と適応素地の組合せ

塗料の種類＼素地の種類		木部	鉄部	亜鉛メッキ面	コンクリート・モルタル面
オイルステイン塗	オイルステイン	○	×	×	×
ワニス塗	スーパーワニス	○	×	×	×
	ウレタン樹脂ワニス	○屋内	×	×	×
	フタル酸ワニス	○	×	×	×
ラッカー塗	クリアラッカー	○	×	×	×
	ラッカーエナメル	○	×	×	×
合成樹脂調合ペイント		○	○	○	×
フタル酸樹脂エナメル		×	○	×	×
アクリルシリコン樹脂エナメル		×	○	○	○
アルミニウムペイント		×	○	○	×
合成樹脂エマルションペイント		○	×	×	○
合成樹脂エマルション模様塗料		×	×	×	○
アクリル樹脂系非水分散形塗料		×	×	×	○
マスチック塗料		×	×	×	○
塩化ビニル樹脂エナメル		×	×	×	○
多彩模様塗料		×	×	×	○
つや有り合成樹脂エマルションペイント		○屋内	○屋内	○屋内	○
エポキシ樹脂エナメル		○	○	○	○

○：適合　×：不適合

4 建築材料

□カーペットの製法による分類

種　類	製　法	内　容
緞通	手織りカーペット	基布（糸と糸を組み合わせたもの）の縦糸１本１本にパイルを手で絡ませて結びつけ、カットしながら織っていく。
ウィルトンカーペット	機械織りカーペット	基布とパイルを同時に機械で織っていく。 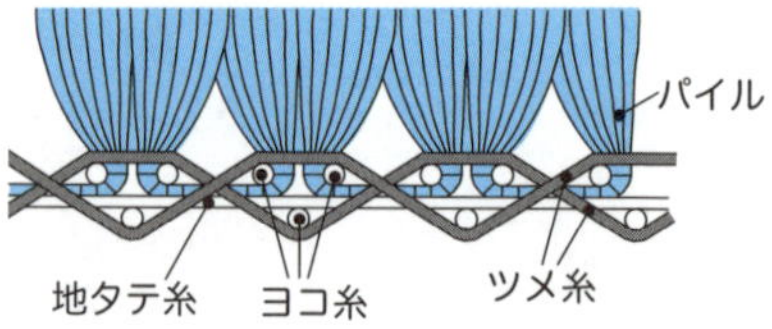 パイル 地タテ糸 ヨコ糸 ツメ糸
タフテッドカーペット	刺繍カーペット	基布にパイル糸を刺繍のように刺し込み、引き抜けを防ぐために裏をラテックス（合成糊)、塩化ビニル糸のパッキング材等でコーティングし、さらに化粧裏地（第二基布）を張って仕上げる。 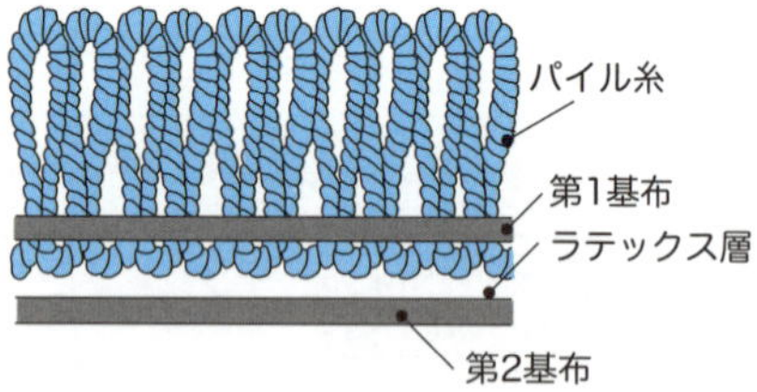 パイル糸 第1基布 ラテックス層 第2基布
コードカーペット	接着カーペット	ウェブを経方向に引き揃えて波型を付け、ジュート等のパッキン材（基布）に強力な接着剤を用いて連続して圧着固定したもの。
ニードルパンチカーペット	圧縮カーペット	ウェブという短繊維を薄く広く伸ばした膜状のものを重ね合わせて、多数のニードル（針）で突き刺すことで互いに絡み合わせてフェルト状にし、裏面をラテックス・コーティングする。
タイルカーペット	タフテットやニードルパンチカーペットを50cm角程度にカットし、その周囲が、ほつれないように特殊なパッキング（塩ビ系の裏面処理）を施したもの。	

□フローリング類の種類

種　類	製　法	内　容
単層 フローリング （構成層が１つ）	フローリング ボード	一枚の板（ひき板又は単板を縦接合したもの及び構成層が１の集成材を含む）を基材とした単層フローリング。 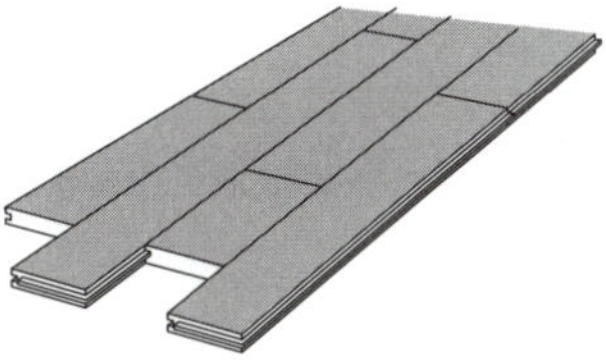
	フローリング ブロック	ひき板、単板又は構成層が１の集成材を２枚以上並べて接合（縦接合を除く）したものを基材とした単層フローリング。 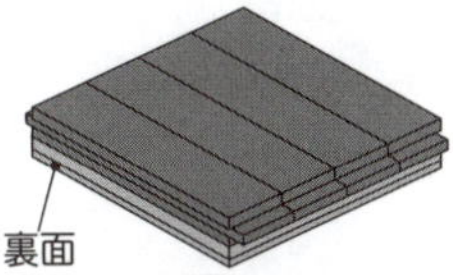 裏面 防湿シート張り [乾式工法用] 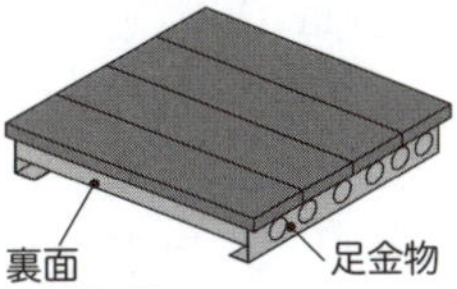 裏面 防湿処理 足金物 [湿式工法用]
	モザイク パーケット	ひき板又は単板の小片（最長辺が 22.5cm 以下、「ピース」という）を、２個以上並べて紙等を使用して組み合わせたものを基材とした単層フローリング。 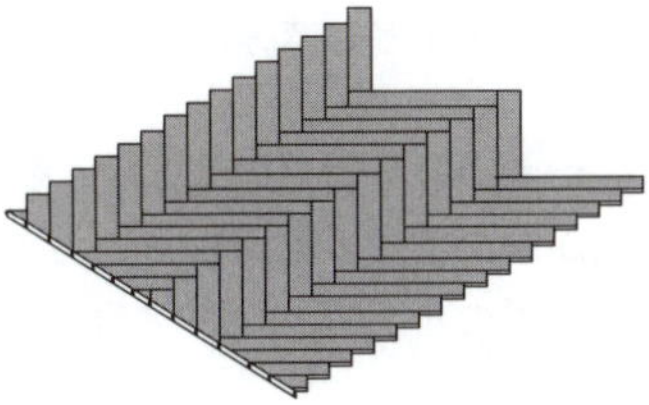
複合フローリング （構成層が２つ以上）	複合１種 フローリング	合板のみを基材とした複合フローリング。
	複合２種 フローリング	集成材又は単板積層材のみを基材とした複合フローリング。
	複合３種 フローリング	複合１種及び複合２種以外の複合フローリング。

知っておきたい精度を表す言葉

建築の施工現場は、普段あまり耳にしない言葉であふれています。施工現場で意思の疎通をスムーズにするためには、言葉の意味を理解しましょう。建物の精度を表す言葉を中心に取り上げましたが、いくつ知っていますか?

ばち（撥）　「バチ」といえば三味線の撥のことで、形が末広がりになっているところから本来は平行であるべき線が広がっている状況を「撥になっている」といいます。

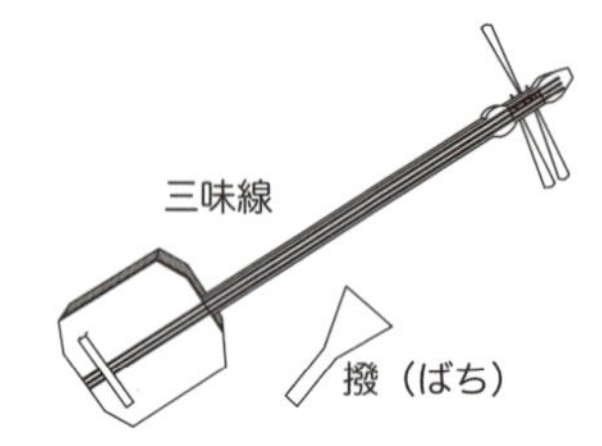

かね（矩）　直角のことで、「矩が出てない」といえば直角になっていないということです。矩勾配＝45度の勾配、矩を振る＝直角にする、等に「矩」が使われています。
また、「矩をもって来い」と大工がいえば、大工道具の指矩（さしがね）を指します。

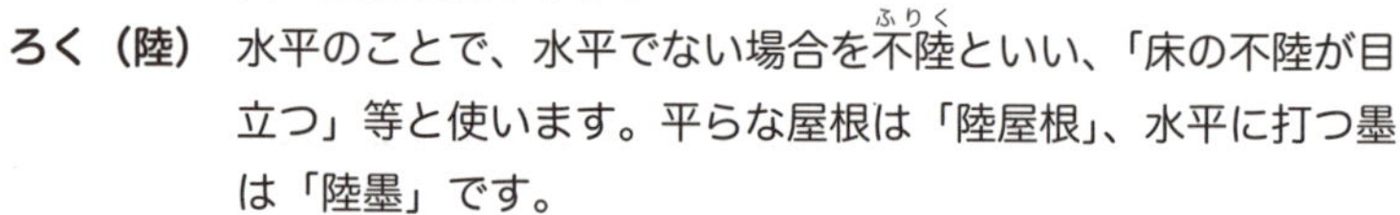

ろく（陸）　水平のことで、水平でない場合を不陸（ふりく）といい、「床の不陸が目立つ」等と使います。平らな屋根は「陸屋根」、水平に打つ墨は「陸墨」です。

精度を表す言葉として他には次のようなものもあります。

通り　一直線になっている状態。本来、一直線であるべき手すりの途中が曲がっている場合は、「手すりの通りが悪い」といいます。

建ち　垂直のことで、「建ちが悪い」といえば垂直になっていないことです。

あばれ　部材が熱や乾湿の変化等により変形すること。「くるい」ともいいます。

納まり　部材の組み合わせの具合のことで、「納まりがよい（悪い）」等と使います。

ころび　柱等の傾斜の状態、または、その度合いをいいます。

第 5 章

どのような建物にも欠かせない設備と共通する内容編

～施工共通・設備～

どのような建物も便利に快適に使用するためには、設備が欠かせないですよね。

それには、どのような設備があるでしょうか。身近なものから考えてみましょう。

人々が生活する上で欠かすことができない設備として、概ね、次のような設備があります。

電気設備

電気を発生させて、使用するための設備。

照明やコンセント等の電灯設備、ポンプ、エレベーター等、回転、往復動力を得るための動力設備。電話、インターネット等の通信設備がある。

空調設備

空気を快適にする設備。エアコンや換気等。

給排水設備

建物内に水を供給する給水設備と、それを使用した水を排出する排水設備。

ガス設備

建物に適応するガスを供給する設備。

昇降機設備

主にエレベーター等の設備。

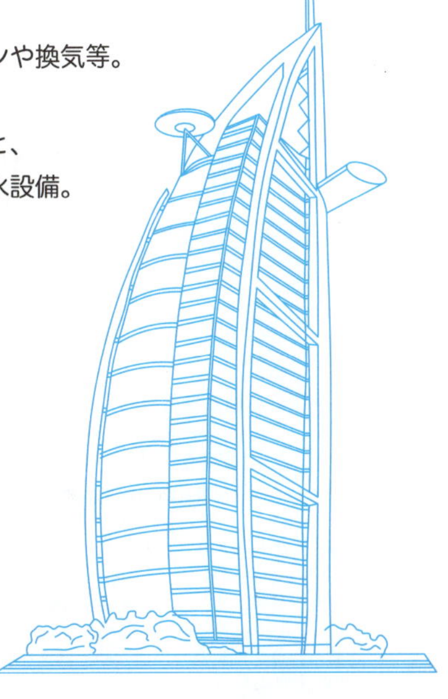

ブルジュ・アル・アラブ
「アラブの塔」
ダウ船の帆を模してデザインされた、ドバイにある最高級ホテル。

021—舗装工事　舗装の構成と工事機器を知ろう

舗装とは、主にアスファルトやコンクリート等の舗装材料を用いて、道路や歩道、敷地内等の地表面を覆う作業です。中でもアスファルト舗装は柔軟性があり、路面の凹凸に対する適応性が高いため、他のコンクリート舗装等の舗装より一般的に使用されます。

❏アスファルト舗装の構成と役割

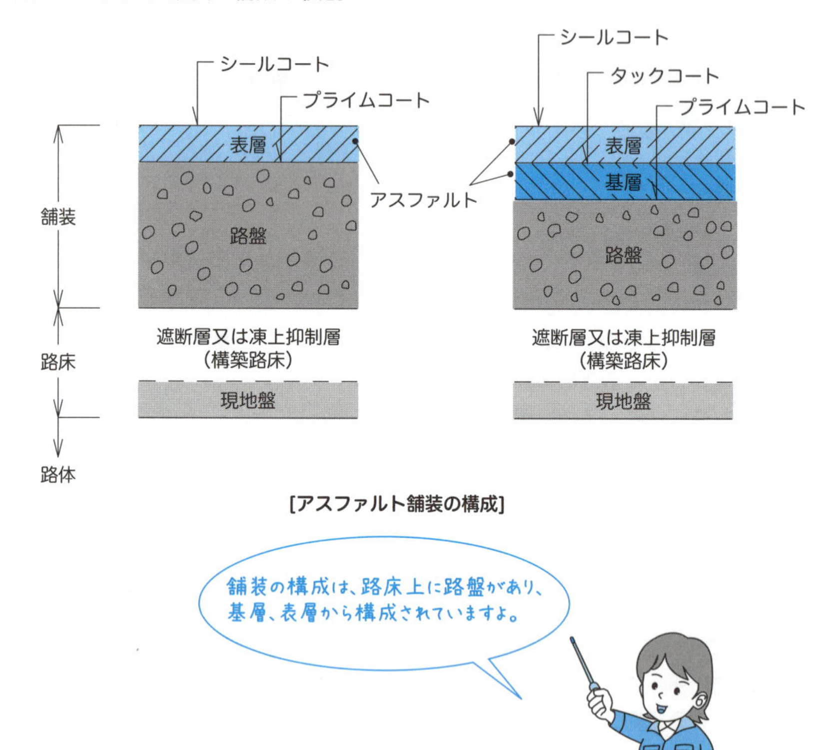

[アスファルト舗装の構成]

アスファルト舗装の名称と主な役割

名称	主な役割
表層	交通の安全性や快適性等の路面の機能を確保するためのもの。
基層	路盤の不陸を補正するとともに、表層に加わる交通荷重を路盤に均等に分散させるためのもの。
路盤	表層及び基層に均一な支持基盤を与えるとともに、交通荷重を分散して路床に伝達するためのもの。
路床	路盤と路体の間にあり、改良や置換えを行って、舗装の支持力を確保するためのもの。改良した層を構築路床という。

□アスファルト舗装の施工

アスファルト舗装は、下から路床→路盤→アスファルト混合物の敷設の順に施工します。

路床　ブルドーザ等の重機を用いて凸凹のない均一面に整形し、ロードローラ等で転圧。

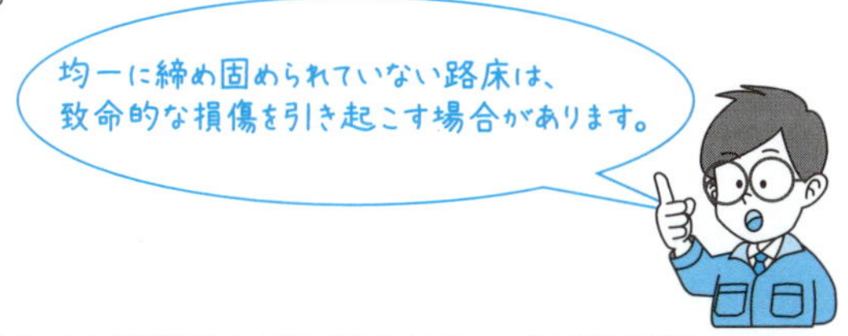

路盤　下層、上層路盤それぞれ強さが異なる材料を用いて、ロードローラ、タイヤローラで端部まで入念に平坦になるように転圧。**路盤は2層構造で施工。**

アスファルト混合物の敷設

表層　表層施工の前に、路盤表面の強化、雨水の浸透防止、アスファルト混合物との接着性を向上するために、上層路盤表面にアスファルト乳剤を散布。

舗装　アスファルトフィニッシャを用いてアスファルト混合物を敷き均し、ロードローラやタイヤローラ等で締固め、アスファルト乳剤を散布後、舗装が完成。

[タイヤローラ]

[アスファルトフィニッシャー]

□アスファルト乳剤の種類と目的

種　類	目　的
プライムコート	路盤の上に散布されるもので、路盤の耐久性を高めるとともに、アスファルト混合物との接着をよくするために行う。
タックコート	アスファルト混合物からなる表層と基層の接着をよくするために行う。
シールコート	アスファルト表層の上に行うもので、アスファルト表層の耐水性の向上及び劣化防止を目的として行う。

022―測量　水平に建物を建てるための測量法の種類と使用機器

一度は耳にしたことがあると思いますが、測量は、土地及びそれに付随する建物等の形や大きさを測る作業です。建築工事では、地積測量、平面測量、高低測量の 3 種類がありますが、建物を水平に建てるためには、測量は欠かせない作業です。

❑代表的な測量法の種類

距離測量　鋼製巻尺（スチールテープ）、光波測距儀、ポール等の機器を用いて2点間の距離を求める測量。

メモ　光波測距儀：レーザーを用いて距離を測定する装置

平板測量　平板、アリダード、巻尺、ポール、その他の測量器を使い、現場で距離や方向を測り、一定の縮尺の地形を用紙上に作図する測量方法。
高い精度は期待できないが、測量と製図とを同時に行うため、手落ちや大きな誤りは少ない。

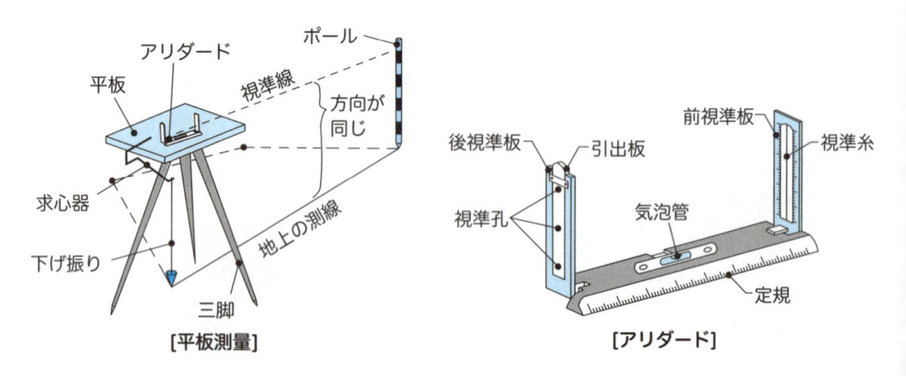

[平板測量]　[アリダード]

代表的な測量器具

主な器具	概　要
アリダード	方向を観測する装置と図上に描くための定規縁をもつ測量器。
求心器、下げ振り	求心器は、平板上の図面の側点と地表の側点とを一致させるための器具。 求心器の下腕に下げ振りを下げて測点に合わせ、図上の上腕先端と地表の測点とを一致させる。
磁針箱	箱内に磁針が入り、平板の位置の標定方位の記入に使用する。

角測量　トランシットを用いて水平角を測る測量。単測法、反復法、トラバース測量（多角測量）などの方法がある。

メモ トランシット：望遠鏡、分度円、水準器を備えた測角測量器

トラバース測量は、既知点から順に次の点への方向角と距離を測定して、各点の位置を測定する測量方法ですよ。

水準測量　レベルや標尺（箱尺）等を用いて、地盤の起伏や高低差の測定、建物の基準高を測定するための測量方法

メモ レベル：水準測量や高低測量を行う測量器
標尺（箱尺）：2～3段になった入れ子状態の箱筒で長さや高さを測るものさし
間接法：鉛直角と水平距離から計算で求める
直接法：直接2点間の高低差を求める

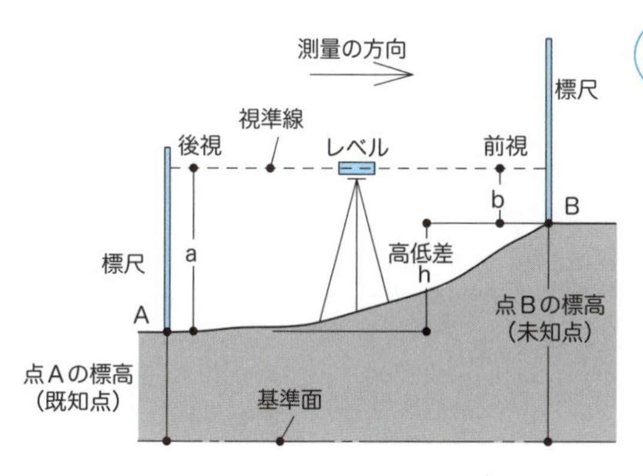

高低差は、（前視の合計）－（後視の合計）で求めることができます。

スタジア測量　計測器具であるトランシットの鏡管内の十字横線の上下に刻まれた2本の線（スタジア線）を用いて、2点間の距離・高低差を間接的に測る測量方法。

GNSS測量　衛星からの電波を専用アンテナで受信し、そのアンテナのある位置を決定するシステムを用いた測量方法。**GNSSアンテナとGNSS受信機が必要。**

測量にはさまざまな方法がありますが、現在主流となっているのがGNSS測量ですよ。

023—電気設備　電圧・配電方式・設備記号を押さえよう

電気設備とは、電気を発生、使用するための電気に関わる全ての設備を指しています。発電設備、変電設備、配電設備、使用場所の設備に大別されますが、まずは使用する建物の設備に関わる電圧、配電の方式や設備記号等をおさえましょう。

□直流と交流の違い

直流　乾電池のように、時間的に流れる方向が変わらない電流。

交流　周期的に電流の大きさと流れる方向がきりかわる電流。
交流は、電圧の大きさを変圧器によって容易に変更可能。

□電圧と電流、電力の関係

電圧　電気を押し出す力（電気的な圧力）で、その大きさの単位はV（ボルト）。

電流　電荷（電気量）が連続的に動く現象、流れで、その大きさの単位はA（アンペア）。

電力　1秒間に電気エネルギーが行う仕事の能力で、大きさの単位はW（ワット）

メモ　電力［W］＝電圧［V］×電流［A］

動力設備に同一電力を供給する場合、
電線の太さは電流によって決まります。
電圧を大きくすると電流が少なくなるため、
電線は細くなります。

□交流の場合の皮相電力

直流の場合は電圧、電流ともに変化しないため、電気機器を作動させるための電力（電圧×電流）は変化しません。交流の場合は電圧、電流ともに変化するので、多くの電気機器にはコンデンサやコイルが入っています。

メモ　コンデンサ：電気をためておき、必要な時に放出する部品

そのため、（実際に加わった電力）×（実際に流れた電流）として、**皮相電力**を用います。

単位は、**VA（ボルトアンペア）**を用いて、電力を表すW（ワット）と区別しています。

❏交流の種類

交流には、三相交流と単相交流があります。

三相交流　位相が120度ずつずれた3つの波を3本の電線で送電する。電圧効果が小さく送電効率がよい。

単相交流　三相交流の3線のうち、1線と戻り線（2線式）、2線と戻り線（3線式）の構成によって送電する。

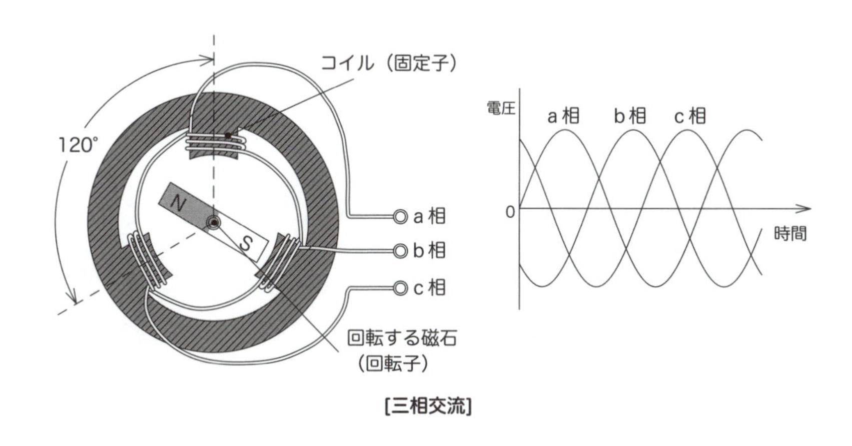

[三相交流]

❏発電所でつくられた電気の流れ

発電所でつくられた電気は、変電所、送電線を経由して、受変電設備や電柱上の変圧器で、適切な電圧にしてから建物に送られます。

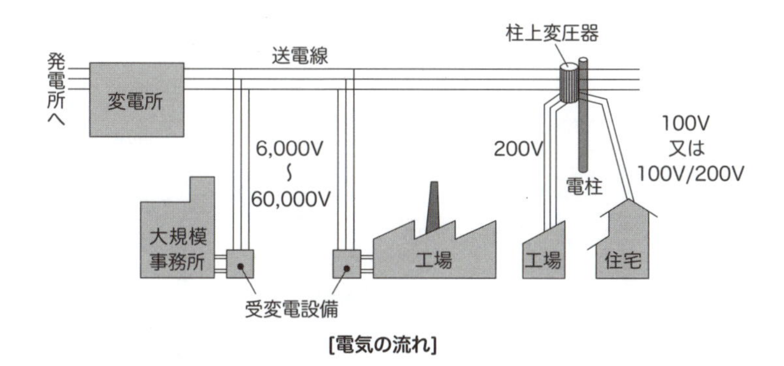

[電気の流れ]

❏電圧区分

	直　流	交　流
低圧	750V 以下	600V 以下
高圧	750V を超え 7,000V 以下	600V を超え 7,000V 以下
特別高圧	7,000V を超えるもの	

❏契約電力と供給電圧

住宅等の小規模な建物では、100V又は200Vで引き込むため変電設備の必要はありませんが、一般に契約電力が**50kW以上**になると**6kVの高圧**で引き込み、降圧して使用するため、**受変電設備**が必要となります。

メモ　受変電設備：使用できる電圧に変換するための設備一式

契約電力	供給電圧
50kW 未満	低圧（100V、200V）
50kW 以上	高圧（6kV）
2,000kW 以上	特別高圧

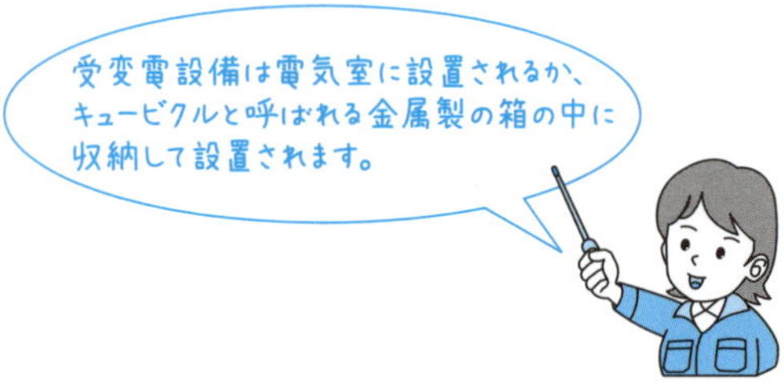

受変電設備は電気室に設置されるか、キュービクルと呼ばれる金属製の箱の中に収納して設置されます。

❏電気供給方式（配電方式）の種類

配気方式（相線数）		定格電圧［V］	特徴・用途
単相交流	単相２線式	100 及び 200	100V は住宅や小規模ビル等の電灯・コンセントに使用される。 200V は、職業用電熱器・電動機に使用される。 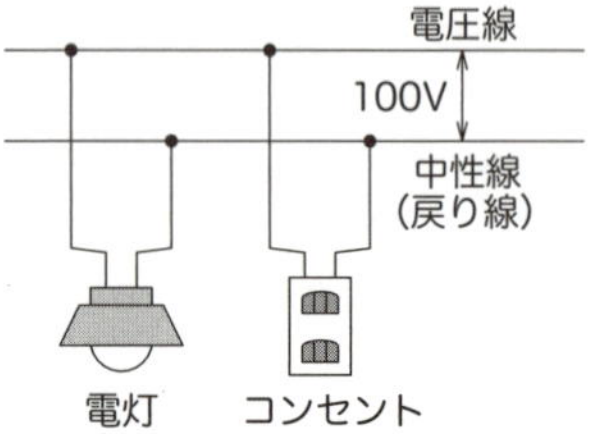 電圧線　100V　中性線（戻り線）　電灯　コンセント
	単相３線式	100/200	100V は電灯・コンセントの幹線、200V は 40W 以上の蛍光灯等に使用される。 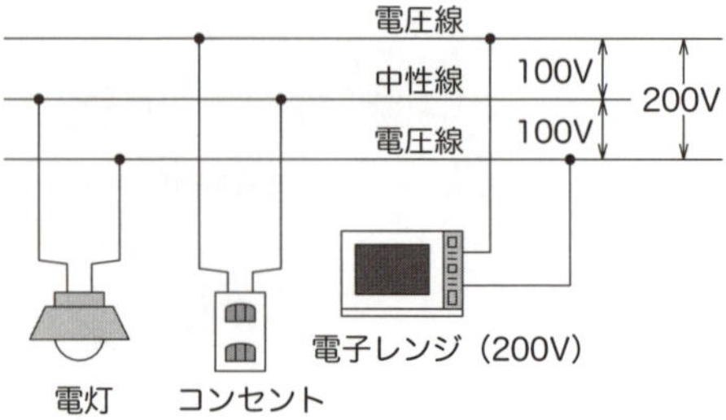 電圧線　中性線　電圧線　100V　100V　200V　電灯　コンセント　電子レンジ（200V）

配気方式（相線数）		定格電圧［V］	特徴・用途
三相交流	三相３線式	200	動力用及び中規模以上の建物の 40W 以上の蛍光灯等、主に一般低圧電動機の幹線と分岐回路、もしくは単相 200V 分岐回路等に使用される。 200V 200V 200V
	三相４線式	240/415 （50Hz 地区） 265/460 （60Hz 地区）	40W 以上の蛍光灯に 200V 級、動力用に 400V 級等大規模な建物で負荷が大きい場合に使用される。 415V 415V 240V 240V 415V 240V 50Hz地区　415V/240V 60Hz地区　460V/265V

□日本産業規格（JIS）に規定する屋内配線用図記号

名　称	図記号	名　称	図記号	名　称	図記号
蛍光灯	▭○▭	配電盤	⊠	壁　灯	◐
非常用照明	● / ▭●▭	分電盤	◢	電話用アウトレット	⊙
誘導灯	⊗ / ▭⊗▭	制御盤	⧓	壁付きコンセント	◑
点滅器	●	３路点滅器	●3	リモコンスイッチ	●R

024—給排水・空調設備　各方式の特徴を理解しよう

給排水では、上水道から供給された水がどのように使用され、排水されるか。また、空調設備では、新鮮な空気がどのような方式でつくられ、どのような特徴があるかを考えてみましょう。省エネの観点からも欠かすことのできない知識ですよ。

❑上水と雑用水

上水　上水道の水。飲料や人体に直接触れる水をいい、水道法で水質基準が定められている。

メモ　遊離残留塩素が0.1㎎/ℓ（0.1ppm）以上。大腸菌は含まれてはならない。

雑用水　洗浄、清掃、散水等の目的で供給される水。排水を浄化した中水（再生水）を雑用水として使用することもある。

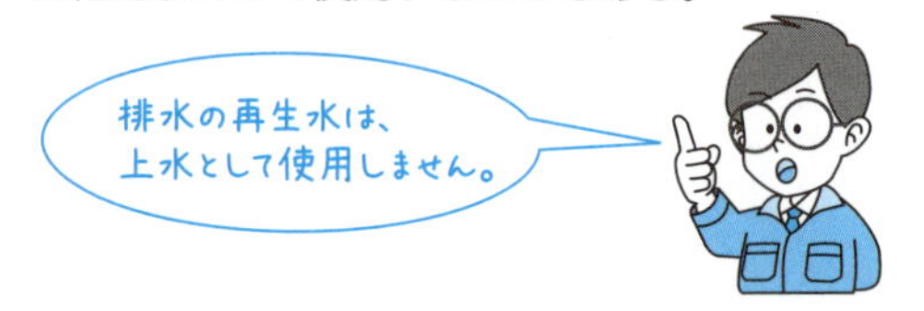

❑給水方式を理解しよう

給水方式は、受水槽の有無によって大きく分けることができます。

給水方式		概　要
水道直結方式	水道直結**直圧**方式	上水道の配水管から引き込み、直接各水栓に給水する方式。 受水槽方式に比べて、水道本管からの引き込み管径が太くなる。 止水栓　量水器
	水道直結**増圧**方式	水道引き込み管に増圧給水設備（増圧ポンプ＋逆流防止装置＋水圧制御装置）を設置して給水する方式。 水道本管の動水圧を利用できる場合に給水可能。 止水栓　量水器　増圧給水装置

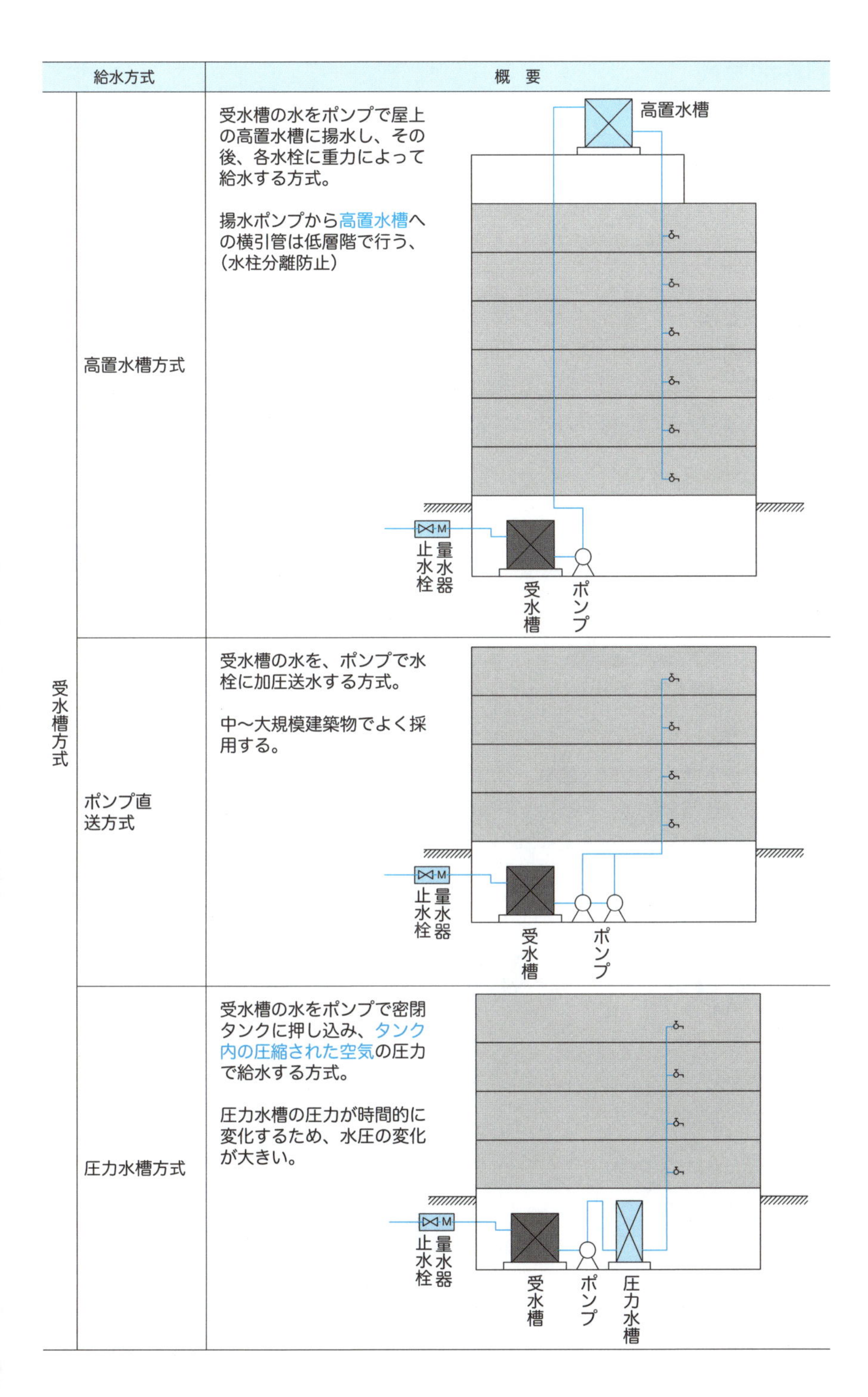

給水方式		概　要
受水槽方式	高置水槽方式	受水槽の水をポンプで屋上の高置水槽に揚水し、その後、各水栓に重力によって給水する方式。 揚水ポンプから**高置水槽**への横引管は低層階で行う、（水柱分離防止）
	ポンプ直送方式	受水槽の水を、ポンプで水栓に加圧送水する方式。 中〜大規模建築物でよく採用する。
	圧力水槽方式	受水槽の水をポンプで密閉タンクに押し込み、**タンク内の圧縮された空気**の圧力で給水する方式。 圧力水槽の圧力が時間的に変化するため、水圧の変化が大きい。

5
施工共通・設備

❑排水の種類

種　類	概　要
汚　水	大・小便器や汚物流し等からの排泄物を含む排水。
雑排水	汚水以外の洗面器・流し・浴槽等からの排水。
雨　水	屋根及び敷地等からの降雨水や湧水。
特殊排水	有毒、有害なものを含んだ排水や、放射性物質を含んだ排水。

❑排水桝とは

排水管内の点検や清掃を行うために排水管の末端や屈曲部、長い経路の途中に排水桝を設けます。その際、雨水枡には**泥だめ**を、汚水桝には**インバート**を設けます。

メモ インバート：桝の底部に設けられる下面を半円形に仕上げた導水溝

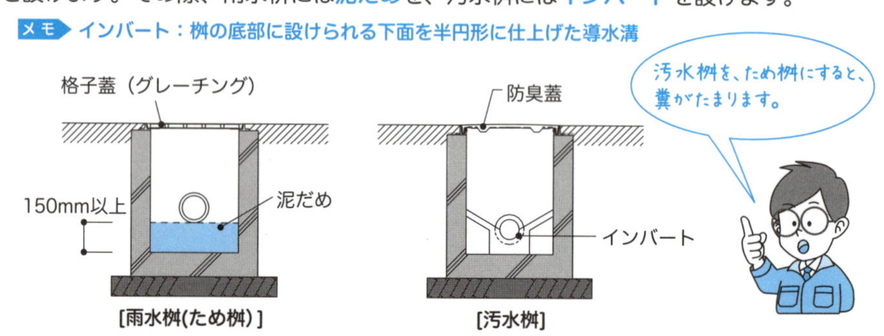

[雨水桝(ため桝)]　[汚水桝]

❑トラップとは

排水管からの有害ガス、悪臭、害虫等が室内に浸入するのを防ぐため、衛生器具や排水をともなう器具には、**トラップ**を設けます。

メモ 通気管：トラップの封水がなくなるのを防ぐための管

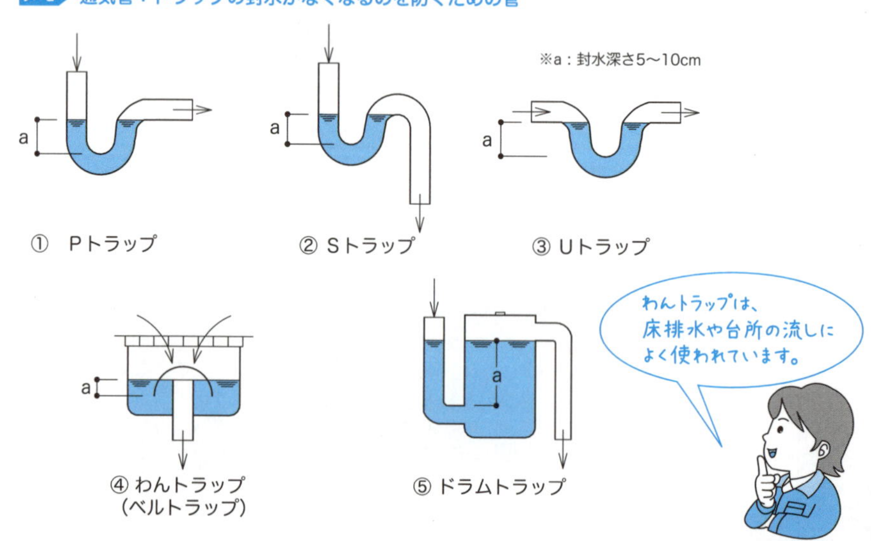

① Pトラップ　② Sトラップ　③ Uトラップ

④ わんトラップ（ベルトラップ）　⑤ ドラムトラップ

❏空調設備の種類

空調方式	概　要
定風量 単一ダクト（CAV）方式	機械室の空調機から冷風または温風を１本のダクトにより、各室へ一定風量で送風する方式。 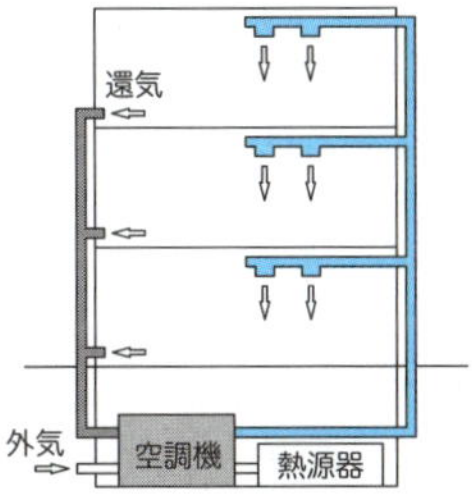
変風量 単一ダクト（VAV）方式	単一ダクトで空調機から送られてきた一定温度の空気の送風量を負荷変動に応じて VAV ターミナルユニットで変化させる方式。 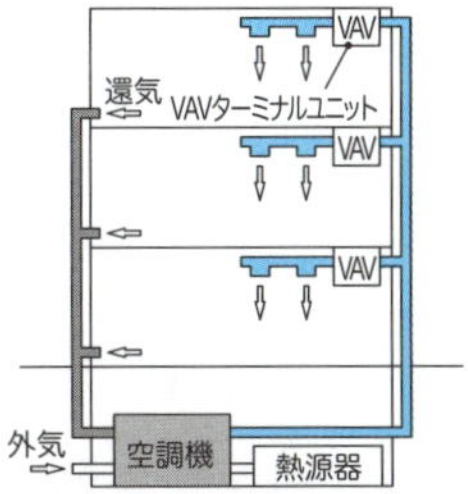
二重ダクト方式	冷風と温風の２本のダクトで給気し、各室には混合ボックスで調整して送風する方式。 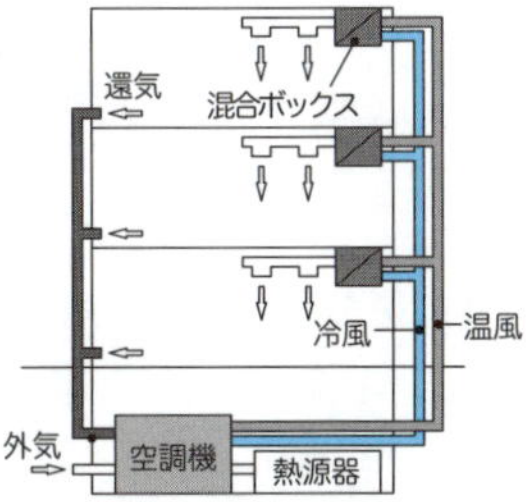
パッケージユニット方式	冷凍機・ファン・エアフィルター・加湿器・自動制御機器を１つのケーシングに組み込んだパッケージユニットによって空調する方式。 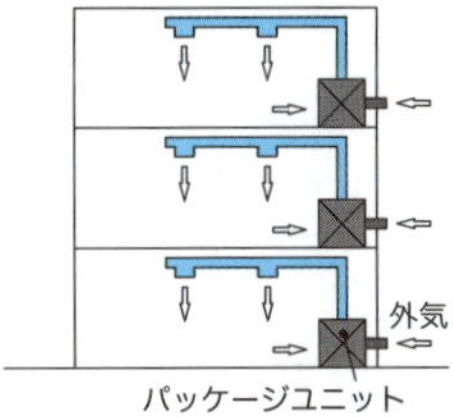
ファンコイルユニット 方式	送風機・冷温水コイル・フィルター等を内蔵したファンコイルユニット（FCU）を各室に設け、中央機械室から冷水、温水を供給して所定の温湿度を保つ全水式の空気調和方式。 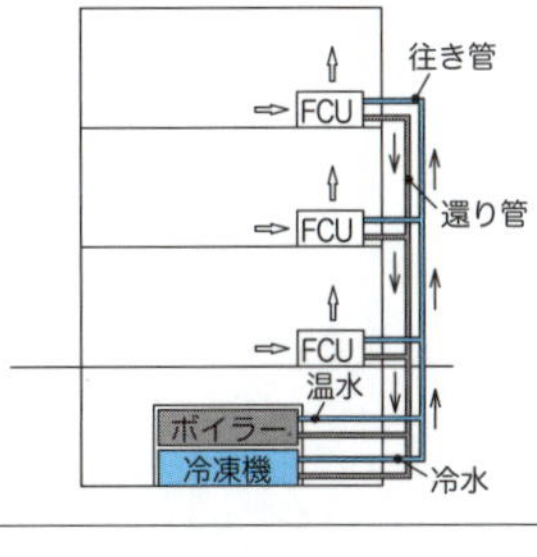

025—見積・積算　良い仕事は正しい数量拾いから

見積はよく耳にしますが、積算はあまり耳にしませんよね。工事の費用は、その工事を構成する工事の種類ごとに「数量」×「単価」＝「金額」を計算し、その合計で算出されます。積算は数量の算出を意味し、この数量を求める作業が「数量拾い」です。

□積算に用いる数量

数量は、原則として設計数量とします。ただし、計画数量及び所要数量を求める場合は、基準に示す方法に基づいて計測・計算します。

数量の種類	定　義	例
設計数量	設計図書に記載されている個数及び設計寸法から求めた長さ、面積、体積等の数量。 材料のロス等については単価の中で考慮。 定尺寸法による切り無駄等は、含まない。	コンクリートの体積。 左官工事や塗装工事等の仕上げ面積等の数量。
計画数量	設計図書に基づいた施工計画により求めた数量。	仮設や土工事等の数量。 作業上必要な余盛りを見込んだ根切り土量等の数量。
所要数量	定尺寸法による切り無駄や、施工上やむを得ない損耗を含んだ数量。なお、所要数量であることを明示する。	鉄筋、鉄骨、木材等の数量。

□所要数量の設計数量に対する割増し

工事名	部位・項目	割増しする数量
鉄筋工事	一般	4%
	地中連続壁に使用するもの	3%
	杭に使用するもの	3%
鉄骨工事	形鋼・鋼管・平鋼	5%
	広幅平鋼・鋼板（切板）	3%
	ボルト類	4%
	デッキプレートは、設計数量とする。	
木工事	木材	5%

アンカーボルト類は、
ロスが発生しないものとし、
設計数量に対する割増しは
行いません。

□数量積算での主な留意点

名　称	留意点
根切り	・根切りの面積は基礎に余幅を加える。なお、根切り量は面積に深さを乗じて算定する。 余幅＝ゆとり幅＋法幅 ×1/2。 メモ 法幅：土質と根切り深さとに応ずる係数を乗じた法幅（根切りのひろがりを考慮） ・作業上のゆとり幅：0.5m を標準。 ・山留め壁と躯体間の余幅：1.0m を標準。 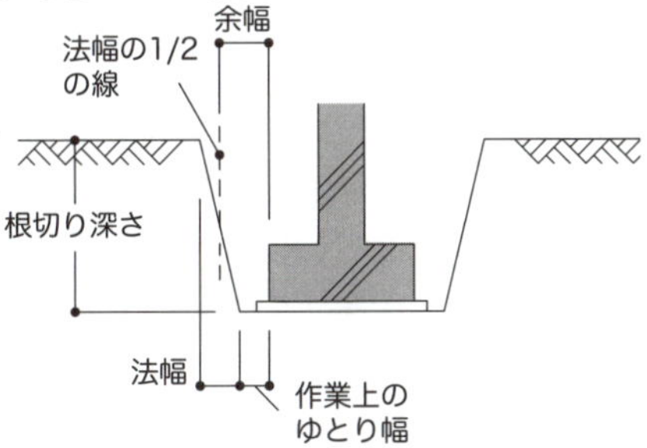 余幅 法幅の1/2 の線 根切り深さ 法幅 作業上の ゆとり幅
コンクリート	・鉄筋及び小口径管類によるコンクリートの欠除はない。 ・鉄骨によるコンクリートの欠除（m^3）：鉄骨の設計数量（t）÷7.85t/m^3 ・窓、出入口等の開口部によるコンクリートの欠除（m^3）： 建具類等の開口部の内法寸法（m^2）× コンクリートの厚さ（m） ただし、開口部の内法の見付面積が **1 箇所当たり 0.5m^2 以下**の場合は、原則として開口部によるコンクリートの欠除はないものとする。
型枠	・「さきの部分」の接続部の型枠を差し引く。これ以外の接続部の面積が **1.0m^2 以下**の箇所の型枠の欠除はないものとする。 ・窓、出入口等の開口部による型枠の欠除：建具類等の内法寸法。 なお、開口部の内法の見付面積が **1 箇所当たり 0.5m^2 以下**の場合は、原則として型枠の欠除はないものとする。 ・斜面の勾配が 3/10 を超える場合：上面型枠を計測・計算の対象。
鉄筋	・フープ、スタラップの長さ： 柱、基礎梁、梁及び壁梁のコンクリートの断面の設計寸法による周長。 フックはないものとする。**外周部分の長さを鉄筋の長さと考える。** ・重ね継手又はガス圧接継手： 径 13mm 以下の鉄筋は 6.0m ごと、径 16mm 以上の鉄筋は 7.0m ごとに、継手があるものとして継手箇所数を求める。 ・窓、出入口等の開口部による型枠の欠除は、上記の型枠と同様。
鉄骨	・溶接は原則として種類に区分し、溶接断面形状ごとに長さを求める。 すみ肉溶接の**脚長 6mm に換算**した延べ長さを数量とする。 ・**1 箇所当たり 0.1m^2 以下**のダクト孔等による欠除はない。
防水材	・シート防水等の重ね代は計測の対象としない。
石材	・開口部の面積が **1 箇所当たり 0.1m^2 以下**のときは、その主仕上げの欠除は、原則としてないものとする。

生き物の名を借りた建築用語

生き物の名を借りた建築用語は数多くありますが、いぬ・ねこ・さるに関するものを挙げてみました。

「犬走り」は、建物の外壁に沿って地盤の上に設けるものでコンクリートや砂利でつくられた通路状の床面です。人の通路、雨の跳ね返りによる外壁の汚れを防ぐ等の理由で設けられます。**「犬矢来（いぬやらい）」**は、塀や建物の腰を保護するために、割竹を曲げてつくった囲いで、駒防ぎ、駒寄せとも呼ばれています。

今では、あまり呼ばれていませんが、**「ネコ、ネコ車」**は、現場内で使用する手押しの運搬車の一輪車のことです。「ネコをもってこい」と言われた新人の職人が、「本当に猫を探さなきゃいけない？」と思ったというのは、一度は聞くエピソードです。

「キャットウォーク」は、猫が実際に歩くためのもののように思われがちですが、一般的には、設備の点検等のために設ける高いところにある狭い通路をいいます。体育館や工場、劇場の天井裏等に設けられます。

「猫間障子」は、障子の中に小さな障子を組み込んで二重構造にした障子で、小障子の開閉方式には、引違い、両引き、片引きがあります。

「さる」は、扉や雨戸の戸締まり装置で、戸のかまちや桟に取り付け、柱や敷居、かもいの穴にさす木片です。

「モンキーレンチ」は、ナットを締めたり緩めたりする工具で、ナットを挟み込む幅がねじの調整で変えられるようになっています。

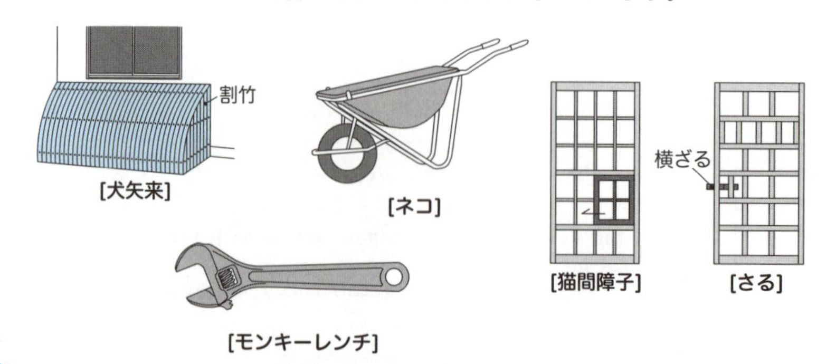

[犬矢来]　[ネコ]　[猫間障子]　[さる]　[モンキーレンチ]

第 6 章

建物を建てるためのルール編

～法規～

安全で快適な建物を建て、それを維持するためには、法律というルールの知識が必要です。それには、どのような法律の知識が必要でしょうか。必ず知っておく必要のあるものから考えてみましょう。

概ね、次のような法律の知識は学習しましょう。

建築基準法

国民の生命・健康・財産の保護のために、建築物の敷地・設備・構造・用途についてその最低基準を定めた法律。**土地や建物に関する基本的なルール。**

建設業法

建設業者の資質の向上、建設工事の請負契約の適正化等を図り、建設工事の適正な施工を確保し、発注者を保護するための法律。
建物を施工する上での基本的なルール。

労働基準法

労働者が人たるに値する生活を営むため、労働する上で満たすべき労働条件の最低基準を定めた法律。**労働者の労働条件の基本的なルール。**

労働安全衛生法

職場における労働者の安全と健康を確保し、快適な職場環境の形成を促進するための法律。**労働災害の防止のための基本的なルール。**

ロンシャンの礼拝堂

ル・コルビュジエの設計。
鉄筋コンクリートが可能にした自由な屋根。シェル構造の採用。

026—建築基準法　工事に関わる用語と手続きを知ろう

快適な建築物を建てるためには、どのような法が思い浮かびますか。最も基本となる法に建築基準法があります。法を学習する際には、法で用いられている基本的な用語を知った上で理解するのが近道で、まずは用語の理解から取り組んでみましょう。

❏建築基準法で用いられている主な用語

用　語	概　要
建築物	土地に定着する工作物のうち、屋根と柱または壁のあるもの、これに付属する門や塀、観覧のための工作物、地下または高架の工作物内に設ける施設をいい、建築設備を含む。 メモ 建築物として扱わないもの：線路敷地内の運転保安に関する施設、跨線橋、プラットホームの上家、貯蔵槽
特殊建築物	防災面からみて、特に特殊な用途に使用する建築物。 メモ 特殊建築物に該当しない用途：戸建て住宅、事務所、長屋、神社、寺院
居室	居住、執務、作業、集会、娯楽等のために人が継続的に使用する室。 防災や衛生等の規定は主に居室が対象。 メモ 居室に該当しないもの：玄関、廊下、便所、浴室、洗面所、納戸、倉庫等
主要構造部	主に防火の観点からみて重要な建築物の部分。壁、柱、梁、床、屋根、屋内階段の６種類を指す。 メモ 主要構造部に該当しないもの：間仕切壁、間柱、最下階の床、屋外階段等
延焼のおそれのある部分	隣地境界線、道路中心線等から、１階では 3m 以内、２階以上では 5m 以内にある建築物の外周部分。この部分は延焼の防止対策を厳しくしている。 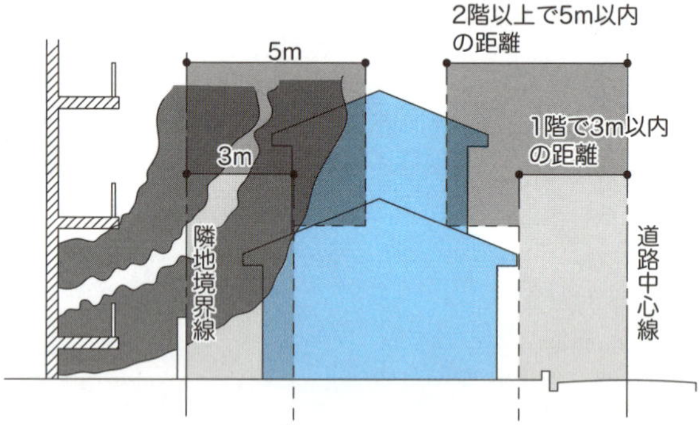

用語	概要
耐火構造	所要の耐火性能をもつ構造。 メモ 耐火性能：部材のもつ火災に抵抗する性能
準耐火構造	耐火構造に準ずる性能をもつ構造。
防火構造	耐火構造、準耐火構造につぐ防火性能としての一定の基準に適合する構造。 メモ 防火性能：建築材料や構造部位のもつ火災の拡大を防止する能力
不燃材料	20分間加熱しても容易に燃焼せず、かつ防火上有害な変形、溶融、き裂等の損傷を生じることがなく、避難上有害な煙やガスの発生のない材料。 メモ 不燃材料（20分）＞準不燃材料（10分）＞難燃材料（10分）
耐火建築物	主要構造部を耐火構造とした建築物で、外壁の開口部で延焼のおそれのある部分には、防火戸その他の政令で定める防火設備をもつ。 主要構造部を耐火構造としただけでは、耐火建築物にならないですよ。
準耐火建築物	耐火建築物につぐ、主要構造部を準耐火構造とした建築物で、外壁の開口部で延焼のおそれのある部分に耐火建築物と同様の防火設備をもつ。
設計図書	建築物、敷地、工作物に関する工事用の図面（現寸図は除く）、仕様書。 メモ 原寸図は除くが、仕様書は含む。
建築	建築物を新築し、増築し、改築し、又は移転すること。
大規模の修繕	主要構造部の一種以上について行う過半（1/2超）の修繕。
大規模の模様替	主要構造部の一種以上について行う過半（1/2超）の模様替。 メモ 大規模の修繕、大規模の模様替は、「建築」ではない。
地階	床が地盤面下にある階で、床面から地盤面までの高さ（h）がその階の天井の高さ（H）の1/3以上のもの。 メモ hは土に埋まっている部分。 天井面 / H：天井の高さ / 地盤面 / h / 床面

□工事に関わる手続き

建築確認申請　建築等の計画内容が法令の規定に適合することについて、建築主事または指定確認検査機関の確認を得るために、着工前に行う申請。
確認済証の交付がないと着工できない。

建築工事届　建築物を建築する際に建築主が都道府県知事あてに提出する届。
国が統計を行う観点から求めている届け出。
床面積10m²以内の場合は不要。

建築物除却届　除却工事の施工者が都道府県知事に提出する届。
床面積10m²以内は不要。

中間検査申請　工事の中間における検査の申請。
建築主は、特定工程に係る工事を終えた日から4日以内に申請。
中間検査の合格証の交付がないと、特定工程後の工事をすることができない。

完了検査申請　工事の完了における検査の申請。
建築主は、工事の完了後4日以内に申請。
完了検査の合格証の交付がないと、建物を使用することができない。

□快適な建物のための規定

居室の採光　居室の種類ごとに、居室の床面積に対して、一定の割合以上の採光が得られる窓（開口部）が必要。

	居室の種類	割合
(1)	幼稚園、小学校、中学校、義務教育学校、高等学校、中等教育学校又は幼保連携型認定こども園の**教室**	1/5
(2)	保育所、幼保連携型認定こども園の**保育室**	
(3)	住宅の居住のための**居室**	1/7
(4)	病院又は診療所の**病室**	
(5)	寄宿舎の**寝室**又は下宿の**宿泊室**	
(6)	児童福祉施設等の寝室（入所する者の使用するものに限る）、児童福祉施設等（保育所を除く）の**保育室**、訓練室等	
(7)	大学、専修学校、各種学校の**教室**	1/10
(8)	病院、診療所、児童福祉施設等の居室のうち入院患者又は入所する者の**談話室**、**娯楽室**等	

居室の換気

居室には、換気のための窓（開口部）を設けるか、これに代わる換気設備が必要。なお、窓の場合は、換気上有効な部分の面積が床面積に対して**1/20以上**必要。

2室共通

ふすま、障子その他随時開放することができるもので仕切られた2室は、居室の採光及び換気の規定の適用にあたっては、1室とみなす。

居室の天井の高さ

居室の天井の高さは、**2.1m以上**でなければならない。
天井の高さは、室の床面から測る。
1室で天井の高さの異なる部分がある場合は、平均の高さとする。

居室の床の高さ

最下階の居室の床が木造である場合、床の高さは、直下の地面から床の上面までを**45cm以上**とする。

居室の防湿方法

最下階の居室の床が木造である場合、外壁の床下部分には、壁の長さ5m以下ごとに、面積300cm^{2}以上の換気孔を設ける。

床下をコンクリート等の材料で覆う場合は、居室の床の高さ、防湿方法の規定は免除されますよ。

地階の居室

住宅の居室、学校の教室、病院の病室、寄宿舎の寝室で地階に設けるものは、壁及び床に対して、次の①〜③のいずれかの防湿措置が義務付けられている。

①	**からぼり**その他の空地に面する開口部を設ける。
②	換気設備を設ける。
③	湿度を調節する設備を設ける。

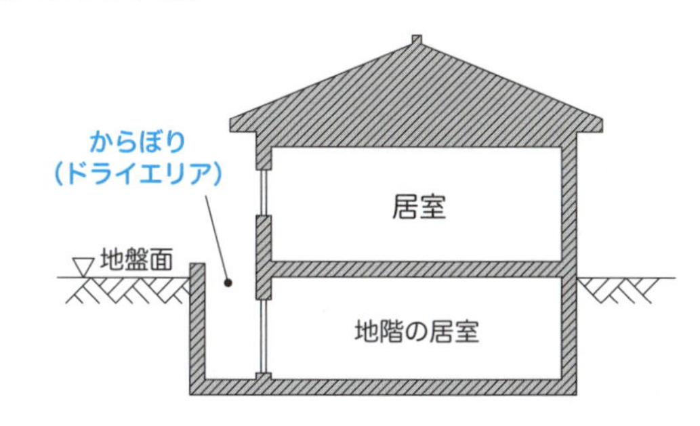

027―建設業法　許可と請負契約の要点を押さえよう

建設業法は、建設業者の資質の向上や、建設工事での請負契約の適正化等を図るための法律です。建物を施工する場合に適用され、工事の適正な施工を確保するとともに、発注者を保護しますよ。まずは、建設業の許可と工事請負契約の要点を考えてみましょう。

❑建設業の許可の区分

建設業を営もうとする者（建設業者）は、次の区分に応じて、許可を受けなければなりません。**建設工事の種類ごとに、それぞれに応じた29業種の建設業に分けられています。**

メモ　建築一式工事：建築工事全体を元請負し、下請負者を組織して建築物の建設を行う工事

建設業の許可の区分

許可の区分	区分の内容
国土交通大臣の許可	2以上の都道府県の区域内に営業所を設ける場合。
都道府県知事の許可	1の都道府県の区域内に営業所を設ける場合。

※下記のいずれかに該当する軽微な建設工事のみを請け負う場合は許可が不要。
[工事1件の請負代金の額]
・建築一式工事で、1,500万円未満
・建築一式工事で、延べ面積が150m^{2}未満の木造住宅工事
・建築一式工事以外で、500万円未満

❑特定建設業と一般建設業の違いは

下請契約を締結する請負金額の違いに応じて、特定建設業と一般建設業があります。

メモ　元請：発注者から直接請け負うこと　下請：元請以外

特定建設業と一般建設業

特定建設業	発注者から直接請け負う1件の建設工事につき、5,000万円（建築工事業（建築一式工事）の場合は8,000万円）以上の下請契約を締結して施工するものに対する許可。
一般建設業	特定建設業以外の建設業を営むものに対する許可。

❏建設業の許可のポイント

- 建設業を営もうとする者は、許可を受けなければならない。
- 建設業の許可は、建設工事の種類ごとに、定める建設業に分けて与えられる。
- 建設業の許可は、**5年ごと**にその更新を受けなければ効力を失う。
- 一般建設業の許可を受けた者が特定建設業の許可を受けた場合は、一般建設業の許可は効力を失う。

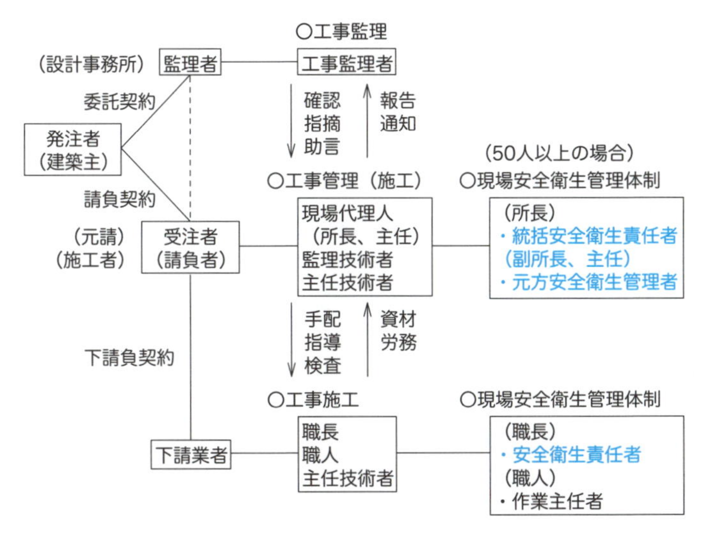

[施工管理における関連図]

付帯工事　許可を受けた建設業に係る建設工事を請け負う場合、当該建設工事に附帯する他の建設業に係る建設工事を請け負うことができる。

許可の基準　営業所ごとに、一定の資格又は実務経験を有する専任の技術者を置く。

廃業等の届出　許可に係る建設業者が死亡した場合は、その相続人が**30日以内**に、国土交通大臣又は都道府県知事に届け出る。

許可を受けてから1年以内に
営業を開始せず、
又は引き続いて1年以上
営業を休止した場合は、
建設業の許可が取り消されますよ。

❏主任技術者及び監理技術者の設置

建設業者（建設業の許可を受けて建設業を営む者）は、その請け負った建設工事を施工する場合、「主任技術者」を置かなければなりません。

監理技術者の設置

発注者から直接建設工事を請け負った**特定建設業者（元請）**は、下請契約の請負代金の額が、建築一式工事で**8,000万円**（その他の工事では**5,000万円**）以上となる場合、「監理技術者」を置かなければならない。

メモ 元請の場合のみに適用。下請の場合は金額に関係なく、主任技術者。

専任とする技術者

公共性のある施設、多数の者が利用する施設等重要な建設工事で、工事1件の請負代金の額が建築一式工事で**9,000万円**（その他の工事では**4,500万円**）以上の場合、主任技術者又は監理技術者は専任の者とする。

メモ 元請・下請に関わらず適用。下請契約の金額ではなく、請け負った金額。

2現場までの兼任

当該監理技術者の職務を補佐する者（監理技術者補佐）を専任で置く場合、監理技術者（特例監理技術者）は、複数現場（2現場まで）の兼任をすることができる。

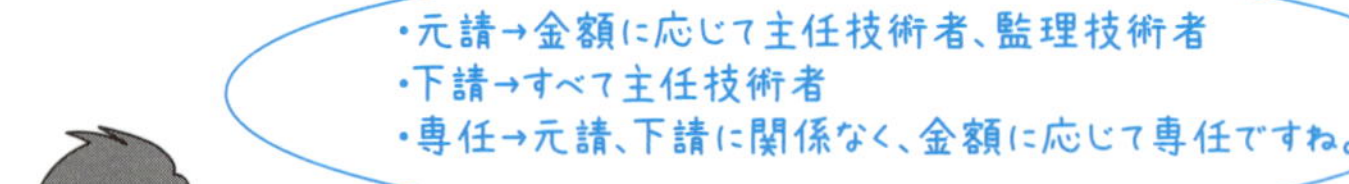

❏専門技術者の設置（軽微な建設工事は除く）

建築工事業を営む者は、建築一式工事を施工する場合において、建築一式工事以外の建設工事を自ら施工する場合（下請負契約をしない場合）は、施工の技術上の管理をつかさどる（主任技術者の資格を有している）専門技術者を置かなければなりません。

□建設工事の請負契約

請負契約の原則

建設工事の請負契約の当事者は、各々の対等な立場における合意に基づいて公正な契約を締結し、信義に従って誠実にこれを履行しなければならない。

請負契約の記載事項

工事内容、請負代金の額、工事着手の時期及び工事完成の時期、請負代金に関する支払の時期及び方法、注文者による検査・引渡しの時期、契約に関する紛争の解決方法等を書面に記載しなければならない。

現場代理人の選任等に関する通知

請負人は、工事現場に現場代理人を置く場合、現場代理人に関する事項を書面により注文者に通知しなければならない。

不当に低い請負代金の禁止

注文者は、自己の取引上の地位を不当に利用して、通常必要と認められる原価に満たない金額で請負契約を締結してはならない。

一括下請負の禁止

・建設業者は、その請け負った建設工事を、いかなる方法をもってするかを問わず、一括して他人に請け負わせてはならない。
・建設業を営む者は、建設業者から当該建設業者の請け負った建設工事を一括して請け負ってはならない。**双方の業者とも禁止。**
・共同住宅を新築する建設工事以外の建設工事である場合において、元請負人があらかじめ発注者の書面による承諾を得たときは、一括下請負は禁止されない。

下請負人の変更請求

注文者は、請負人に対して、建設工事の施工につき著しく不適当と認められる下請負人があるときは、その変更を請求することができる。
ただし、あらかじめ注文者の書面による承諾を得て選定した下請負人については、この限りでない。

6 法規

028—労働基準法　現場で働く人の権利を守る

労働基準法は、働いている方であれば、身近な法律ですよね。現場で働く人はもちろんのこと、すべての労働者の権利を守る法律で、労働条件に関する最低基準が定められています。気になる内容から興味をもつと良いでしょう。

❏労働契約

労働条件は、労働者と使用者が、対等の立場において決定すべきものとされており、両者は、労働協約、就業規則及び労働契約を遵守し、誠実に各々その義務を履行しなければなりません。

労働条件の明示

・使用者は、労働契約の締結に際し、労働者に対して賃金、労働時間その他の労働条件を明示し、原則として、規定する事項が明らかとなる書面で交付しなければならない。

書面での交付が必要な労働条件	定めをしない場合は不要なもの
・労働契約の期間に関する事項。 ・有期労働契約を更新する場合の基準に関する事項。 ・就業の場所及び従事すべき業務に関する事項。 ・始業及び終業の時刻、所定労働時間を超える労働の有無、休憩時間、休日、休暇等に関する事項。 ・賃金の決定、計算及び支払の方法、賃金の締切及び支払の時期並びに昇給に関する事項。 ・退職に関する事項（解雇の事由を含む）。	・退職手当の定めが適用される労働者の範囲、退職手当の決定・計算・支払の方法、退職手当の支払の時期に関する事項。 ・臨時に支払われる賃金（退職手当を除く）、賞与、最低賃金額に関する事項。 ・労働者に負担させるべき食費、作業用品その他に関する事項。 ・安全及び衛生に関する事項。 ・職業訓練に関する事項。 ・災害補償、業務外の傷病扶助に関する事項。 ・表彰及び制裁に関する事項。 ・休職に関する事項。

・明示された労働条件が事実と相違する場合においては、労働者は、即時に労働契約を解除することができる。

・就業のために住居を変更した労働者が契約解除の日から14日以内に帰郷する場合、使用者は必要な旅費を負担する。

賠償予定の禁止

使用者は、労働契約の不履行について違約金を定め、又は損害賠償額を予定する契約をしてはならない。

前借金相殺の禁止

使用者は、前借金その他労働することを条件とする前貸しの債権と賃金を相殺してはならない。

メモ 相殺：お互いの債権を帳消しにすること

強制貯金

使用者は、労働契約に附随して貯蓄の契約をさせ、又は貯蓄金を管理する契約をしてはならない。

解雇制限

使用者は、労働者が業務上負傷し休業する期間及びその後30日間は、解雇してはならない。

解雇の予告

使用者は、労働者を解雇しようとする場合においては、少なくとも30日前にその予告をしなければならない。30日前に予告をしない使用者は、30日分以上の平均賃金を支払わなければならない。

金品の返還

使用者は、労働者の死亡又は退職の場合において、権利者の請求があった場合においては、7日以内に賃金を支払い、積立金、保証金、貯蓄金その他名称の如何を問わず、労働者の権利に属する金品を返還しなければならない。

❑賃金

賃金の支払

- 賃金は、通貨で、直接労働者に、その全額を支払わなければならない。**別段の定めがある場合などは、通貨以外のものでも可。**
- 賃金は、毎月1回以上、一定の期日を定めて支払う。**臨時に支払われる賃金、賞与等は除外。**

休業手当

使用者の責に帰すべき事由による休業の場合、使用者は、休業期間中当該労働者に、その平均賃金の60%以上の手当を支払わなければならない。

□労働時間、休憩、休日など

労働時間

・使用者は、労働者に、休憩時間を除き1週間について**40時間**を超えて、労働させてはならない。

・使用者は、1週間の各日については、労働者に、休憩時間を除き1日について**8時間**を超えて、労働させてはならない。

休憩

・使用者は、労働時間が**6時間**を超える場合においては少なくとも**45分**、**8時間**を超える場合においては少なくとも**1時間**の休憩時間を労働時間の途中に与えなければならない。

・休憩時間は、一斉に与えなければならない。

・使用者は、休憩時間を自由に利用させなければならない。

休日

・使用者は、労働者に対して、毎週少なくとも1回の休日を与えなければならない。

・4週間を通じ**4日以上**の休日を与える使用者については適用しない。

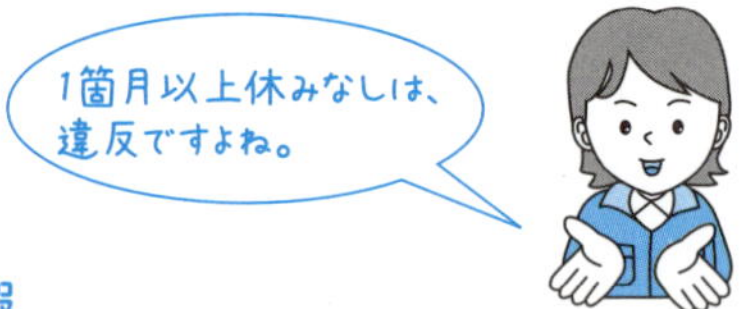

年次有給休暇

使用者は、その雇入れの日から起算して6箇月間継続勤務し全労働日の8割以上出勤した労働者に対して、継続し、又は分割した10労働日の有給休暇を与えなければならない。

□年少者の労働条件は？

年少者の証明書

使用者は、満18才に満たない者について、その年齢を証明する戸籍証明書を事業場に備え付けなければならない。

未成年者の労働契約

・親権者又は後見人は、未成年者に代って労働契約を締結してはならない。

メモ 後見人：後ろだてとなって補佐する人

・未成年者は、独立して賃金を請求することができる。親権者又は後見人は、未成年者の賃金を代って受け取ってはならない。

深夜業

使用者は、満18才に満たない者を午後10時から午前5時までの間において使用してはならない。ただし、交替制によって使用する満16才以上の男性については、この限りでない。

危険有害業務の就業制限

使用者は、満18才に満たない者に、危険な業務に就かせ、又は重量物を取り扱う業務に就かせてはならない。

建設業に関連する、**満 18 才に満たない者**を就かせてはならない主な業務

・クレーン、デリック又は揚貨装置の**運転の業務**。
・最大積載荷重が **2t 以上**の人荷共用若しくは荷物用のエレベーター、又は高さが 15m 以上のコンクリート用エレベーターの**運転の業務**。
・クレーン、デリック又は揚貨装置の**玉掛けの業務**。
（2 人以上の者によって行う玉掛けの業務における**補助作業の業務**を除く）
・動力により駆動される土木建築用機械又は船舶荷扱用機械の**運転の業務**。
・土砂が崩壊するおそれのある場所又は深さが **5m 以上**の地穴における業務。
・高さが **5m 以上**の場所で、墜落により労働者が危害を受けるおそれのあるところにおける業務
・足場の組立、解体又は変更の業務。
（**地上又は床上**における**補助作業の業務**を除く）
・さく岩機、鋲打機等身体に著しい振動を与える機械器具を用いて行う業務。

坑内労働の禁止

使用者は、満18才に満たない者を坑内で労働させてはならない。

メモ 坑内労働：地下の通路で、鉱山の採掘をしたり、トンネルの工事をしたりすること

6 法規

029—労働安全衛生法　現場の安全管理体制はこうつくる

労働安全衛生法は、労働者を使用する事業者に対して、労働者への安全配慮義務（労働者の安全に配慮すべき事業者の義務）を定めた法律です。職場における労働者の安全、快適な職場環境の形成等多岐にわたりますが、現場の安全管理体制から考えてみましょう。

❏工場など、事業場の安全衛生管理体制

総括安全衛生管理者

事業者は、（建設業では）常時**100人以上**の労働者を使用する事業場ごとに、総括安全衛生管理者を選任しなければならない。

安全管理者

事業者は、（建設業では）常時**50人以上**の労働者を使用する事業場ごとに、安全管理者を選任しなければならない。

衛生管理者

事業者は、（建設業では）常時**50人以上**の労働者を使用する事業場ごとに、都道府県労働局長の免許を受けた者等のうちから、衛生管理者を選任しなければならない。

安全衛生推進者

事業者は、常時**10人以上50人未満**の労働者を使用する事業場ごとに、安全衛生推進者を選任しなければならない。

産業医

事業者は、常時**50人以上**の労働者を使用する事業場ごとに、医師のうちから産業医を選任し、その者に労働者の健康管理等を行わせなければならない。

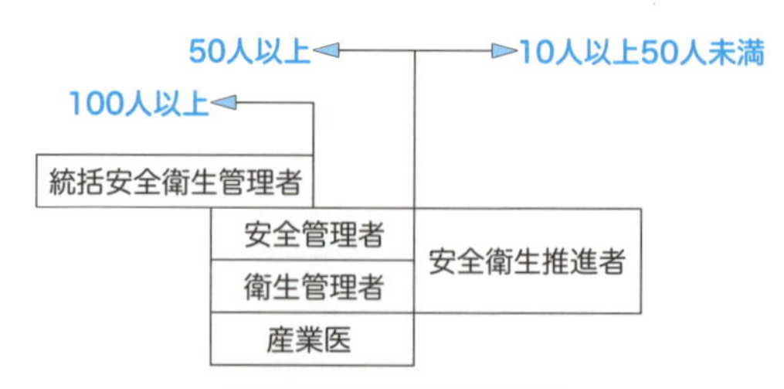

［工場などの安全管理体制］
（建設業：100人以上の労働者をかかえる事業所）

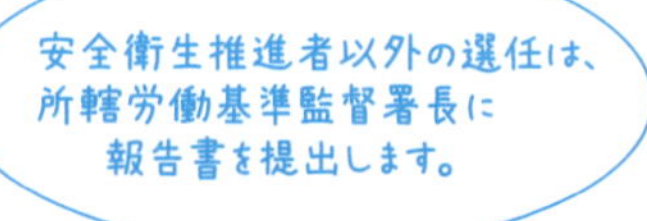

❏工事現場の安全衛生管理体制

統括安全衛生責任者

特定元方事業者は、統括安全衛生責任者を選任し、その者に元方安全衛生管理者の指揮をさせるとともに、特定元方事業者が講ずべき措置の事項を統括管理させなければならない。

メモ 建設業で、労働者の数が50人未満の場合は除く。

50人未満の場合：店社安全衛生管理者を選任
元方事業者：1つの場所で行う仕事の一部を請負人に請け負わせている者
特定元方事業者：元方事業者のうち、特定事業（建設業は該当）を行う者

特定元方事業者等が講ずべき、主な措置
・協議組織の設置及び運営を行う。 ・作業間の連絡及び調整を行う。 ・作業場所を巡視する。 ・関係請負人が行う労働者の安全又は衛生のための教育に対する指導及び援助を行う。

元方安全衛生管理者

統括安全衛生責任者を選任した事業者で、建設業等の事業を行うものは、厚生労働省令で定める資格を有する者のうちから、元方安全衛生管理者を選任し、その者に特定元方事業者が講ずべき措置の事項のうち、技術的事項を管理させなければならない。

安全衛生責任者

統括安全衛生責任者を選任すべき事業者以外の請負人で、当該仕事を自ら行うものは、安全衛生責任者を選任し、その者に統括安全衛生責任者との連絡その他の定める事項を行わせなければならない。

工事現場の安全衛生管理体制
（元請、下請合わせて50人以上の労働者が混在する工事現場）

選任		管理内容
元請	統括安全衛生責任者（元請の所長）	工事現場における統括的な安全衛生管理。
	元方安全衛生管理者 （元請の副所長、主任）	統括安全衛生責任者の補佐 （技術的事項の管理）。
下請	安全衛生責任者（下請の職長）	統括安全衛生責任者と作業員との連絡調整。

6 法規

□労働者の就業に当たっての措置

安全衛生教育

・事業者は、労働者を雇い入れたときは、当該労働者に対し、その従事する業務に関する**安全又は衛生のための教育**を行う。

・この規定は、労働者の作業内容を変更したときについて準用する。

・事業者は、危険又は有害な業務に労働者をつかせるときは、当該業務に関する安全又は衛生のための**特別教育**を行う。

雇入れ時等の教育
・機械等、原材料等の危険性、有害性、これらの取扱い方法。 ・安全装置、有害物抑制装置、保護具の性能、これらの取扱い方法。 ・作業手順。 ・作業開始時の点検。 ・業務に関して発生するおそれのある疾病の原因、予防。 ・整理、整頓、清潔の保持。 ・事故時等における応急措置、退避。

・事業者は、十分な知識及び技能を有していると認められる労働者については、教育を省略することができる。

メモ 作業主任者の場合が該当する。

職長等の教育

事業者は、その事業場の業種が建設業に該当するときは、新たに職務につくこととなった職長等（作業主任者を除く）に対し、安全又は衛生のための教育を行わなければならない。

雇入れ時等の教育
・作業方法の決定及び労働者の配置。 ・労働者に対する指導又は監督の方法。 ・危険性又は有害性等の調査及びその結果に基づき講ずる措置。 ・異常時等における措置。 ・現場監督者として行うべき労働災害防止活動。

❏労働者の就業に当たっての措置

就業制限

・事業者は、クレーンの運転等の業務で定めるものについては、都道府県労働局長の当該業務に係る**免許を受けた者、技能講習を修了した者**、その他定める資格を有する者でなければ業務に就かせてはならない。

・業務につくことができる者以外の者が、業務を行ってはならない。

・業務につくことができる者が業務に従事するときは、これに係る免許証その他その資格を証する書面を携帯していなければならない。

・職業能力開発促進法の認定に係る職業訓練を受ける労働者について、必要がある場合は、厚生労働省令で別段の定めをすることができる。

安全衛生教育・就業制限

業　務		特別教育	就業制限	
・クレーン、デリックの運転の業務	つり上げ荷重	5t 未満	5t 以上	免許
・移動式クレーンの運転	つり上げ荷重	1t 未満	1t 以上	技能講習
			5t 以上	免許
・車両系建設機械の運転の業務（ブルドーザ、クラムシェル等）	機体重量	3t 未満	3t 以上	技能講習
・フォークリフトの運転の業務	最大荷重	1t 未満	1t 以上	技能講習
・クレーン、デリック、移動式クレーンの玉掛け業務	つり上げ荷重	1t 未満	1t 以上	技能講習
・不整地運転車の運転の業務	最大積載量	1t 未満	1t 以上	技能講習
・高所作業車の運転の業務	作業床の高さ	10m 未満	10m 以上	技能講習
上記以外で、特別教育を必要とする業務				
・アーク溶接等の業務　・建設用リフトの運転の業務　・ゴンドラの操作の業務				

荷物を持ち上げる方法として、以下があります。
クレーン：油圧シリンダーやワイヤーを利用する。
デリック：ワイヤーをウインチで操作する。

030─その他の法規 廃棄物処理法・消防法・資源再資源化法・道路法ほか

建築に関連する法律はたくさんありますが、その中でも工事現場に関わる法律を中心に取り組んでみましょう。法律は必ず制定された目的が法の最初に書かれていますので、それを念頭に置きながら考えていくとよいでしょう。

❏廃棄物処理法（廃棄物の処理及び清掃に関する法律）

廃棄物の排出を抑制し、その処理を適正化することにより、生活環境の保全及び公衆衛生の向上を図ることを目的とした法律です。

廃棄物

ごみ、粗大ごみ、燃え殻、汚泥等の不要物であって、固形状又は液状のものをいう。放射性物質によって汚染された物を除く。

一般廃棄物

産業廃棄物以外の廃棄物。

産業廃棄物

燃え殻、汚泥、廃油、廃酸、廃アルカリ、廃プラスチック類、紙くず、木くず、繊維くず、ゴムくず、金属くず、ガラスくず、コンクリートくず、陶磁器くず、鉱さい等。

メモ▶ 現場事務所で使用した図面等のゴミは、一般廃棄物に該当。

特別管理産業廃棄物

産業廃棄物のうち、爆発性、毒性、感染性等人の健康や生活環境に係る被害を生ずるおそれがある性状を有する廃棄物。

メモ▶ 廃油、廃酸、廃アルカリ、感染性産業廃棄物、特定有害産業廃棄物（廃PCB、PCB汚染物、PCB処理物、廃石綿等）が該当。

メモ▶ PCB：ポリ塩化ビフェニル

事業者の責務

事業者は、その事業活動に伴って生じた廃棄物を自らの責任において適正に処理しなければならない。メモ▶ 事業者自らの処理が可能。

事業者の処理

事業者は、その産業廃棄物の運搬又は処分を委託する場合には、政令で定める基準に従わなければならない。メモ▶ 委託する場合は許可業者に委託。

産業廃棄物処理業

産業廃棄物の収集又は運搬を業として行おうとする者は、当該業を行おうとする区域を管轄する都道府県知事の許可を受けなければならない。

メモ 事業者が自ら運搬、再生利用目的の産業廃棄物のみの場合は、許可は不要。

❏消防法

火災を予防、警戒、鎮圧することで、国民の生命、身体、財産等を火災から保護することを主な目的とした法律です。

防火管理者

学校、病院、工場、事業場、興行場、百貨店等、多数の者が出入し、勤務し、又は居住する防火対象物では、防火管理者を定めて、防火管理上必要な業務を行わせなければならない。

防火対象物点検資格者

防火対象物のうち火災の予防上必要があるものとして、定期に、防火対象物点検資格者に、点検基準に適合しているかどうかを点検させ、その結果を消防長又は消防署長に報告しなければならない。

危険物保安監督者

政令で定める製造所、貯蔵所、取扱所の所有者等は、危険物保安監督者を定め、その者が取り扱うことができる危険物の取扱作業に関して保安の監督をさせなければならない。

消防用設備等の種類

- 消防用に供する設備は、消火設備、警報設備及び避難設備とする。
- 消火活動上必要な施設は、排煙設備、連結散水設備、連結送水管、非常コンセント設備及び無線通信補助設備とする。

消防用設備等の種類

種類	機械器具又は設備
消火設備	・消火器、簡易消火用具（水バケツ、水槽、乾燥砂、膨張ひる石等） ・屋内消火栓設備　・スプリンクラー設備 ・水噴霧消火設備　・泡消火設備　・不活性ガス消火設備 ・ハロゲン化物消火設備　・粉末消火設備　・屋外消火栓設備 ・動力消防ポンプ設備
警報設備	・自動火災報知設備　・ガス漏れ火災警報設備　・漏電火災警報器 ・消防機関へ通報する火災報知設備　・非常ベル　・自動式サイレン　・放送設備
避難設備	・すべり台　・避難はしご　・救助袋　・緩降機　・避難橋　・誘導灯及び誘導標識
消火活動上必要な施設	・排煙設備　・連結散水設備　・連結送水管　・非常コンセント設備 ・無線通信補助設備

6 法規

□建設工事に係る資材の再資源化等に関する法律（資源再資源化法、建設リサイクル法）

特定の建設資材について、その分別解体等、再資源化等を促進するための措置を講じ、資源の有効な利用の確保、廃棄物の適正な処理を図ることを主な目的とした法律です。

工事現場で発生する廃材を適正に処理して、リサイクルを促進します。

特定建設資材

建設資材廃棄物となった場合、その再資源化が資源の有効な利用に必要であり、かつ、その再資源化が経済性の面において制約が著しくないと認められるもの。次の4種類の建設資材が該当する。

- コンクリート
- コンクリート及び鉄から成る建設資材
- 木材
- アスファルト・コンクリート

コンクリート及び鉄から成る建設資材は、
鉄筋コンクリートを解体した塊。
アスファルト・コンクリートは、
アスファルト舗装をめくった塊ですよ。

分別解体等実施義務

特定建設資材を用いた対象建設工事の受注者、自主施工者は、正当な理由がある場合を除き、分別解体等をしなければならない。

対象建設工事の基準

工事の種類	規模の基準
建築物の解体工事	床面積 80m^2 以上
建築物の新築工事、増築工事	床面積 500m^2 以上
建築物の修繕・模様替え（リフォーム等）	請負代金の額 1 億円以上
建築物以外の工作物の解体工事、新築工事等	請負代金の額 500 万円以上

対象建設工事の届出等

対象建設工事の発注者又は自主施工者は、工事に着手する日の7日前までに、都道府県知事に届け出なければならない。

❏道路法

道路そのものの整備や管理に関することを中心に規定しています。

道路の占用の許可

道路に次の工作物、物件又は施設を設け、継続して道路を使用しようとする場合においては、**道路管理者の許可**を受けなければならない。

- 電柱、電線、変圧塔、郵便差出箱、公衆電話所、広告塔等
- 水管、下水道管、ガス管等
- 太陽光発電設備、風力発電設備等
- **工事用板囲い、足場、詰所その他の工事用施設**等

❏道路交通法

道路を使用する際の行動やルールに関することを中心に規定しています。

道路の使用の許可

次に該当する者は、それぞれに掲げる行為について、その行為に係る場所を**管轄する警察署長（所轄警察署長）の許可**を受けなければならない。

- 道路内で工事、作業をしようとする者、又は当該工事、作業の請負人。
- 一般交通に著しい影響を及ぼすような通行の形態、方法により道路を使用する者。

メモ コンクリート打設作業のためのポンプ車の駐車は、道路使用の許可が必要。

❏騒音規制法

建設工事に伴って発生する相当範囲にわたる騒音について必要な規制を行う法律。特定建設作業に該当した場合は、**市町村長への届出**が必要です。

6
法規

主な特定建設作業（騒音規制法）

- 杭打機（モンケンを除く）、杭抜機、杭打杭抜機（圧入式を除く）を使用する作業。（アースオーガーとの併用を除く）。

  メモ モンケン：杭を打ち込むために上下する鋼鉄製の重り
- さく岩機を使用する作業。（1 日の作業 2 地点の最大距離が 50m を超えない作業）。
- 空気圧縮機（原動機の定格出力 15kW 以上）を使用する作業。
- 原動機の定格出力 80kW 以上のバックホウを使用する作業。
- 原動機の定格出力 70kW 以上のトラクターショベルを使用する作業。
- 原動機の定格出力 40kW 以上のブルドーザを使用する作業。

寸法の慣用的な使い方
「てんご」は0.5ではない

材料の形状や品質を表すのに数字だけで呼び、その単位を表現しないことがあります。例えば、「三六(さぶろく)のベニヤ」「一三(いちさん)のモルタル」等です。そこに隠された単位や大きさを知らなければ話がかみ合わないことがあります。

「三六のベニヤ」の三六は、3尺×6尺のことです。当然、910mm×1,820mmでつくられていますが、ベニヤやボード類は、尺(303mm)で呼ばれるのが一般的です。

「一三のモルタル」の一三は、セメントと砂の割合が「セメント:砂=1:3」を意味しています。

タイルの大きさを表す場合、「二丁掛」は60mm×227mm、「小口」は60mm×108mm、「45(よんご)二丁」は45mm×95mmと、大きさを覚えておかないと困る寸法です。

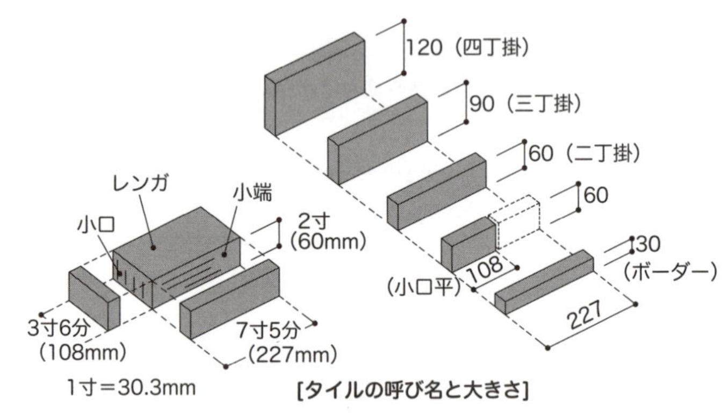

[タイルの呼び名と大きさ]

特に注意しておきたい、寸法の呼び方の特殊な例として薄い鉄板の厚みがあります。厚み1.5mmの場合は、「いってんご」の「いち」を省略して「てんご」といいます。「てんご」を0.5mmと解釈すると困ったことになります。0.5は「れーてんご」または「コンマご」と呼び、「てんご」とは呼ばないですよ。省略するのは、1.5などのあくまでも1ミリの単位だけです。

第７章

基礎と建物の骨組みをつくる編

～躯体工事～

建物を建てるために最初にする工事は、基礎部分の工事ですよね。

基礎は地盤面の中につくるので、掘削をして、鉄筋、型枠、コンクリート工事を完了させて鉄筋コンクリートの構造体を形成します。基礎の良し悪しが建物の耐久性を左右します。

次に、その基礎の上に建物をつくるのですが、上部構造の種類によって骨組みのつくり方が違います。主に3種類あり、鉄筋コンクリート造の場合であれば、基礎と同様に、鉄筋、型枠、コンクリート工事が繰り返し行われます。

鉄骨造の場合は、鉄骨部材の建方作業で骨組みを完成させ、木構造の場合は、木材による建方作業で骨組みを完成させます。

その後、建物内の仕上げ作業を雨天でも可能にするため、屋根工事を先行させます。ここまでが躯体工事と呼ばれています。

躯体工事は、柱・壁・梁・床・屋根等の建物の主要な構造部分を作る重要な工事で、耐久性、耐震性、耐火性等の重要な性能が求められています。

シュレーダー邸

ヘリット・リートフェルトによって
設計された住宅。
デ・スティル建築を代表する作品。

031—地盤調査　安全な建物が建てられるかを調べる

建物が地盤の上に建てられることは知っていますよね。建てようとする建物の重さに耐えられるか、地震がきても倒れないか、その地盤を調べる必要があります。安全な建物が建てられるかを調べる方法には、どのような方法があるかを考えてみましょう。

❑ボーリングとは

ボーリングとは、地盤構成の確認や土質試験用試料の採取などのために削孔（さっこう）することです。オーガー式とロータリー式がありますが、一般にはロータリー式が用いられます。

メモ　削孔：穴をあけること

オーガー式ボーリング

最も簡単な方法で、オーガーを人力または動力によって地中にもみ込み試料を採取する。

比較的軟らかい土の浅い掘削（10m程度まで）に適しており、硬い地盤や砂質地盤には使用できない。

ロータリー式ボーリング

ボーリングロッドの先端にコアチューブビットを取り付け、高速回転させて掘進し、試料を採取する。

メモ　試料：検査、分析に用いる材料
コア：地盤をくり抜いて採取した土のサンプル
コアチューブ：コアビットで採掘したコアを収納
コアビット：穴あけ用の筒状の器具

掘進は地下水位を確認するまでは無水掘りを原則とする。掘削可能進度は100m程度で孔底の土層を乱すことが少ない。

❑サウンディングとは

サウンディングとは、ロッドに付けた抵抗体を地盤中に貫入、回転、引抜きを行い、その抵抗から地盤の強度や変形性状を調べる原位置試験です。

メモ 原位置試験：現地で行う試験　室内試験：室内で行う試験

標準貫入試験

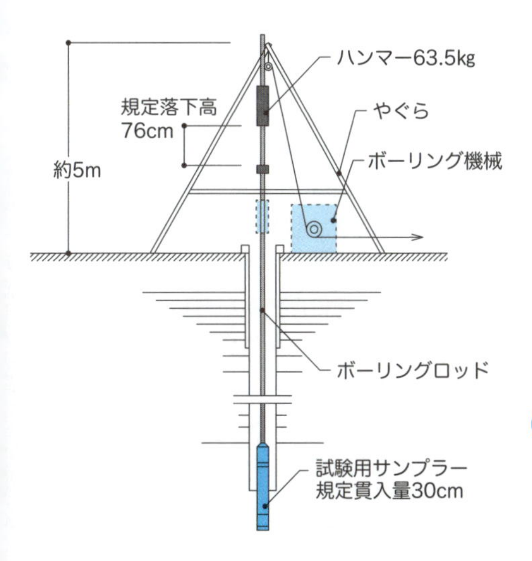

ボーリング孔を利用して、重さ63.5kgのおもりを76cmの高さから自由落下させ、サンプラーを30cm貫入させるのに必要な打撃回数（N値）から、原位置における土の硬軟、締り具合の相対値を定量的に知るための**N値を求める**試験。

メモ 動的貫入抵抗を求める試験

砂質土のせん断強さの調査に採用。

スウェーデン式サウンディング試験

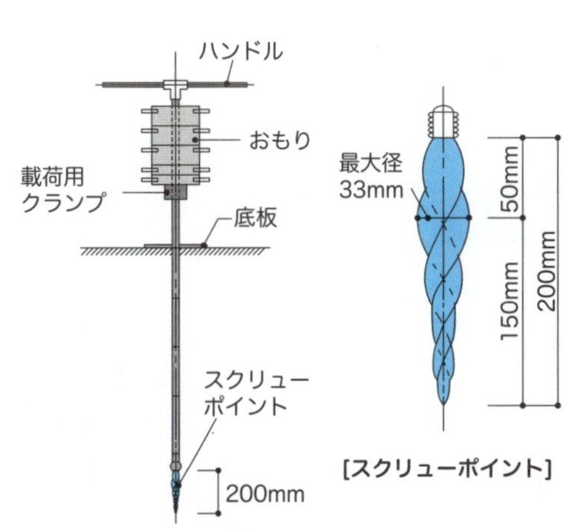

ロッドの先端にスクリューポイントを取り付け、所定のおもりの載荷による貫入量を測定。

小規模な建物に適用され、深さ10m以内の調査が可能。

硬くない粘性土に適し、砂質土に対しても緩いものや薄層のものであれば試験が可能。

オランダ式二重管コーン貫入試験（ダッチコーン）

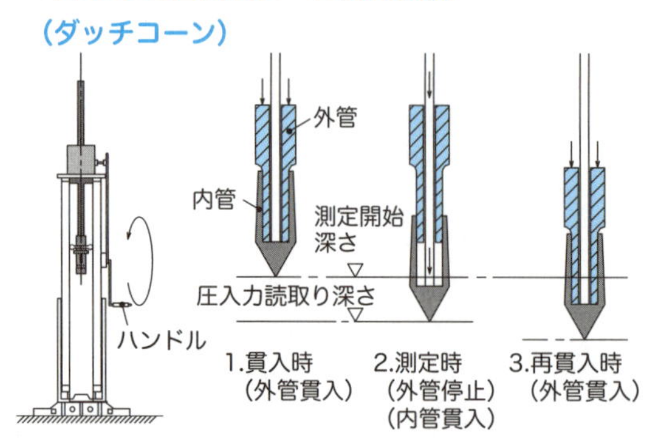

原位置においてコーンを静的に地面に押し込むときの貫入抵抗から土層の硬軟、締り具合、構成を判定するための試験。

メモ　静的貫入抵抗を求める試験。

軟弱な粘性土に適しているが、砂礫層や玉石層等の測定は不可能。

ベーン試験

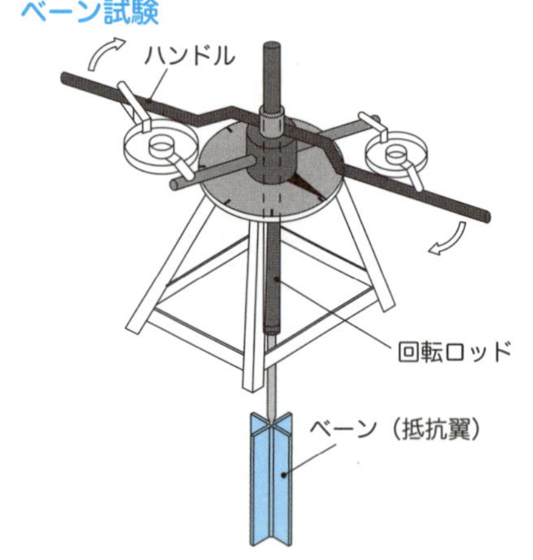

原位置でロッドの先端に取り付けた十字形のベーン（抵抗翼）を地中に押し込み、これを回転させるときの抵抗値から粘性土のせん断強さを求める試験。

軟弱な粘性土に対して、特に適用性が高い。

❑平板載荷試験とは

平板載荷試験は、基礎底盤の予定位置に載荷板を置き、その上に油圧ジャッキにより荷重をかけ、沈下量と荷重によって地盤の耐力（変形や強さ等）の特性を判定する試験です。アンカーによる方式と実荷重による方式があります。

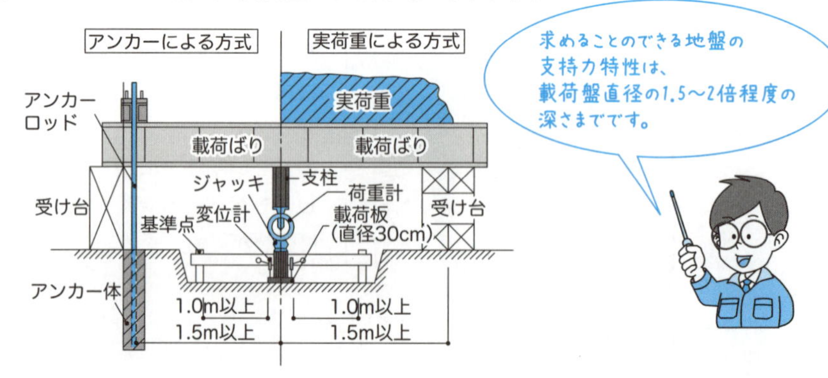

❏サンプリングとは

サンプリングとは、地盤の土質試料を採取することをいいます。**乱さない試料**の採取として、固定ピストン式シンウォールサンプラーやデニソン形サンプラー等が使用されます。メモ▶ 乱さない試料：土の組織や構造を乱すことなく元の状態のままで採取した試料

N値が4以下の軟弱粘性土：固定ピストン式シンウォールサンプラー

N値が4を超える硬質粘性土：デニソン形サンプラー

（ロータリー式二重管サンプラー）

❏室内試験（力学的試験）

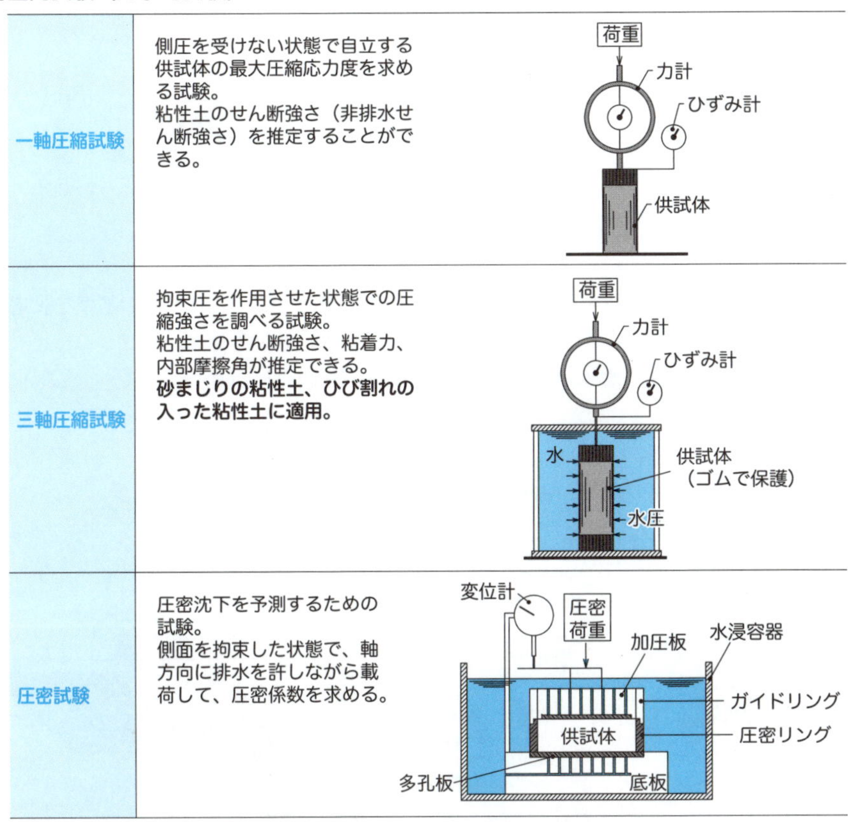

一軸圧縮試験	側圧を受けない状態で自立する供試体の最大圧縮応力度を求める試験。 粘性土のせん断強さ（非排水せん断強さ）を推定することができる。
三軸圧縮試験	拘束圧を作用させた状態での圧縮強さを調べる試験。 粘性土のせん断強さ、粘着力、内部摩擦角が推定できる。 **砂まじりの粘性土、ひび割れの入った粘性土に適用。**
圧密試験	圧密沈下を予測するための試験。 側面を拘束した状態で、軸方向に排水を許しながら載荷して、圧密係数を求める。

❏土質試験の方法

	支持力の算定（せん断強さ）	沈下量の推定（圧縮性）	試験場所
粘性土	一軸圧縮試験、三軸圧縮試験	圧密試験	室内試験
	オランダ式二重管コーン貫入試験、平板載荷試験、ベーン試験		原位置試験
砂質土	三軸圧縮試験		室内試験
	オランダ式二重管コーン貫入試験、平板載荷試験、標準貫入試験		原位置試験

032—仮設工事　現場を円滑に進める名脇役

仮設とは、ある期間だけ臨時に設置するイメージですね。工事現場でよく見かける足場や囲いは仮設の一種ですが、それ以外に、工事着手のために必要な墨出し等も仮設です。工事の終了後は撤去されますが、現場を円滑に進めるために欠かせない作業です。

□縄張りと遣方（やり方）は違う

縄張り　設計図書を基準に、縄（ロープ）や石灰等を用いて敷地内に建物の位置を表示する作業。

建物の位置と、敷地、道路、隣接物等との関係は、縄張りで確認しますよ。

遣方　縄張り後、掘削する部分を避けて、建物の位置、高低、通り心の基準を設定するために、水杭（地杭）や水貫を組立てて水糸を張る作業。

メモ　平遣方：建物の中間部に設ける　隅遣方：建物の隅部に設ける

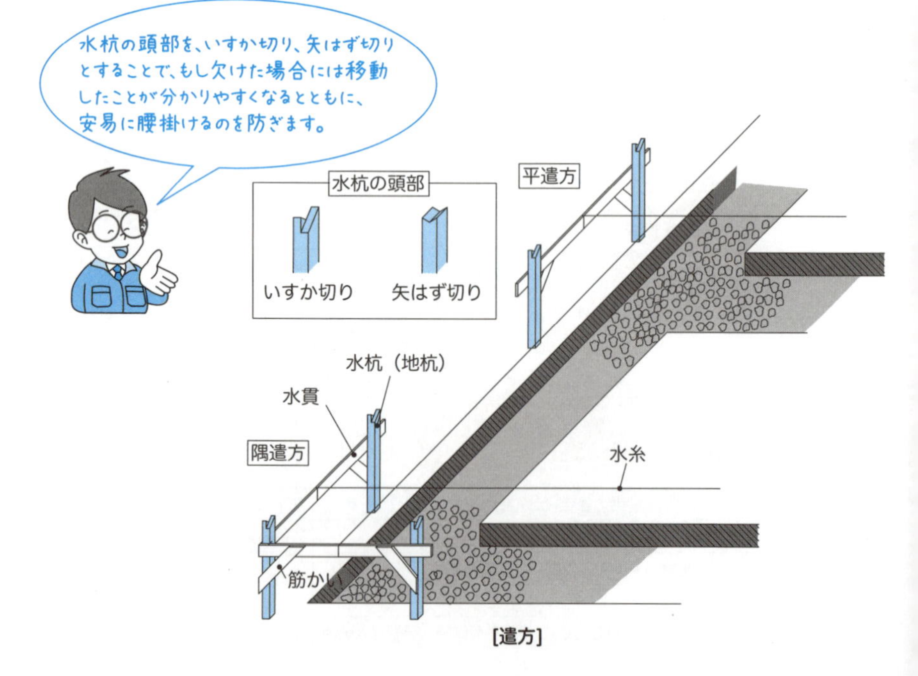

[遣方]

□墨出し

墨出しは、工事に必要な寸法の基準となる位置や高さ等を、所定の場所に表示する作業で、墨壺と呼ばれる道具を使用します。

メモ 墨壺：綿に含んだ墨汁を入れる墨穴（壺池）と墨糸を巻き込んだ糸車からなる道具

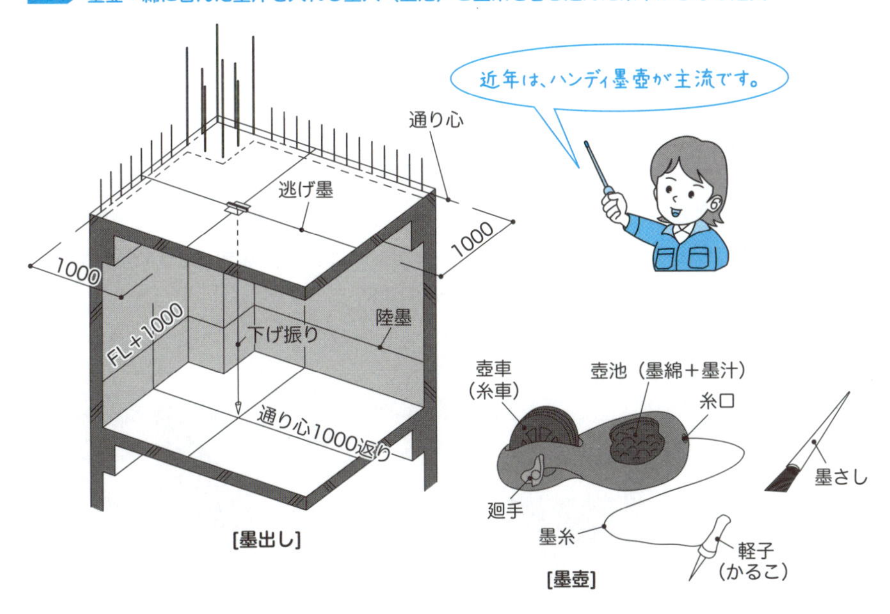

[墨出し]　[墨壺]

墨の呼び名の種類

墨の呼び名	概　要
地墨	平面の位置を示すために床面に付けた墨
陸墨	水平を示すために壁面に付けた墨
親墨	基準となる墨
逃げ墨	通り心から一定の距離（1m 程度）をおいて平行に付けた墨

建物の高さや位置の基準点（ベンチマーク）

建築物の縦、横2方向の通り心を延長して、既存の工作物、前面道路、新設の杭等、工事の影響を受けない位置に2箇所以上設けます。

2階より上階における基準墨

高さの基準墨は、1階の基準高さから確認し、床の基準墨は、下階の墨から確認する。

033─土工事・基礎工事　傾かない建物づくりには足元が大事

土工事は、文字通り「土」に関連する工事であると想像はつくでしょう。山留め、根切り、埋戻しの３つに分けられます。基礎工事も「土」に関連する工事で、どちらも、傾かない建物づくりには欠かせない足元の大事な工事ですよ。

❏土工事の種類

根切り

建物の基礎あるいは地下部分を構築するために、地盤を掘削すること。高さ1.5m以上の根切り工事では、土砂崩壊のおそれがない場合等を除き、山留め壁を設ける。

メモ　山留め壁：土の崩壊を防ぐために設ける仮設の壁

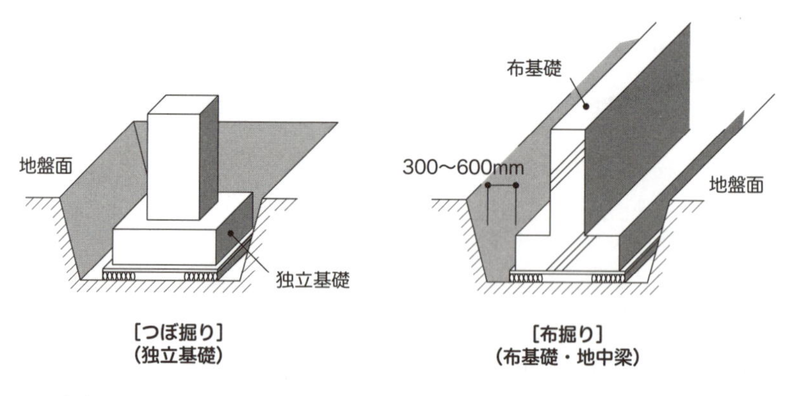

［つぼ掘り］
（独立基礎）

［布掘り］
（布基礎・地中梁）

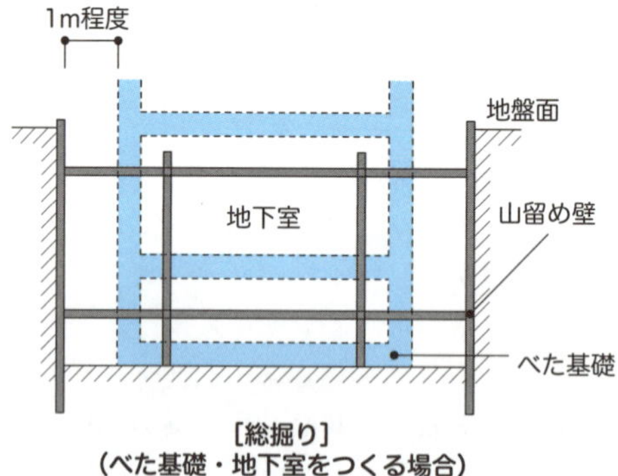

［総掘り］
（べた基礎・地下室をつくる場合）

メモ　つぼ掘り：その部分のみを角形に掘る
布掘り：帯状に掘る
総掘り：全面を掘る

床付け　掘削後、所定の深さに地盤を水平に掘り揃えること。
機械式掘削の場合、一般的に30 ～ 50cmを残して、最終仕上げを手掘りとするか、ショベルの刃を平状のものに替えて、床付け面を乱さないようにする。

乱した場合　**砂質土：転圧や締固めによって自然地盤と同程度の強度にする。**
粘性土：レキや砂質土に置き換えて締固める。

凍結した場合　**乱した土と同様に扱う。**

埋戻し　工事のために土を掘り出した部分を、原状に戻すように土を埋め返すこと。
埋戻し土としては、均等係数の大きい山砂が適している。

メモ　均等係数の大きい：大小さまざまな粒径砂が混ざっている

やむを得ず粘性土を用いる場合は、約30cmごとに水平にならし、転圧や突き固めを行う。砂質土を用いる場合は、一般的に水締め工法が用いられる。

❏親杭横矢板水平切梁工法

親杭横矢板工法（おやぐいよこやいた）　鉛直に設置した親杭（H鋼等）に、掘削の進行にともなって横矢板を親杭間にはめ込んで、山留め壁を形成しながら掘り進む工法。

水平切梁工法　側圧を水平に配置した圧縮材（切梁）で受ける最も一般的な工法。

切梁　腹起しを突っ張る。

腹起し　山留め壁にかかる土圧を切梁に伝える。

火打　腹起しをおさえる。

支柱　切梁が下がらないように支える。

油圧ジャッキ　山留め壁を背面に押し戻す。（プレロード工法）

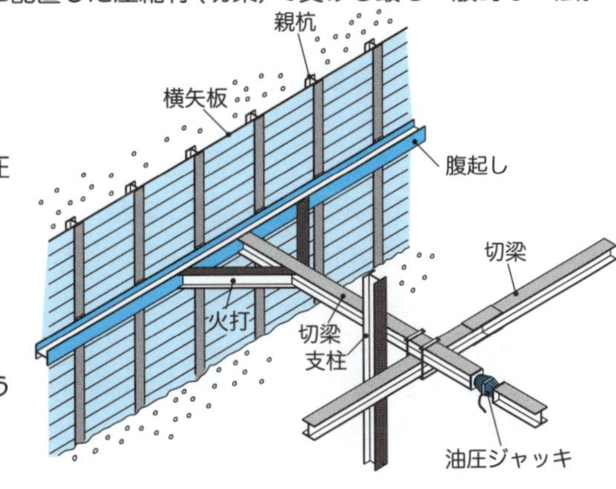

[親杭横矢板水平切梁工法]

7
躯体工事

❑地業とは

地業とは、基礎や基礎スラブを支えるために、根切り後に地盤の上に設ける敷砂利、割栗石、捨てコンクリート等、地盤を安定させる作業で、杭も地業に含まれます。

地肌地業

支持力のある床付け地盤まで削りとり平らにする地業で、不陸、割れ目には、砂や目つぶし砂利を積める。

メモ 良質な床付け地盤：地盤上に捨てコンクリートを直接打設することができる

砂利地業

比較的良質な地盤で根切りを正確に行い、再生砕石、切込砂利、切込砕石等を、特記がない場合は厚さ60mm敷き込む。

粒径のそろった砂利よりも砂混じりの切込み砂利を用いる。

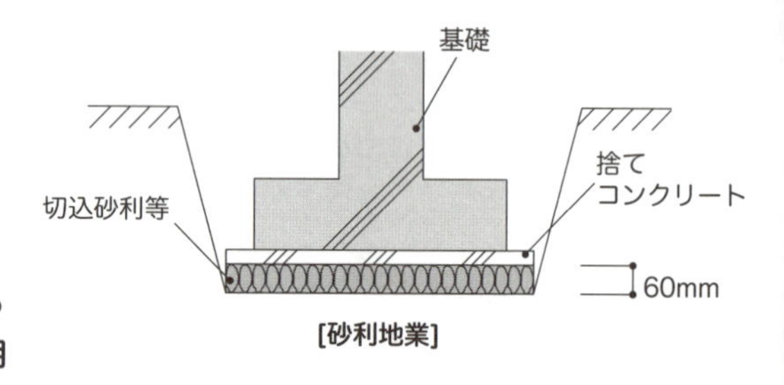

[砂利地業]

砂利等の厚さが300mmを超える場合は300mmごとに締固める。

砂地業

軟弱な地盤に砂を敷き入れて地盤を改良する地業。

シルト等の泥分が多量に混入したものは避ける。

捨てコンクリート地業

地肌地業、砂利地業の表面を固め、基礎、柱、基礎等の墨出しや鉄筋、型枠の組立てのために施すコンクリートの打込み地業。

捨てコンクリートの水分が著しく脱水するおそれがある場合は、ビニールシート等を敷いてコンクリートを打ち込む。

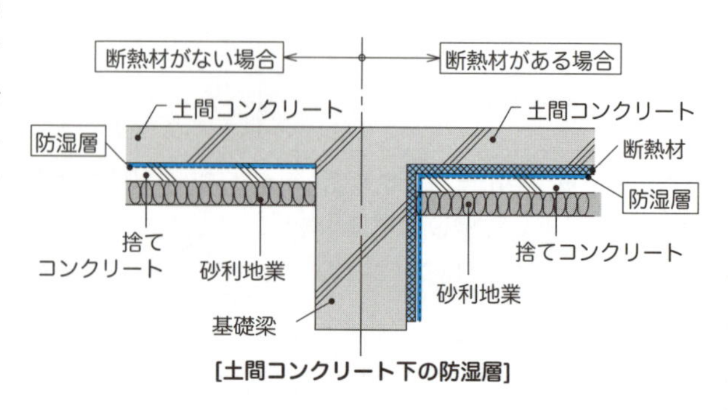

[土間コンクリート下の防湿層]

❏杭地業

既製コンクリート杭の施工（セメントミルク工法）

アースオーガーによってあらかじめ杭径より大きく支持層まで削孔された縦孔に既製品コンクリート杭を建込む工法。

メモ 杭径＋100mmで標準掘削。

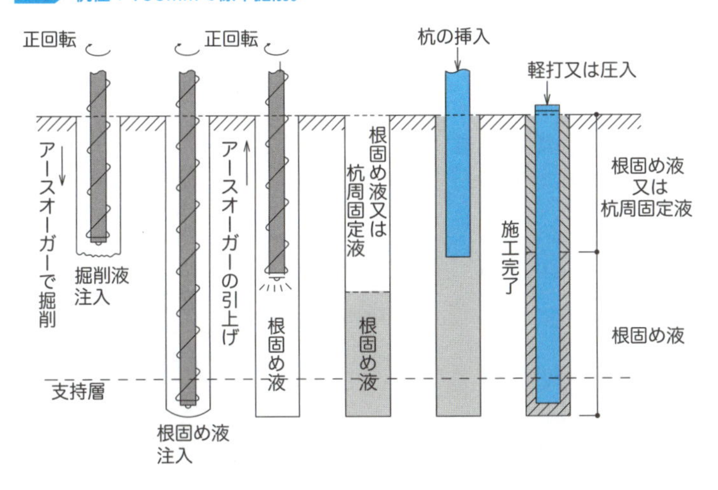

場所打ちコンクリート杭の施工（アースドリル工法）

地盤に孔を掘って鉄筋かごを挿入し、コンクリートを打設することで杭を形成する工法。

メモ ケーシング：孔内に挿入する鋼管

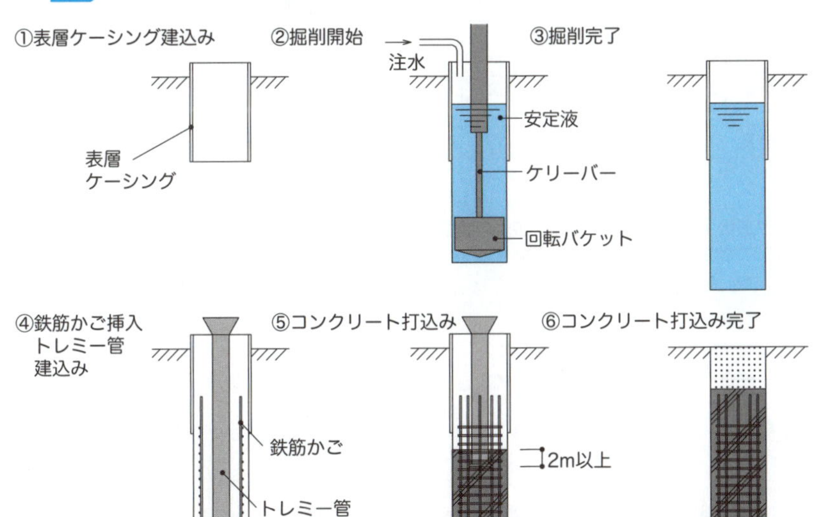

7
躯体工事

034—鉄筋工事　現場で組み立てる際の決まり事

鉄筋工事は、その名の通り鉄筋を用いて行う、加工、組立、配筋等の工事です。コンクリートを流し込んでしまうと、鉄筋は全く見えなくなってしまいますよね。骨組みとしては最も重要な工事なので、現場で組み立てる際の決まり事は、知っておきましょう。

❑鉄筋の加工

鉄筋の切断、曲げ等の加工作業は、常温（冷間）で行います。切断は、シャーカッターまたは電動カッターで行い、ガス切断を行ってはなりません。折り曲げは、バーベンダーで行います。

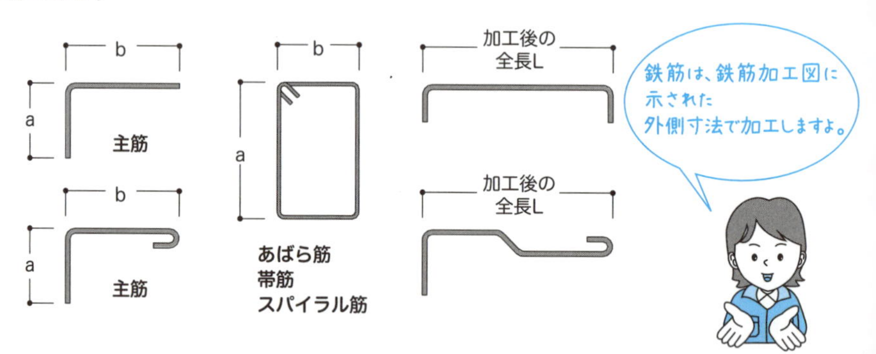

加工寸法の許容差

項　目			符　号	許容差（mm）
各加工寸法	主　筋	D25 以下	a、b	±15
		D29 以上 D41 以下	a、b	±20
	あばら筋・帯筋・スパイラル筋		a、b	±5
加工後の全長			L	±20

鉄筋の曲げ形状・寸法（dは異形鉄筋の呼び名に用いた数値、D16の場合は16）

図	折曲げ角度	鉄筋の種類	鉄筋の径による区分	内法の直径（D）
d D 余長4d以上 d D 余長6d以上	180° 135° 90°	SD295A SD295B SD345	D16 以下	3d 以上
			D19 ～ D41	4d 以上
		SD390	D41 以下	5d 以上
d D 余長8d以上	90°	SD490	D25 以下	
			D29 ～ D41	6d 以上

❑鉄筋の組立て

鉄筋の結束

通常0.8～0.85mm程度のなまし鉄線（結束線）を使用します。

メモ なまし鉄線：焼きなまし加工することで、柔らかくした細い鉄線
太いものは番線と呼び、番号が大きいほど細い線を示す。

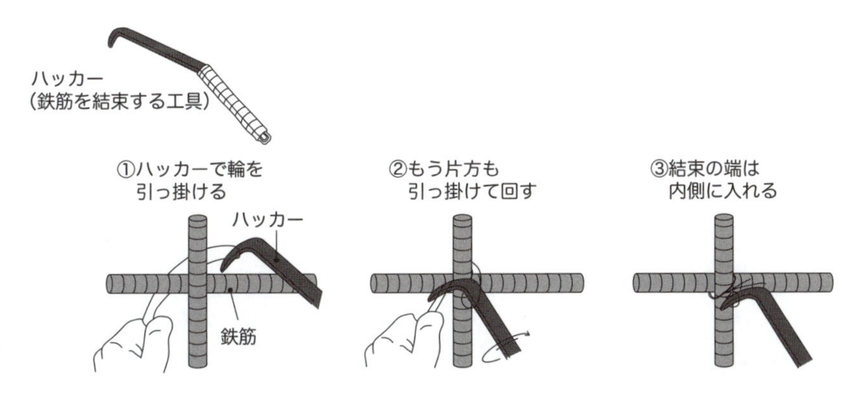

柱、梁の主筋と、帯筋、あばら筋との結束は、四角の交点において全数行い、その他の交点においては半数以上行います。また、壁、スラブの鉄筋の交点は、半数以上結束します。

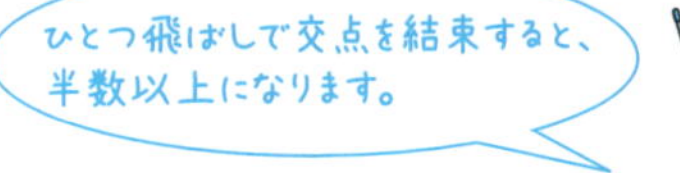

鉄筋相互のあき

鉄筋相互のあきの最小寸法は、次のうち最も大きい数値とします。

メモ 鉄筋の強度には関係しない。

- 粗骨材の最大寸法の1.25倍
- 25mm
- 異形鉄筋では、呼び名の数値Dの**1.5倍**
  （径が異なる場合は、平均径）

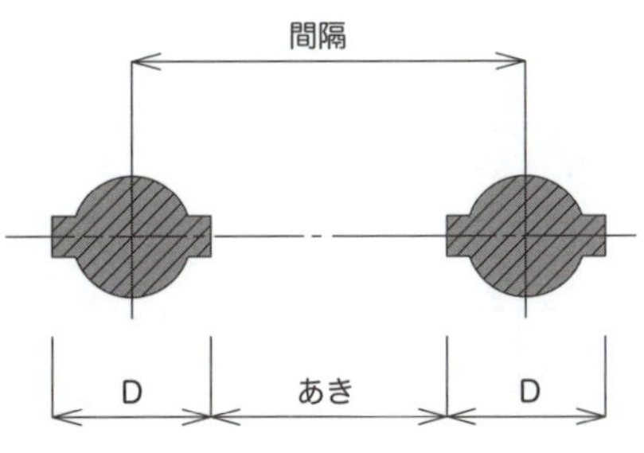

鉄筋の定着

ある部材の鉄筋端部を、接続する他の部材のコンクリートの中に埋め込んで、鉄筋が抜け出さないように固定することで、その長さを**定着長さ**といいます。

メモ 上端筋：曲げ下げ　下端筋：曲げ上げ、曲げ下げのどちらも可

コンクリートの設計基準強度 (N/mm^2)	L_2 (L_{2h})		L_3 (L_{3h})	
	SD295	SD345	下端筋	
			小　梁	スラブ
18	40d (30d)	40d (30d)	20d (10d)	10d かつ 150mm 以上
21	35d (25d)	35d (25d)		
24～27	30d (20d)	35d (25d)		
30～36	30d (20d)	30d (20d)		

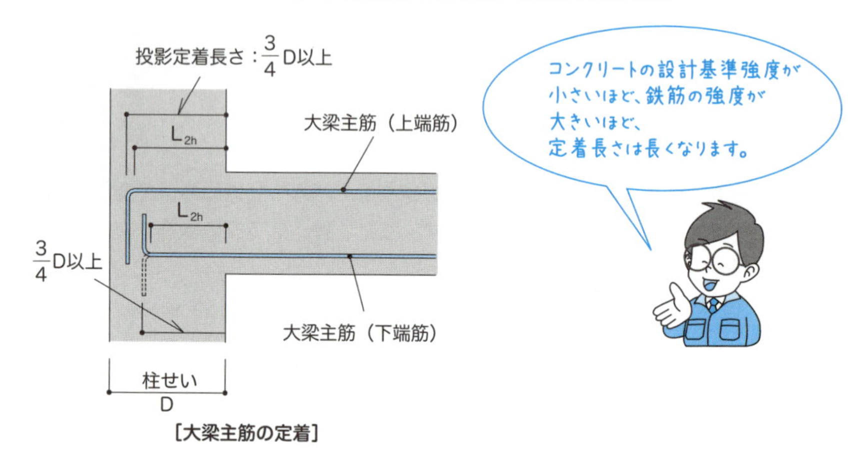

［大梁主筋の定着］

鉄筋の継手

鉄筋を長手方向につなぎ合わせている部分のことです。

- **直径の異なる鉄筋相互の重ね継手の長さは、細い方の直径(d)による。**
- **フック部は継手長さに含まない。**
- **D35以上の異形鉄筋には、原則として重ね継手を用いない。**

コンクリートの設計基準強度 (N/mm^2)	L_1 (L_{1h})	
	SD295	SD345
18	45d (35d)	50d (35d)
21	40d (30d)	45d (35d)
24～27	35d (25d)	40d (30d)
30～36	35d (25d)	35d (25d)

鉄筋のかぶり厚さ

鉄筋表面とこれを覆うコンクリート表面までの最短距離のことです。

柱、梁：部材の最外側の帯筋やあばら筋の表面から測る。

基礎：捨コンクリートの厚さは、かぶり厚さに算入せず、杭基礎の場合は、杭頭から上の部分とする。

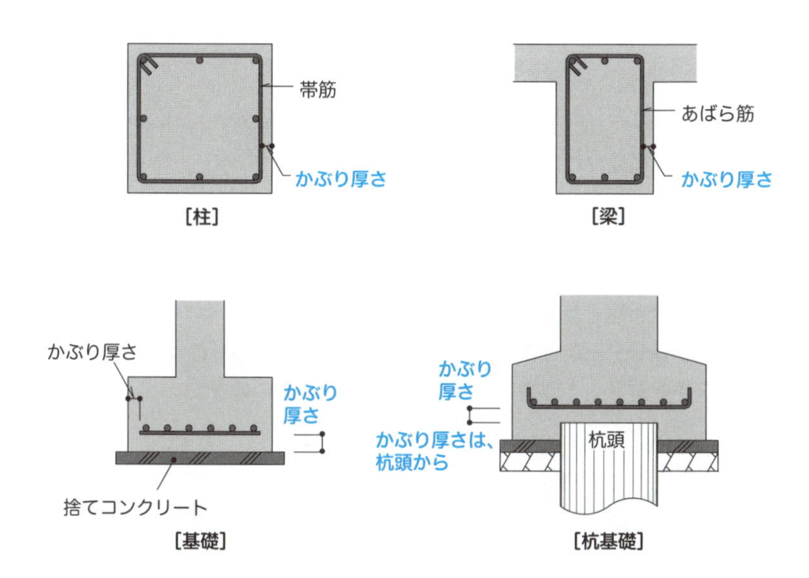

最小かぶり厚さの規定（mm）

部位・部材の種類		一般劣化環境（非腐食環境）	一般劣化環境（腐食環境）		
			短期	標準・長期※2	超長期※2
構造部材	柱・はり・耐力壁	30	30	40	40
	床スラブ・屋根スラブ	20	20	30	40
非構造部材	構造部材と同等の耐久性を要求する部材	20	20	30	40
	計画供用期間中に保全を行う部材※1	20	20	30	30
直接土に接する柱・はり・壁・床及び布基礎の立上り部分		40			
基礎		60			

※1.計画供用期間の級が超長期で、供用期間中に保全を行う部材では、保全の周期に応じて定める。

※2.計画供用期間の級が標準、長期及び超長期で、耐久性上有効な仕上げ（モルタル塗り、タイル張り等）を施されている場合は、一般劣化環境（腐食環境）では、最小かぶり厚さを10mm減じた値とすることができる。（ただし、基礎、直接土に接する柱・はり・壁・床及び布基礎の立上り部分を除く）

メモ 設計かぶり厚さは、最小かぶり厚さ＋10mmとする。

7 躯体工事

035—型枠工事　組み立ての手順と存置期間を知ろう

型枠は、鉄筋コンクリートの構造体を形づくるためのひな形となるものです。コンクリート図面と呼ばれる施工図から正しい形をつくり、コンクリートが十分な強度を発現するまで養生を行います。その期間が存置期間で、その後に取り外されます。

❏型枠の材料と構成を知ろう

型枠工事は、型枠大工と呼ばれる大工が、固まる前のコンクリートを流し込むために、せき板と支保工で構成されるひな形をつくる工事です。

せき板　コンクリートに直接接する木や金属等の板類。

支保工　コンクリートの荷重を支持し、型枠を所定の位置に保持するための支柱・間柱・斜め柱・つなぎ材等の総称。

セパレーター：せき板を所定の間隔に保つためのもの。

フォームタイ：型枠を両面から締め付けるための金物。

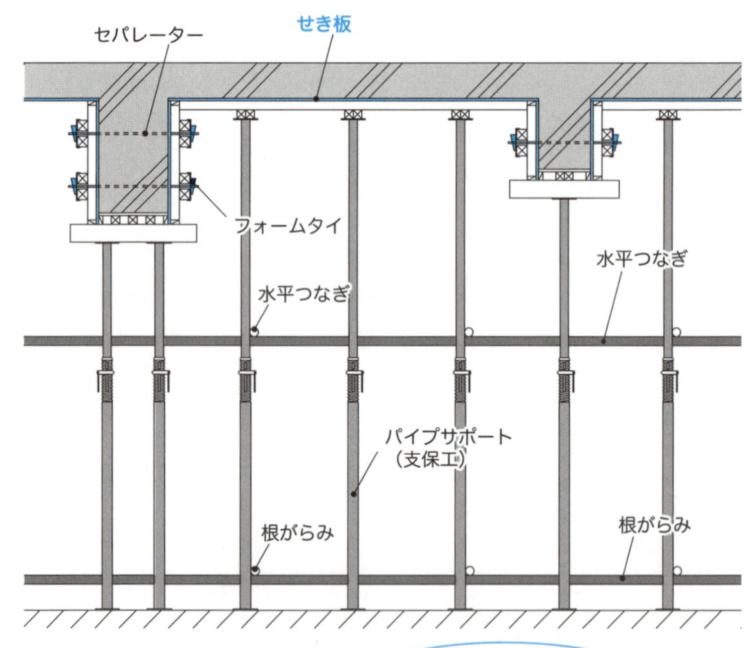

水平つなぎは、高さ方向を補強し、根がらみは、足元を補強しますよ。

パイプサポート　筒状の支柱。丸い鋼管が内管と外管の二重構造になっており、長さを自由に調整できる。

パイプサポートを支柱とする場合の主な規定
・支柱の脚部の固定、根がらみの取付け等、脚部の滑動を防止するための措置を講ずる。 ・支柱の継手は、突合せ継手又は差込み継手とする。 ・パイプサポート以外の鋼管を支柱として用いる場合は、高さに関係なく、高さ 2m 以内ごとに直角 2 方向に水平つなぎを設ける。 ・パイプサポートを 3 以上継いで用いない。 ・パイプサポートを継いで用いる場合、4 以上のボルト、専用金具を用いて継ぐ。 ・パイプサポートを支柱として用いる場合、支柱の高さが 3.5m を超えるときは、高さ 2m 以内ごとに直角 2 方向に水平つなぎを設ける。

コーン　セパレーターの先端に取り付け、打放し仕上げの際に使用される。(B型)

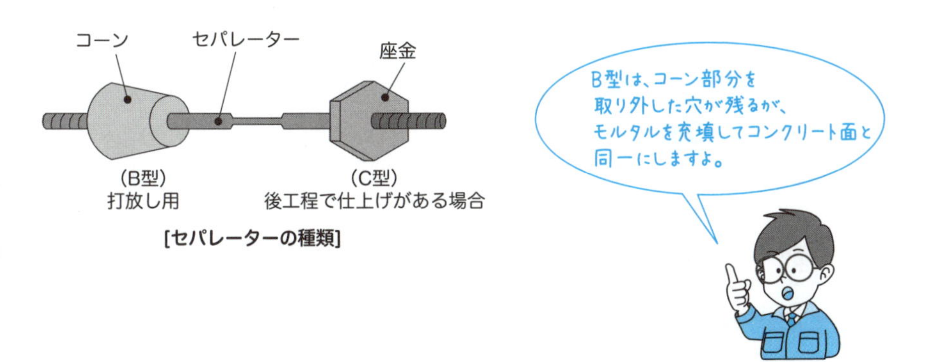

[セパレーターの種類]

ターンバックル　チェーン等を緊張するのに使用されるねじ式の引締め金具。
型枠を引っ張る場合に使用する。

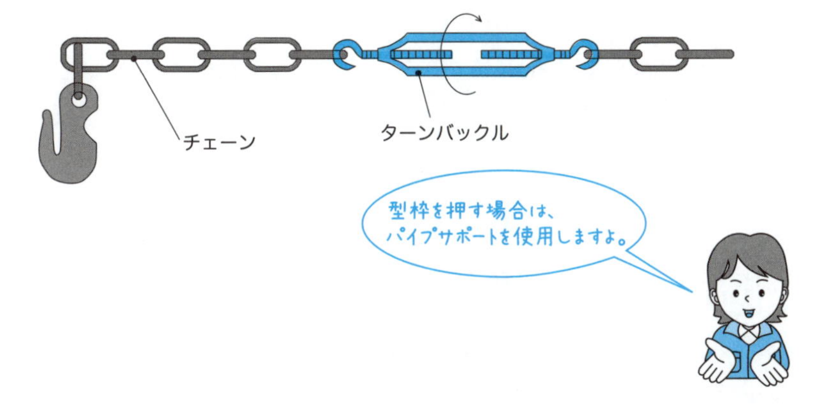

□型枠の組立て

柱の組立て

長さは、階高からスラブ厚さとスラブ用せき板の厚さを差し引いた寸法より、スラブコンクリートの不陸を考慮して20～30mm程度短くします。

メモ 不陸：平坦、水平でないこと

型枠の足元は、型枠の移動防止や精度の確保、セメントペーストの漏れ防止等のため、建込みに先立って根巻きを設けます。**一般的に、木桟、金物、モルタル等で根巻きします。**

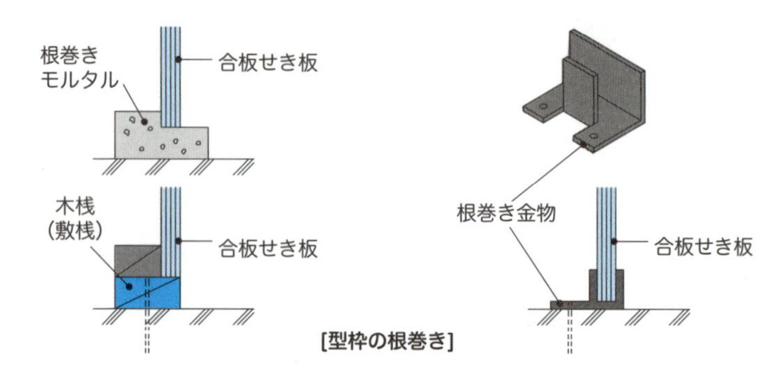

[型枠の根巻き]

下部には、コンクリート打込み前の掃除用に掃除口を設けます。

建入れ調整は、梁、壁の型枠組立て終了までに行い、その後床の型枠を組み立てます。**調整後は、チェーン、パイプサポート等で変形防止します。**

梁の組立て

梁型枠の組立て順序は、転用と精度保持を考慮して、一般的に、梁側の型枠を底板の型枠より先に解体できるように組み立てます。

解体順序を考慮して、底型枠は梁幅で切断し、側型枠はスラブ下の梁せいよりも長く加工して組み立てます。

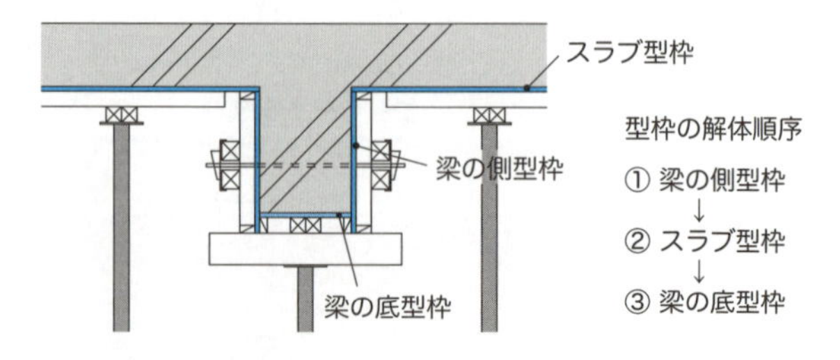

❏型枠の解体（存置期間）

型枠の解体を考える場合、垂直型枠と水平型枠であれば、垂直型枠が先行します。イメージとしては、（壁・柱・梁の側型枠）→（スラブ下の型枠）→（梁底の型枠）です。

せき板の解体（基礎、壁、柱、梁側）

コンクリートの圧縮強度による場合、計画供用期間の級が**短期・標準**の場合は5N/mm^{2}以上、**長期・超長期**の場合は**10N/mm^{2}以上**に達すれば解体することができます。

メモ 計画供用期間：構造体及び部位・部材の耐久性を確保するための期間

メモ 湿潤養生をしない場合は、それぞれ10N/mm^{2}以上、15N/mm^{2}以上。
高強度コンクリートの場合は、10N/mm^{2}以上。

日数（材齢）による場合は、下記によりますが、計画供用期間の級が短期及び標準で、平均気温10℃以上の場合です。

垂直のせき板の存置期間を定めるためのコンクリートの材齢（短期・標準）

	コンクリートの材齢（日）			
セメントの種類／平均気温	・早強ポルトランドセメント	・普通ポルトランドセメント ・高炉セメントA種 ・フライアッシュセメントA種	・高炉セメントB種 ・フライアッシュセメントB種	・中庸熱ポルトランドセメント ・低熱ポルトランドセメント ・高炉セメントC種 ・フライアッシュセメントC種
20℃以上	2	4	5	7
20℃未満 10℃以上	3	6	8	9

支柱（支保工）の解体

床版下（片持ちスラブを除く）、梁下の場合、コンクリートの圧縮強度が、設計基準強度以上または、12 N/mm^{2}以上であり、かつ、構造計算によって安全性が確認された場合は解体することができます。

日数（材齢）による場合は、セメントの種類によらず、28日に達すれば解体できます。

036―コンクリート工事　調合から打込み・養生まで

コンクリート工事が、固まる前のコンクリート（生コンクリート）を型枠の中に流し込む作業であることはイメージできますよね。この作業が建物の強度や品質に大きく影響する重要な工事です。まずは、各工程での注意点から考えてみましょう。

❏コンクリートの調合とは

コンクリートは、水、セメント、骨材（砂や砕石）、混和材料等から構成されています。コンクリートの性質は、これらの材料の品質や混合する割合に大きく影響され、この割合をコンクリートの調合と呼んでいます。

単位水量

185kg/m^{3}以下とし、コンクリートの品質が得られる範囲内で、できるだけ小さくします。

メモ　高強度コンクリート、高流動コンクリートの場合は175kg/m^{3}以下。

単位セメント量

水和熱及び乾燥収縮によるひび割れを防止する観点から、できるだけ少なくすることが望ましいです。

過小な場合、コンクリートのワーカビリティーが悪くなり、型枠内へのコンクリートの充填性が低下し、水密性・耐久性が低下します。

普通コンクリートの単位セメント量（単位粉体量）は、270kg/m^{3}以上とします。

メモ　高性能AE減水剤を用いる場合は270kg/m^{3}以上。

水セメント比

水セメント比とは、セメントに対する水の質量比（W/C）です。

メモ　Wは単位水量、Cは単位セメント量。
単位水量：フレッシュコンクリート1m^{3}中に含まれる水の量
単位セメント量：フレッシュコンクリート1m^{3}中に含まれるセメントの量

普通ポルトランドセメントを用いた普通コンクリート（基本仕様）では、65％以下とします。

メモ　高炉セメントB種を用いた場合は60％以下。

水セメント比が小さいほど、強度が大きく収縮が小さいです。
また、水密性・耐久性があり、分離性も少ないです。

スランプ

スランプコーンを引き上げた直後に測った頂部からの下がり値で表します。

メモ スランプフロー：円状に広がったコンクリートの直径

普通コンクリートのスランプ

調合管理強度	スランプ
33N/mm^2 以上	21cm 以下
33N/mm^2 未満	18cm 以下

スランプの許容差

スランプ	許容差
8～18cm	±2.5cm
21cm	±1.5cm※

※呼び強度27N/mm^{2}以上で、高性能AE減水剤を使用する場合は、±2cmとする。

空気量

空気量の増加は、圧縮強度の低下をもたらします。

メモ 空気量の測定は、空気量試験用エアメーターを用いて測定。

空気量の標準値と許容差

コンクリートの種類	空気量	許容差
普通コンクリート	4.5%	±1.5%
軽量コンクリート	5.0%	

□コンクリートの各種強度

コンクリート各種強度は、設計基準強度を基準に大きく設定しますが、現場で主に管理する強度は、**調合管理強度**です。

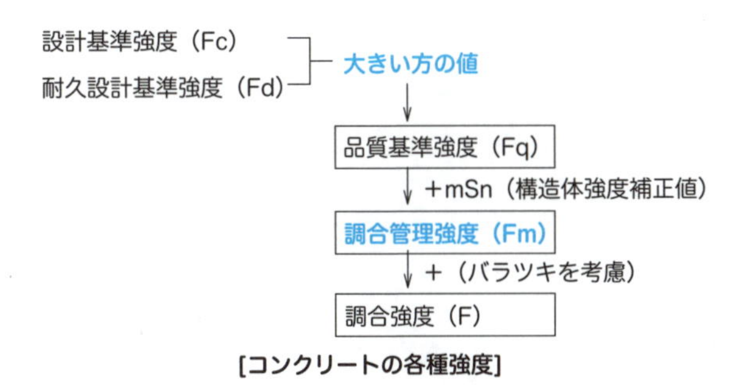

[コンクリートの各種強度]

7 躯体工事

❑コンクリートの施工

運搬・圧送

ポンプ工法による輸送管の径は、ポンプの圧送性に直接影響します。軽量コンクリートは、普通コンクリートに比べ、圧送性が悪いので125A以上とします。

メモ 輸送管の径は、粗骨材の最大寸法の4倍以上。

粗骨材の最大寸法による輸送管の呼び寸法

粗骨材の種類	粗骨材の最大寸法（mm）	輸送管の呼び寸法（mm）
普通骨材	20	100A 以上
	25	
	40	125A 以上
人工軽量骨材	15	

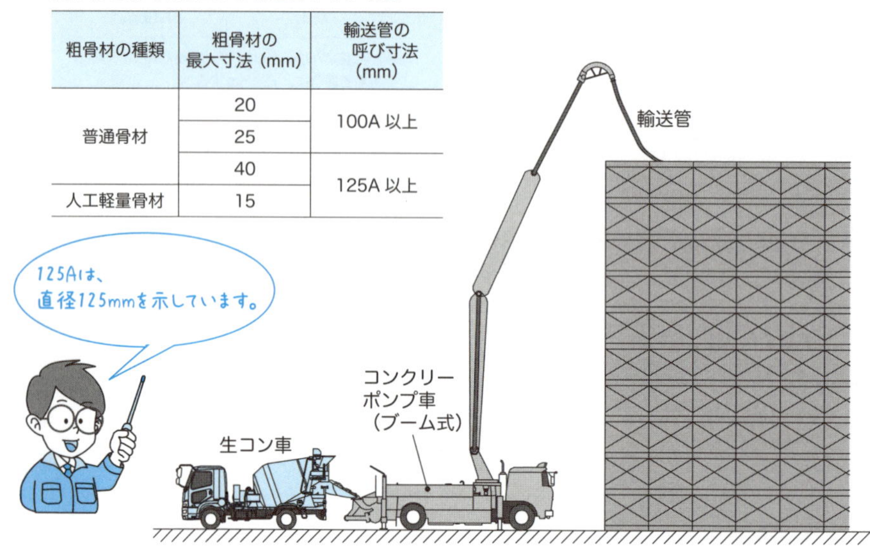

コンクリートの圧送に先立ち、富調合のモルタルを圧送して配管内面の潤滑性を付与し、コンクリートの品質低下を防止します。

メモ 富調合（ふちょうごう）のモルタル：セメント量が多いモルタル
品質が変化した先送りモルタルは、型枠内に打ち込まず破棄。

シュートは縦型シュートとします。

メモ シュート：コンクリートを所定の箇所へ打ち込むために使用する樋

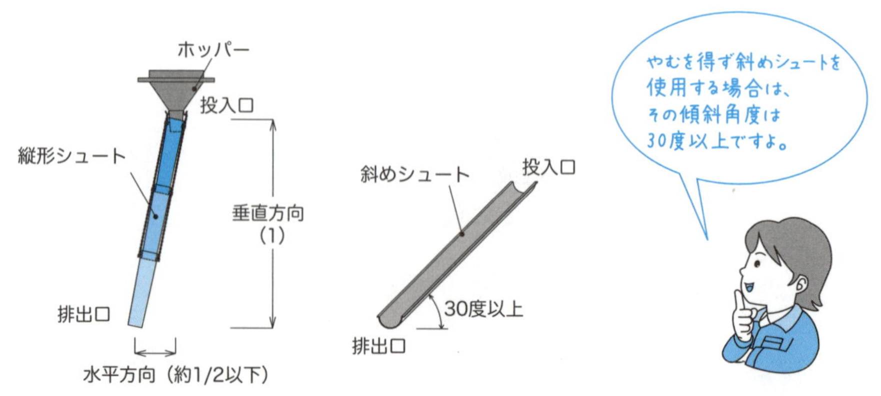

時間管理

外気温	25℃未満	25℃以上
打込み継続中における打重ね時間 練混ぜから打込み終了までの時間	120 分以内	90 分以内
高強度コンクリート、高流動コンクリートの練混ぜから打込み終了までの時間については、外気温にかかわらず 120 分以内。なお、暑中コンクリートは 90 分以内。		

打込み

1回に打ち込むように計画された区画内は連続して打込みます。打込み順序は、コンクリートの供給場所から遠い区画から順次打込みます。

順序 1	柱と壁を梁下まで、同じ高さになるように、他の打込み口に移動しながら打込む。
順序 2	梁せいが高い場合、スラブとは一緒に打ち込まず、スラブ下まで梁のみを打込む。
順序 3	元の場所に戻り、(梁と)スラブのコンクリートを打込む。

※通常：順序1→順序3、梁せいが高い場合：順序1→順序2→順序3

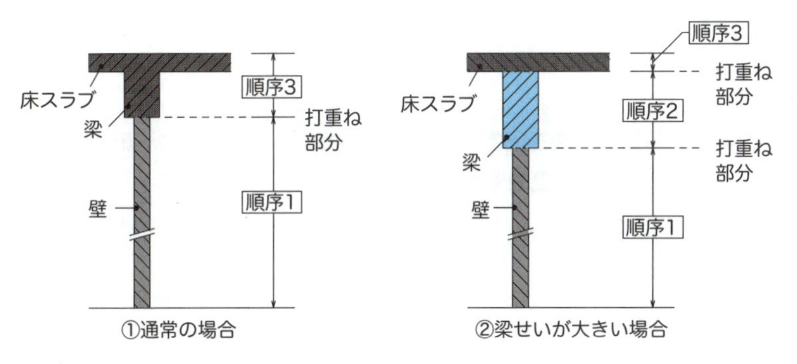

養　生

寒冷期において、打込み後5日間以上コンクリートの温度を2℃以上に保ちます。

メモ 早強ポルトランドセメントの場合は3日以上。

湿潤養生の期間

粗骨材の種類	短期・標準	長期・超長期
早強ポルトランドセメント	3 日以上	5 日以上
普通ポルトランドセメント 高炉セメント A 種、フライアッシュセメント A 種	5 日以上	7 日以上
中庸熱及び低熱ポルトランドセメント 高炉セメント B 種、フライアッシュセメント B 種	7 日以上	10 日以上
高炉セメント C 種、フライアッシュセメント C 種	9 日以上	14 日以上

037―鉄骨工事　組み立てから塗装・接合まで

鉄骨工事は、鉄骨造の骨組みをつくる作業です。その始まりは、基礎の上からで、基礎ができるまでの間は、工場で部材を製作しています。工場で製作した部材を現場に運搬して組み立てるのですが、この作業を建方と呼んでいます。鉄骨造のビックイベントです。

❏鉄骨の工作

梁貫通スリーブ、ALCパネルの下地鋼材、金物、ファスナー等の形状、位置の検討は、できるだけ早い時期に行います。

工作図

設計図書に代わって製作・建方に対する指示書的な役割を果たすもの。

現寸図

実物大の寸法で描いた図で、工作図をもってその一部または全部を省略することができます。

テープ合わせ

鉄骨製作工場で使用するテープと、現場で使用するテープとの誤差がないことを確認します。

並べた2本のテープの一端を固定した状態で、他端に一定の張力（50N）を与えて引張り、5mごとに相対誤差を測定します。

けがき

現寸作業で作成した型板や定規（シナイ）を用いて、鋼材に切断線、部材取り付け位置、孔の径や位置、開先の形状等を鋼材にマークする作業。

型板：所定の形の物をつくるときに、その輪郭を示したフィルム。

定規：長さが書かれた帯鋼。

490N/mm^{2}級以上の高張力鋼、曲げ加工される400N/mm^{2}級等の軟鋼の外面には、ポンチ・たがねによる打こんを残してはなりません。

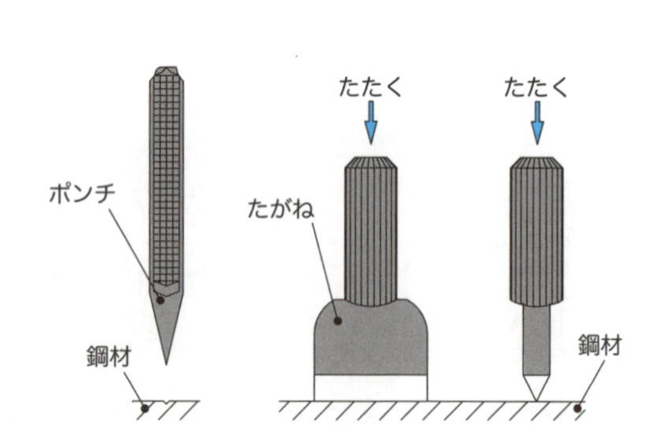

切断

せん断切断する場合の鋼材の板厚は、原則として13mm以下とする。

主要部材の自由端、溶接接合部には、せん断切断を用いない。

孔あけ加工

高力ボルト用孔の孔あけ加工は、工場で行い、ドリルあけとします。
接合面をブラスト処理する場合は、ブラスト前に孔あけ加工します。

メモ ブラスト処理：鉄の粉粒等を鋼材摩擦面に高圧で吹き付けて表面を荒らす

その他の孔あけ（ボルト、アンカーボルト、鉄筋貫通孔等）はドリルあけを原則とするが、板厚13mm以下の場合、せん断孔あけとすることができます。

ボルトの孔径（単位：mm）

種　類	孔径 D	公称軸径 d
高力ボルト、 溶融亜鉛めっき高力ボルト	d + 2.0	d < 27
	d + 3.0	d ≧ 27
ボルト（普通ボルト）	d + 0.5	—
アンカーボルト	+ 5.0	—

曲げ加工

常温加工又は加熱加工で行います。

メモ 曲げ加工する場合は、赤熱状態（850～900℃）で行う。

開先加工

開先加工の粗さは100μmRz（0.1mm）以下、ノッチ深さは1mm以下。

メモ ノッチ：切り込み、切り欠き

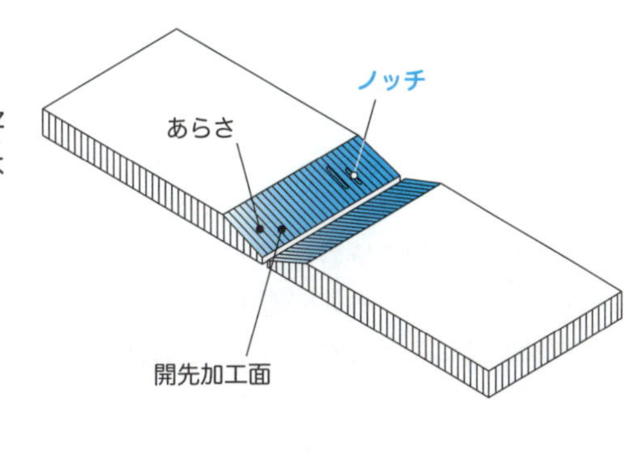

7
躯体工事

□製作工場における錆止め塗装

長期間にわたる防錆効果を与えるため、鋼材には錆止め塗装が行われますが、鉄骨製品の受入れ検査は、塗装に先立って行います。

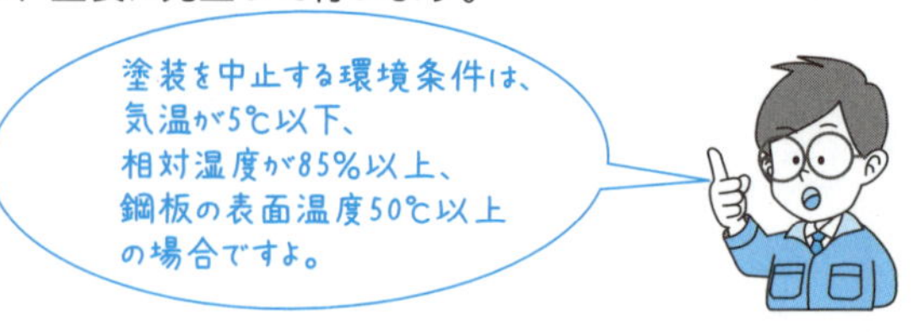

錆止め塗装をしない部分

①工事現場溶接を行う部分の両側それぞれ100mm程度の範囲及び超音波探傷試験に支障を及ぼす範囲

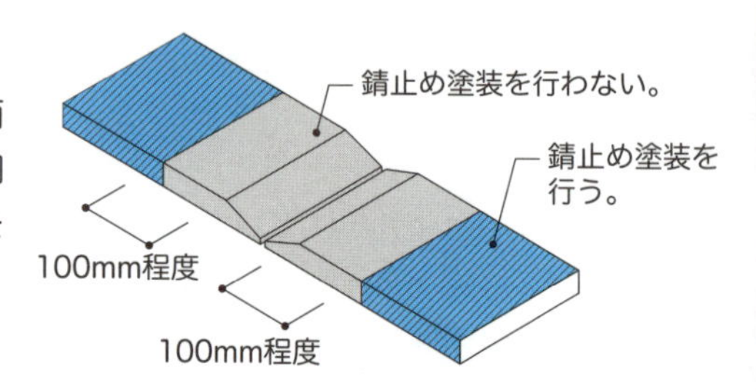

②高力ボルト摩擦接合部の摩擦面

③密閉となる内面（鋼製スリーブの内面は塗装を行う）

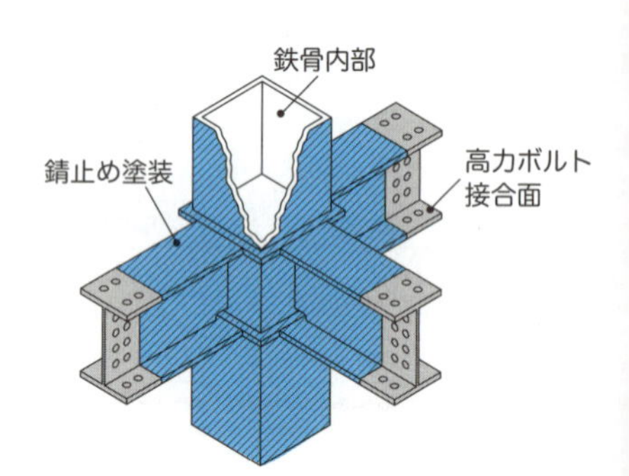

④コンクリートに埋め込まれる部分及び接触する部分

⑤耐火被覆材の接着する面

⑥ピン・ローラー等密着する部分や回転、滑動面で削り仕上げした部分

⑦組立てによって肌合わせとなる部分

❏工事現場における鉄骨の建方

鉄骨の建方とは、工事現場に搬入した部材を組み立てる作業です。精度よく組み立てるためには、仮ボルトを使用して柱や梁部材を組立てた後、建入れ直しを行い、1次締め、マーキング、本締めの流れで完成させます。

メモ 建入れ直し：柱や梁の鉛直度、水平度、出入り等を測定して修正する作業

仮ボルトの締付け

建方時に使用する仮ボルトは、中ボルト等を用い、ボルト1群に対して、1/3程度かつ2本以上をバランスよく配置し、締め付けます。

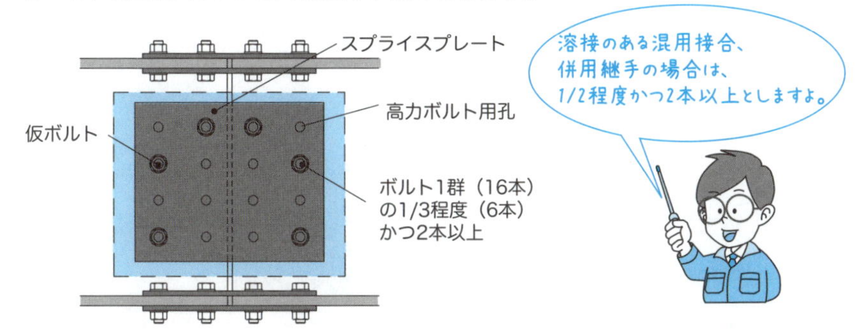

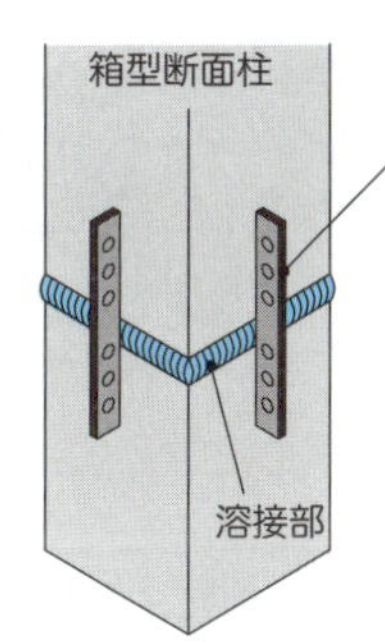

溶接継手におけるエレクションピース等に使用する仮ボルトは、高力ボルトを使用して全数締め付けます。

締付け順序

ボルトの締付けは、ボルト群ごとに継手の中央より周辺に向かう順序で行います。

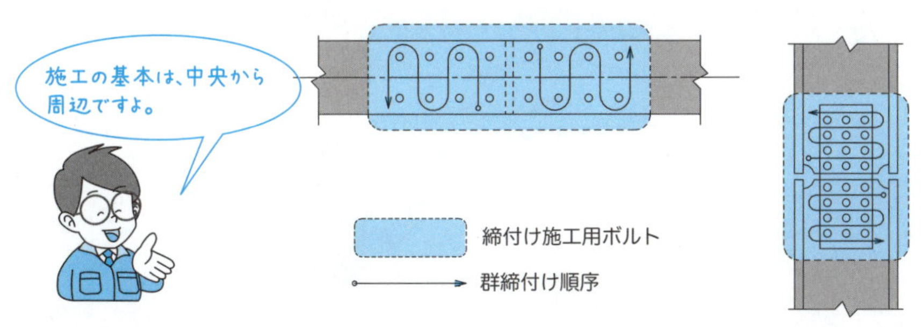

7 躯体工事

038— コンクリートブロック工事　鉄筋コンクリート工事と違う点に注目しよう

コンクリートブロックという名称は、一度は聞いたことがありますよね。コンクリートをブロック状に成形し硬化させた工業製品です。どこでも簡単に入手でき、施工もコンクリートを打込むよりも簡単で、様々な用途で活用できる材料の１つです。

❏空洞ブロックの種類

補強コンクリートブロック工事は、コンクリートブロックの空洞部分に鉄筋とコンクリートまたはモルタルを充填して補強します。また、メーソンリー工事とも呼ばれ、従来の組積工事のことを指しています。

メモ メーソンリー工事：インターロッキングブロック工事等の敷き並べる工事も含む

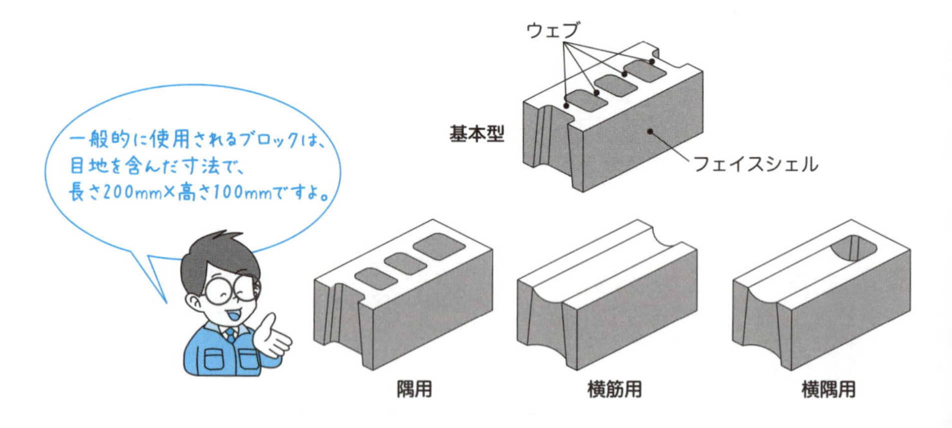

空洞ブロックの性能

<table>
<tr><th>圧縮強さによる区分</th><th>圧縮強さ（N/mm^2）</th><th>全断面積圧縮強さ（N/mm^2）</th><th>質量吸水率（%）</th></tr>
<tr><td>A（08）</td><td>8 以上</td><td>4 以上</td><td>30</td></tr>
<tr><td>B（12）</td><td>12 以上</td><td>6 以上</td><td>20</td></tr>
<tr><td>C（16）</td><td>16 以上</td><td>8 以上</td><td rowspan="2">10</td></tr>
<tr><td>D（20）</td><td>20 以上</td><td>10 以上</td></tr>
</table>

❏補強コンクリートブロック工事

ブロック積み

・モルタルと接するブロックの面は、モルタルの練り混ぜ水を過度に吸収しないように、適度に水湿しを行う。

メモ 水湿し：下地面に散水しておくこと

・1日の積上げ高さの上限は、1.6m（8段）程度を標準とする。

・空洞ブロックは、フェイスシェルの厚い方を上にして積む。

・がりょうと取り合う壁体の最上段のブロックは、基本形横筋ブロックを使用する。

メモ がりょう：壁体の頂部をかためる鉄筋コンクリート製の水平材

モルタル等の充填

縦目地の空洞部には、ブロック2段以下ごとに、適切にモルタル又はコンクリートを充填します。なお、1日の作業終了時の打止め位置は、ブロックの上端から50mm程度の下がりとします。

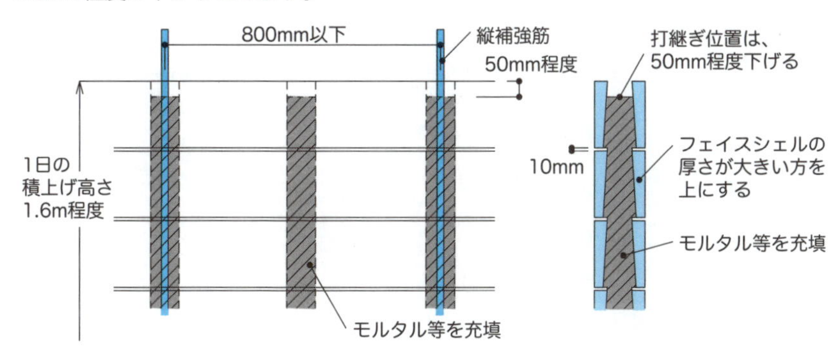

鉄筋のかぶり厚さは、ブロックのフェイスシェルの厚さを含めずに、20mm以上とします。

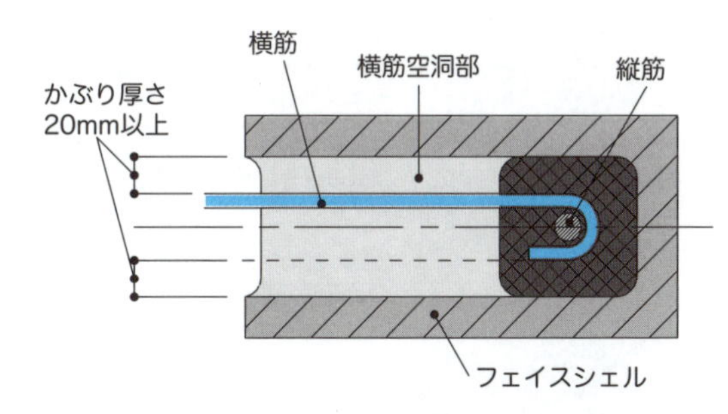

設備配管

ブロックの空洞部には、電気配管はしてよいですが、上下水道、ガス管は配管してはなりません。

7
躯体工事

039―施工機械　主な工事用機械の用途を知ろう

人力で施工することができない作業を可能にするためには機械が必要ですよね。施工機械の特徴を知ることによって、施工を合理的に進めて、工期を短縮することができます。まずは、土工事に関連する機械と、垂直揚重に関連する機械から考えてみましょう。

□土工事用機械

パワーショベル（ローディングショベル）	地盤面より高い所を掘るのに適している。 山の切り崩し等、硬いところでも掘削できる。 **油圧式では、バックホウのバケットを反転して使用。** 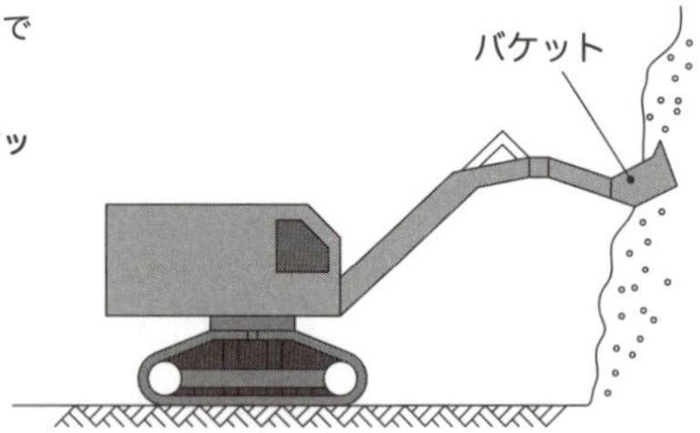 バケット
バックホウ	地盤面よりも低い部分の掘削や、水中における掘削に適している。 最大掘削深さは 6m 程度である。 メモ ショベル：高い部分 バックホウ：低い部分 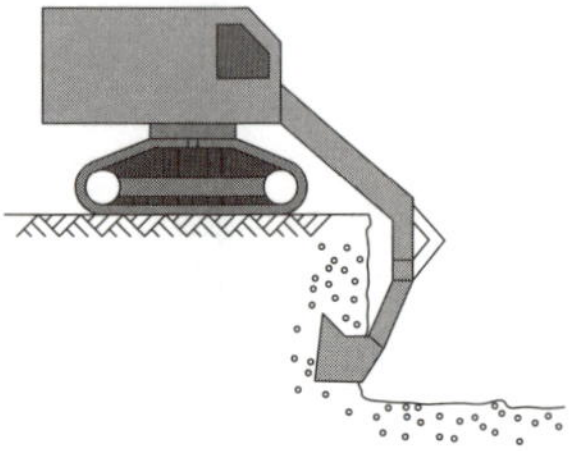
ブルドーザ	トラクターの前面にブレード（排土板）を取り付けて、前進によって土砂を削り整地や盛り土、運搬等に使用する。 湿地ブルドーザの平均接地圧は、全装備質量が同程度の場合、標準のブルドーザの半分程度である。 メモ 湿地ブルドーザ：軟質地盤の走行性に優れている  ブレード

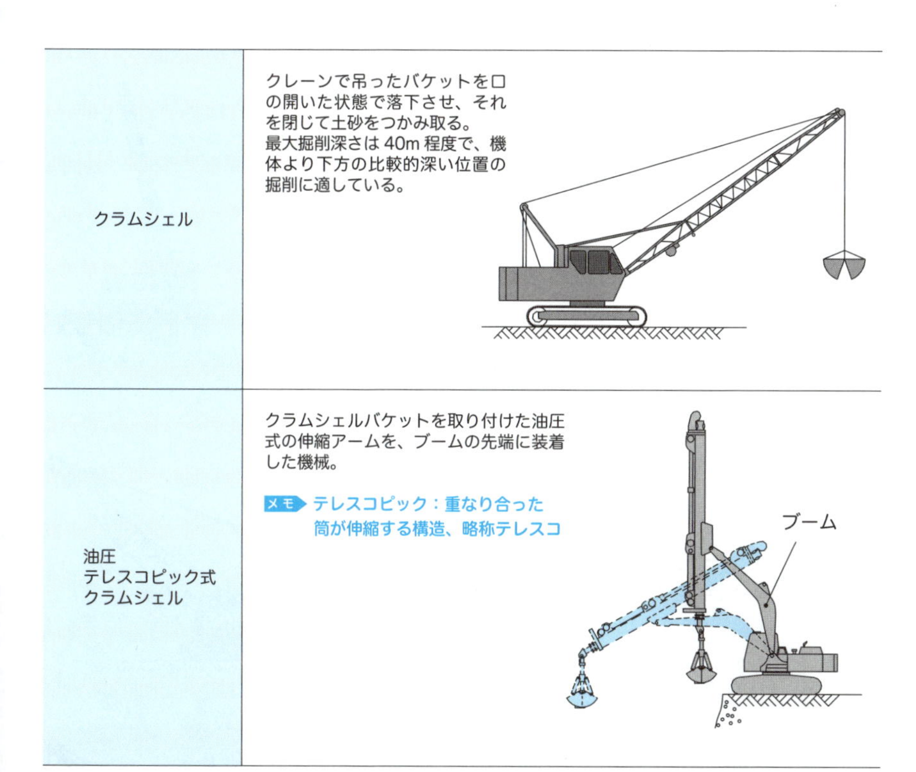

クラムシェル	クレーンで吊ったバケットを口の開いた状態で落下させ、それを閉じて土砂をつかみ取る。 最大掘削深さは 40m 程度で、機体より下方の比較的深い位置の掘削に適している。
油圧 テレスコピック式 クラムシェル	クラムシェルバケットを取り付けた油圧式の伸縮アームを、ブームの先端に装着した機械。 メモ テレスコピック：重なり合った筒が伸縮する構造、略称テレスコ

❑移動式クレーン

トラック クレーン	トラッククレーンは、トラックの車体にクレーンを搭載したもので、作業現場まで迅速に移動でき、機動性に優れている。 トラッククレーンはブームの形式により、油圧式と機械式がある。 機械式は、ブームの組立や解体するスペースが必要である。 メモ アウトリガー：クレーンを安定させるために外に張り出す支柱

ラフテレーンクレーン (ホイールクレーン)	1つの運転席で走行とクレーンの操作が行える自走式クレーン。 不整地や比較的軟弱な地盤でも走行でき、狭所進入、狭隘地での作業性にも優れている。 **主に市街地等の狭い現場で活躍。** **一般には、「ラフター」と呼ぶ。** 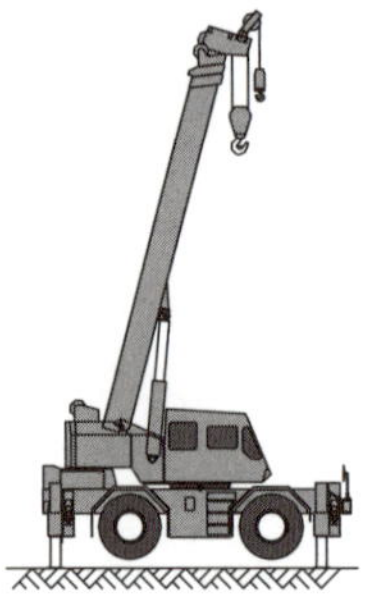
クローラークレーン	トラッククレーンに比べて機動性に劣るが、不整地、軟弱地盤に対する走行性に優れている。 トラッククレーンに比べて、一般に作業半径が大きい。 狭い場所での車体の方向転換が容易である。 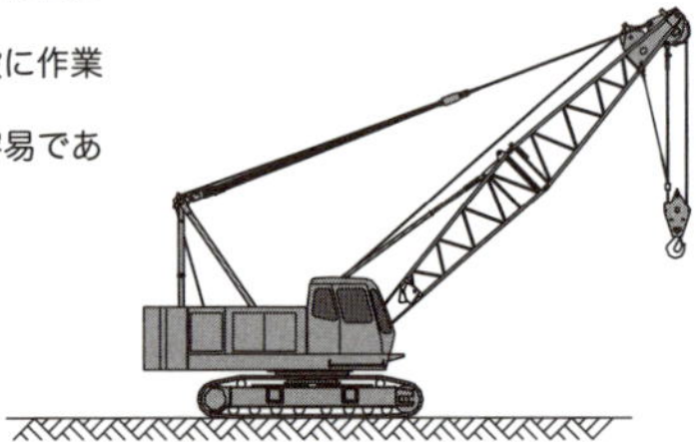
タワー型 クローラークレーン	タワー型クレーンがクローラーの上に載っている。 車体の傾斜角度が1°以内になるように整地する。 建物に近接しての作業が可能。 

特にPC(プレキャストコンクリート)工事で採用されることが多いですよ。

❏固定式クレーン

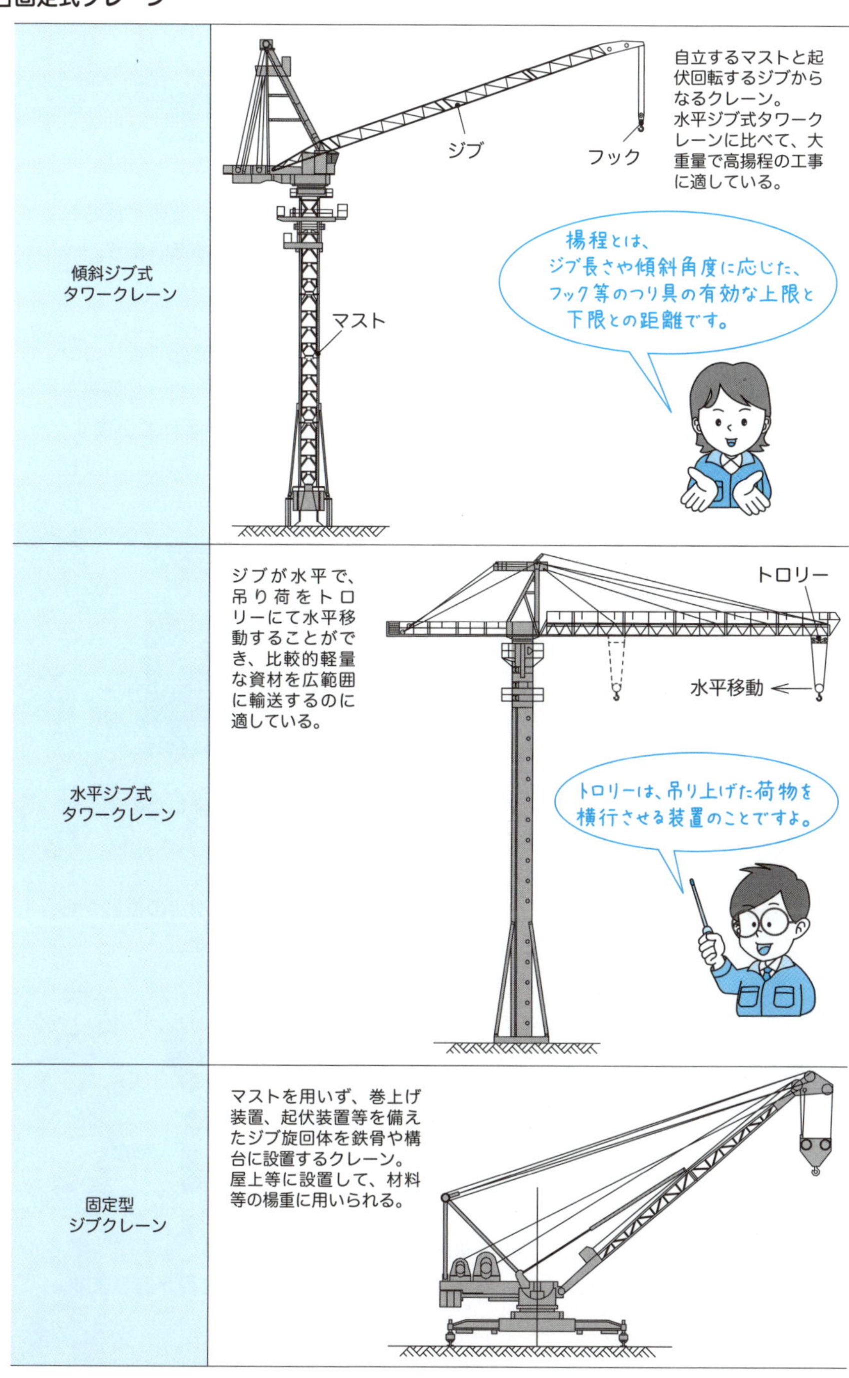

傾斜ジブ式タワークレーン	自立するマストと起伏回転するジブからなるクレーン。水平ジブ式タワークレーンに比べて、大重量で高揚程の工事に適している。
水平ジブ式タワークレーン	ジブが水平で、吊り荷をトロリーにて水平移動することができ、比較的軽量な資材を広範囲に輸送するのに適している。
固定型ジブクレーン	マストを用いず、巻上げ装置、起伏装置等を備えたジブ旋回体を鉄骨や構台に設置するクレーン。屋上等に設置して、材料等の揚重に用いられる。

知っておこう
コンクリートの欠陥を表す用語

コンクリート工事では、さまざまな不具合が発生します。その不具合を表す用語として、耳にしたことのないような用語がいくつかあります。

その代表格が「じゃんか」です。

「じゃんか」は、コンクリートの表面に砂利が露出した部分です。コンクリートの打設不良により、モルタルと砂利が分離して砂利だけが集まったために発生します。一般的に、「豆板」や「す」とも呼ばれています。また、材料の表面に生じた針の先で突いたような微小な穴を、「あばた」、「ピンホール」といいます。

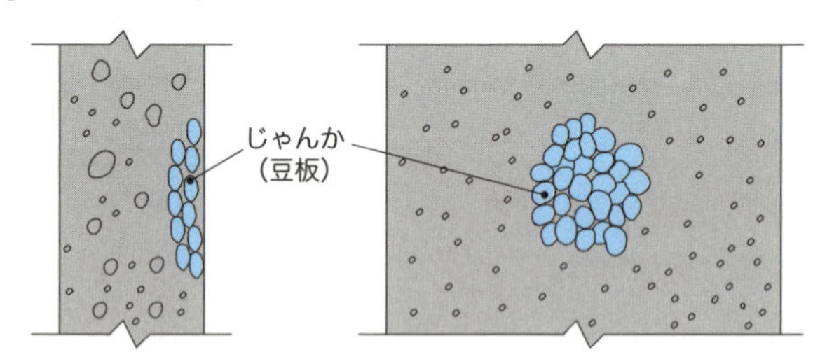

それ以外にも、知っておきたい代表的な用語を取り上げましたので、ぜひ、言葉の意味を理解しましょう。

台直し　コンクリート打設後、上階へ伸びる鉄筋のうち所定の位置からずれているものを所定の位置に修正することです。

斫り　「じゃんか」の補修や「台直し」等のときに行い、コンクリート表面の凸部分や不要な部分を、ノミやたがねを用いて削り取る作業です。機械で斫る場合は、「斫り工」と呼ばれる専門の作業員がいます。

けれん　床や壁あるいは型枠材等に付着し、硬化したモルタルやセメントペースト等を剥がすことです。「けれん棒」という専門工具があります。

第 8 章

建物の完成をめざす編
～仕上げ工事～

建物の完成を目指すため、工事は、基礎から始まり、躯体工事で骨組みをつくり、クライマックスである仕上げ工事に移っていきますよね。

仕上げ工事には、どのようなイメージがありますか。

建物が完成した場合に目に映るすべての工事が仕上げ工事です。少し仕上げ工事について考えてみましょう。

仕上げ工事は、外部仕上げと内部仕上げに分けられます。外部仕上げは、屋根工事と外壁工事に分けられ、建物の外観で、外部からの雨風、日光の影響を受ける部分です。仕上げの前の段階である下地は、躯体部分を利用します。

内部仕上げにおいては、床仕上げ、壁仕上げ、天井仕上げに分けられます。工事は外部の仕上げが進み、雨水の浸入の心配がなくなった段階で下地から始まっていきますが、一般に、壁、天井仕上げを先行して、床仕上げが最終です。

建物が完成すれば、足場の解体が始まります。完成した建物のお披露目です。建物に携わった人々が、最も感動する瞬間です。

ヘイダル・アリエフ文化センター

ザハ・ハディッドによる設計。
アンビルトの女王として有名で、
実現が難しいとされている中で建築された。
曲面がうねって巻き上がり、生き物のような動的なデザイン。

040―防水・シーリング工事 雨漏り・漏水させないために

防水は、建物に対して水の浸入や流出を防ぐことですよね。防水工事は、建物の屋根、床、地下室等に防水層を設ける等して、防水性能を付加する工事です。シーリングは「シール」、つまり「封印する」から来た言葉で、隙間を目地材等で充填することです。

❏防水工事の種類

防水工事は、建物内部に雨水が浸入することを防ぐための工事です。主に屋上やバルコニー等に適用される面防水と、各部材の接合部等に適用される目地防水に分類されます。

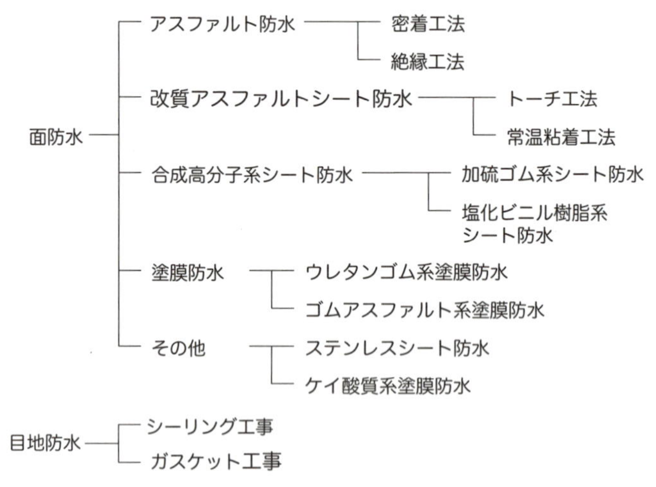

❏防水工事のコンクリート下地

下地の勾配

防水層をコンクリートで保護する場合：1/100 ～ 1/50

防水層を保護しない、露出防水の場合：1/50 ～ 1/20

防水層の下地

入隅の形状は、アスファルト防水の場合は、通りよく45°の面取りとし、それ以外の防水では直角とします。また、出隅は、通りよく45°の面取りとします。

メモ 成形キャスト材：プラスチックを主材とした既製品

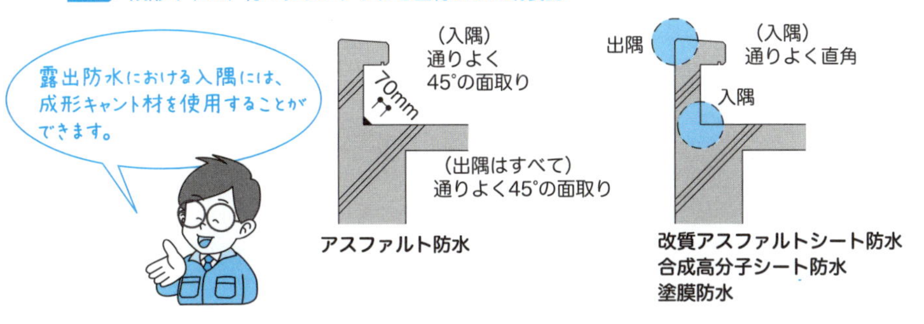

❑防水層の種類

アスファルト防水

アスファルトルーフィング類を、溶解したアスファルトで数層張り付けて防水層を形成します。

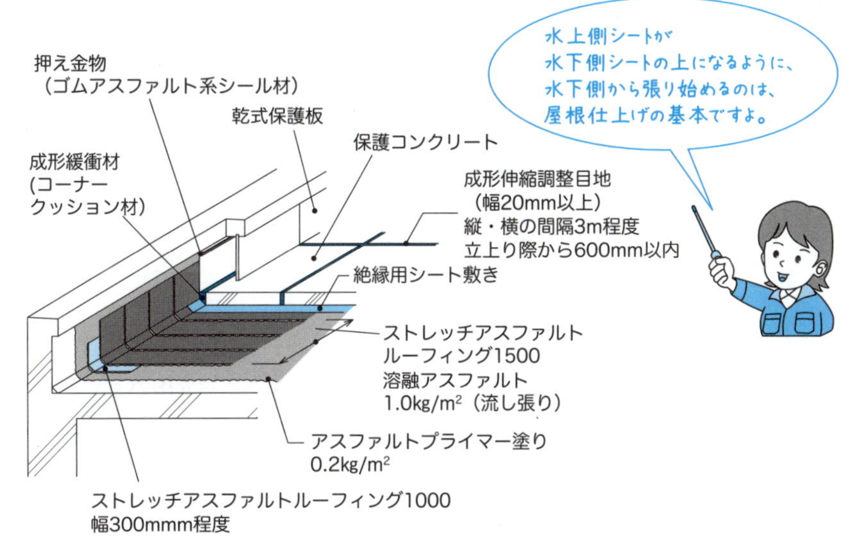

・ルーフィング類の張付けは、原則としてアスファルトプライマーを塗布した翌日とし、十分に乾燥させる。
・出隅、入隅は、幅300mm程度のルーフィング類を用いて増張りする。
・ルーフィング類の重ね幅は、長手及び幅方向とも100mm程度とする。

8 仕上げ工事

保護コンクリートの施工

防水層が完成した後、平場には絶縁用シートを全面に敷き込み、伸縮調整目地を設置して、コンクリート（軽量コンクリート）を施工します。

伸縮調整目地の割り付けは、縦・横の間隔**3m程度**、立上りパラペット周辺の際及び塔屋等の立上り際から**600mm程度**の位置とします。

メモ パラペット：建物屋上の端部に立ち上がった低い壁　PH（ペントハウス）：塔屋

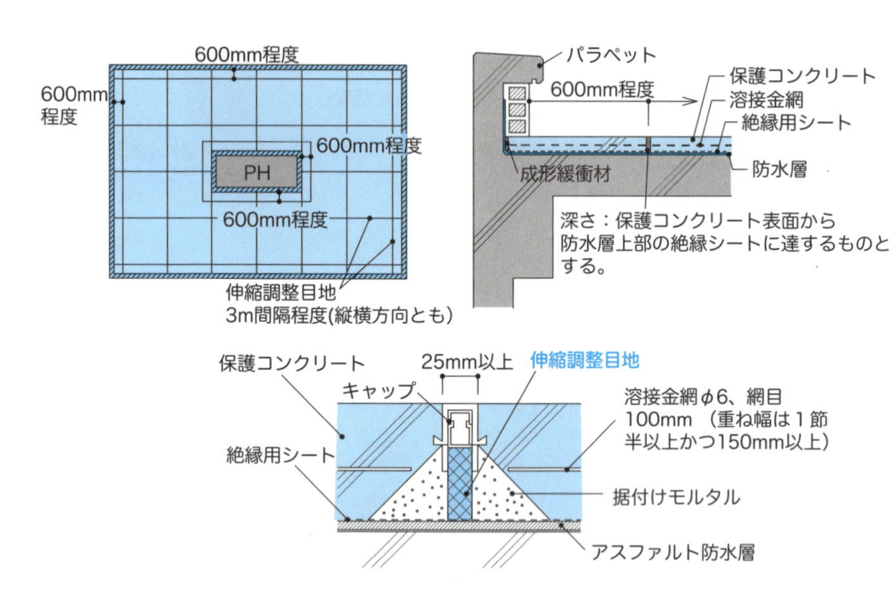

改質アスファルトシート防水（トーチ工法）

トーチによって改質アスファルトシートの裏面及び下地を均一にあぶり、改質アスファルトを溶融させて張り付ける工法です。

メモ 一般のアスファルト防水に比べて、施工時の煙や臭気等の発生が少ない。

合成高分子系シート防水

合成高分子系ルーフィングシートを、接着や機械的固定方法を用いて下地に張り付けて防水層を形成します。

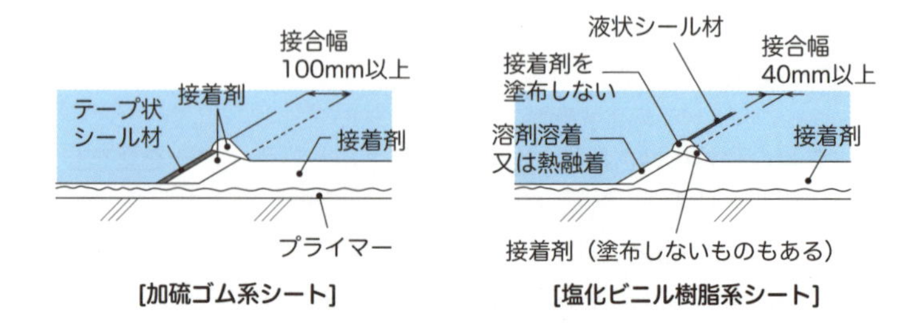

塗膜防水

露出型防水層の一種で、ウレタン系、ゴムアスファルト系等の塗料状に製造された材料を現場で防水箇所に塗布し、継目のない防水層を形成します。

メモ 補強布の重ね幅：50mm程度　防水材の塗継ぎの重ね幅：100mm程度

❏シーリング工事

シーリング工事とは、外部建具枠と壁の取合い部、樋や管類の外壁、屋根や壁の伸縮目地等に、雨水の浸入防止のためシーリング材を充填する工事をいいます。

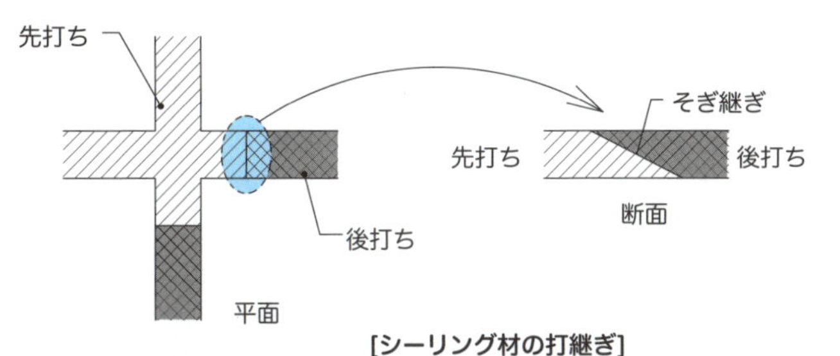

[シーリング材の打継ぎ]

シーリング工事の工程
①被着体を清掃する。
②バックアップ材（ボンドブレーカー）を装填する。
③マスキングテープを張る。
④プライマーを塗布する。
⑤シーリング材を充填する。
⑥へらで、仕上げる。
⑦マスキングテープを直ちに除去する。
⑧目地周辺を清掃養生して終了する。

充填は、交差部や角部を先行します。
打継ぎ箇所は、目地交差部及びコーナー部を避けましょう。

❏ 2 面接着と 3 面接着の違いを知ろう

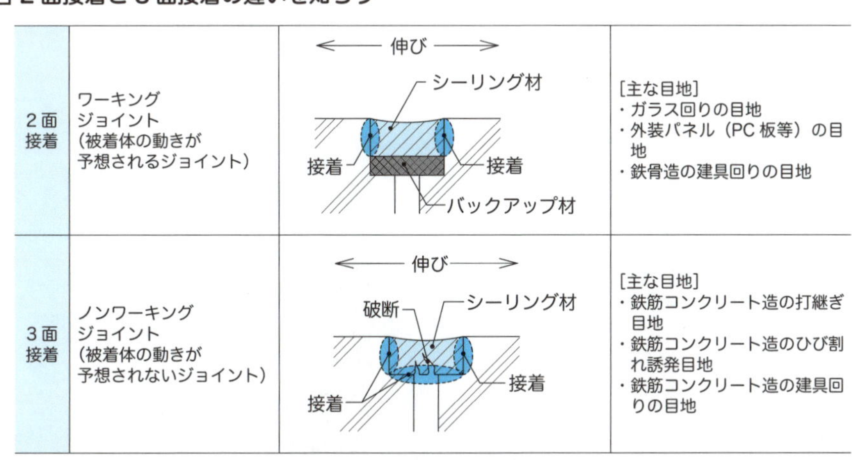

2面接着	ワーキングジョイント（被着体の動きが予想されるジョイント）		[主な目地] ・ガラス回りの目地 ・外装パネル（PC 板等）の目地 ・鉄骨造の建具回りの目地
3面接着	ノンワーキングジョイント（被着体の動きが予想されないジョイント）		[主な目地] ・鉄筋コンクリート造の打継ぎ目地 ・鉄筋コンクリート造のひび割れ誘発目地 ・鉄筋コンクリート造の建具回りの目地

8 仕上げ工事

041―石工事　モルタルと金物で固定するか、金物だけで固定するか

石を積み上げて建物をつくることは、現在ではできないですよね。しかし、石のもつ独特の模様が高級感を漂わせる効果があり、仕上げ材料として壁や床に使用されています。それを可能にしたのが、厚さを薄くできる加工技術と固定方法の進歩ではないでしょうか。

□壁の張り石工事の主な方法

外壁湿式工法

コンクリート躯体に固定した鉄筋に、石材を引き金物で緊結して、その後、裏込めモルタルを全面に充填します。

メモ 引き金物、だぼ、かすがいの材質はステンレス（SUS304）製。直径3.2mm（石厚40mm未満）、直径4.0mm（石厚40mm以上）。

メモ 引き金物：石を鉄筋に固定する金物。
だぼ：上下の石を連結する棒状の金物。
かすがい：両端を直角に曲げたコの字金物で、左右、直角の石を連結。

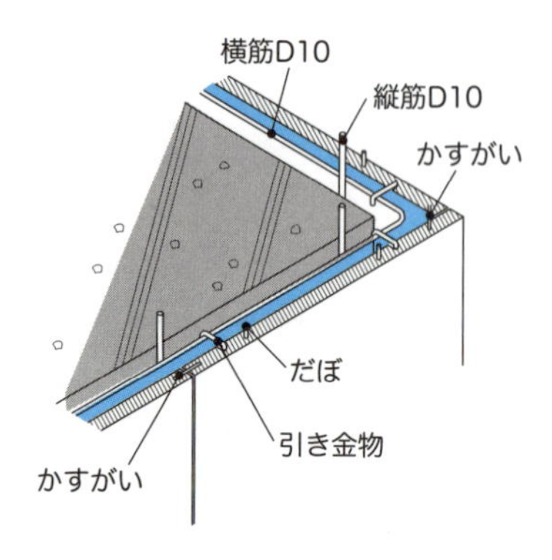

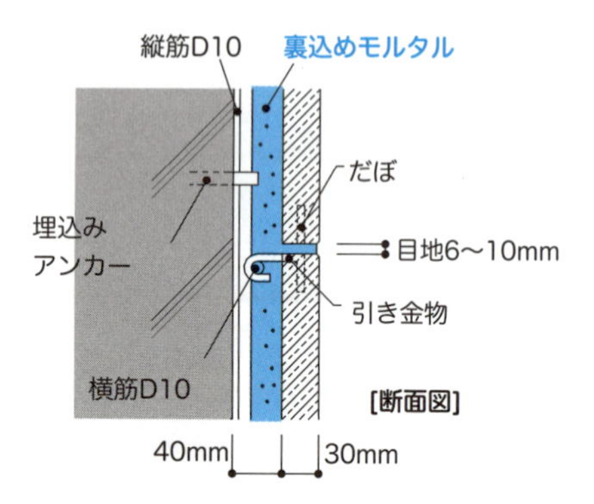

充填した裏込めモルタルの上端は、石材の上端から30～40mm程度下がった位置とします。

メモ 伸縮調整目地部分は、目地位置まで裏込めモルタルを充填。

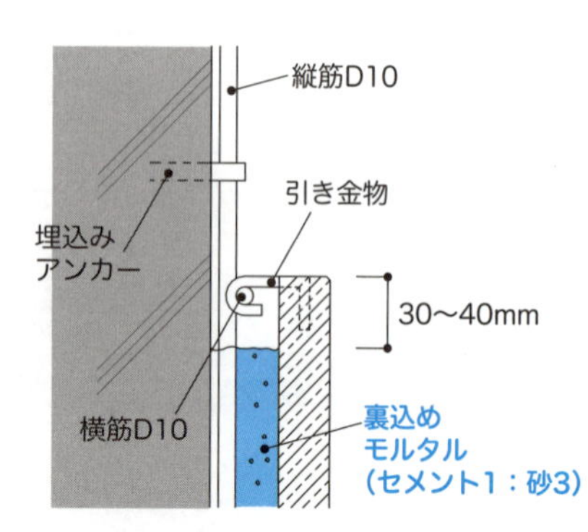

外壁乾式工法

裏込めモルタルを使用せず、特殊金物（ファスナー）を用いて石材を直接下地のコンクリート躯体に取り付けます。

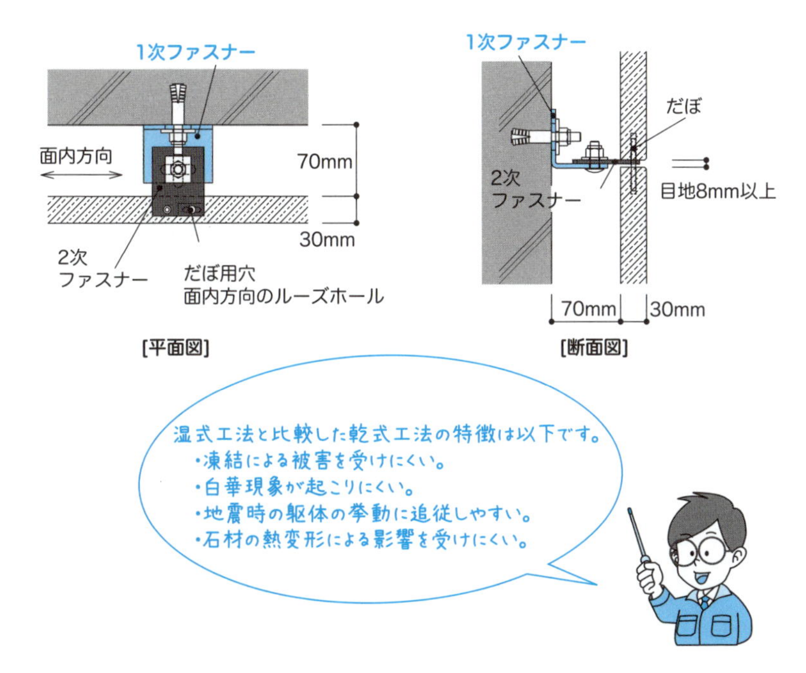

メモ 白華現象：目地の表面から白い生成物が浮き出て、鼻水が垂れたように現れる

石材の**だぼ穴**は、石材の厚みの3倍以上の端あき寸法を確保し、石の上下の小口にそれぞれ2箇所設けます。

メモ 小口：切り口、切断面のこと

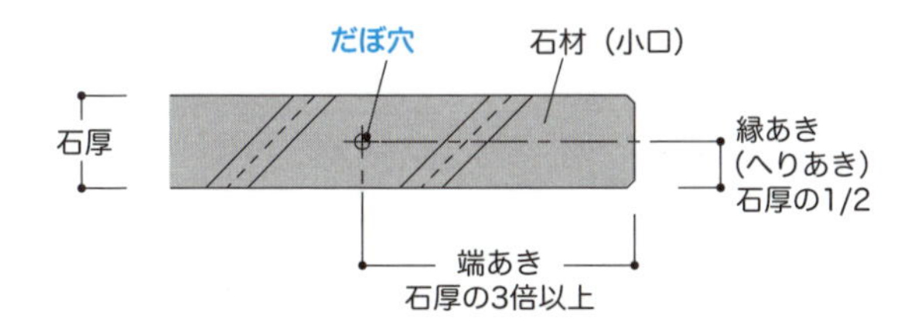

目地には、2成分形**ポリサルファイド系**シーリング材が一般に用いられます。シリコーン系シーリングは、はっ水汚染が生じるので使用してはなりません。

メモ はっ水汚染：シリコーン系シーリングから遊離したシリコンオイルが、大気中のほこり等の汚れを吸着して、目地の周辺を薄黒く汚染する

8 仕上げ工事

内壁空積工法

コンクリート躯体に固定した鉄筋に石材を引き金物で緊結し、緊結した部分のみを取付け用モルタルで充填します。高さ4m以下の内壁に用いられます。

メモ 大理石によく用いられる工法。

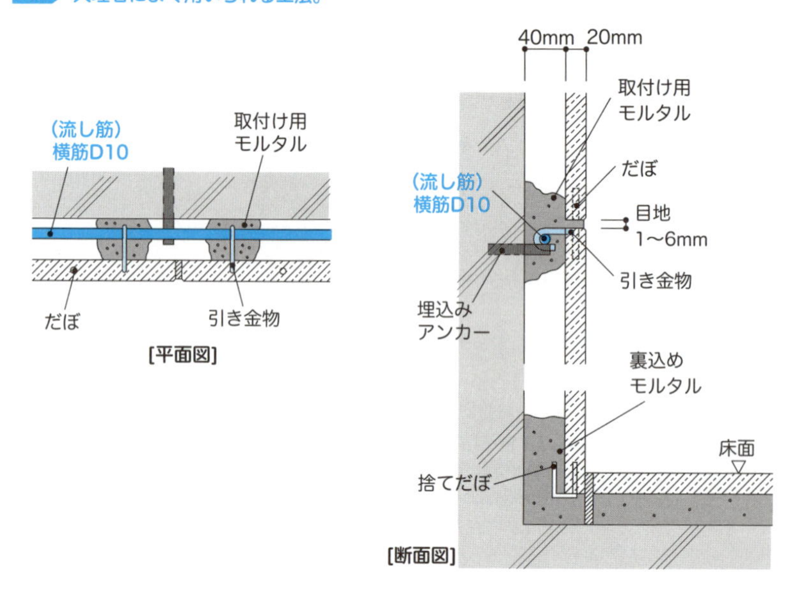

裏込めモルタルは幅木裏に全面に充填し、また、幅木のない場合は、最下部の石材の裏面に高さ100mm程度まで充填します。

石先付けプレキャストコンクリート工法

プレキャストコンクリート板（PC板）にあらかじめ石を打込んでしまう工法で、このPC板は、主にカーテンウォール部材として工場で製造されます。

メモ カーテンウォール：建物の荷重を負担しない非耐力壁で、構造体の外周に直接取り付けられる薄い壁のこと。帳壁とも呼ばれている

石材と裏打ちコンクリートとの動きの違いを考慮して、定着用金物（シアコネクター）のみで石材を固定します。

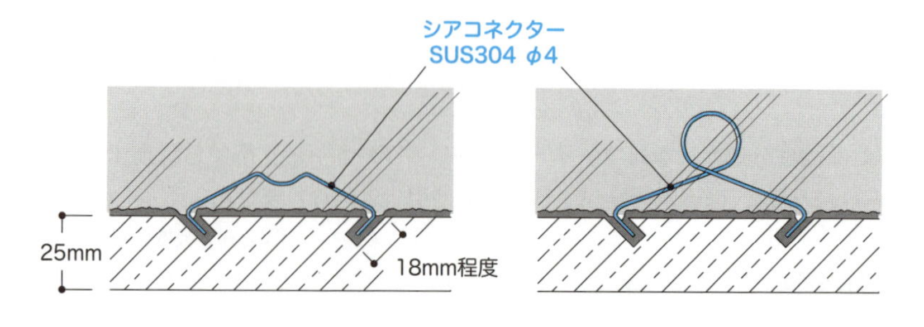

❑床の張り石工事

コンクリート下地に硬練りの敷きモルタルを平坦に敷き込み、石材を仮に据えます。その後、張付け用ペーストを敷きモルタルの上に散布して、本据えします。

メモ 敷きモルタルは、セメント1に対して砂4を標準とした、バサバサのモルタル。

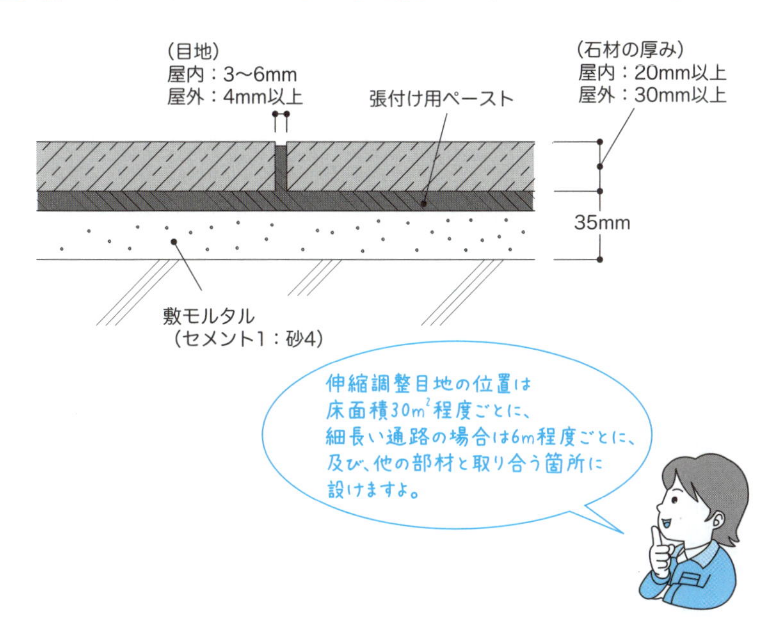

❑壁の張り石工法による石材の寸法

工　法	厚さ	大きさ	躯体との間隔
外壁湿式工法	30mm 以上 70mm 以下	面積：0.8m² 以下	40mm 標準
外壁乾式工法		面積：0.8m² 以下 幅及び高さ：1,200mm 以下 重量：70kg以下	70mm 標準
内壁空積工法	20mm 以上 70mm 以下	面積：0.8m² 以下	40mm 標準
石先付け PC 工法	25mm 以上	面積：0.8m² 以下	0

042—タイル工事　壁や床を保護しつつ、美しく見せるノウハウ

街中でよく見かけるタイルですが、タイルは建物の壁や床を覆うための建築材料です。保護や装飾の役割をもっているタイルですが、タイルの剥落や落下のニュースも相次いでいますよね。施工技術が進歩したとはいえ、少しタイル工事の知識を深めてみませんか。

❏壁のタイル張り工法

改良積上げ張り

張付けモルタルをタイル裏面のみに塗り付け、タイルを下部から上部へ張り上げます。

メモ 張付けモルタル：タイル裏面のみ

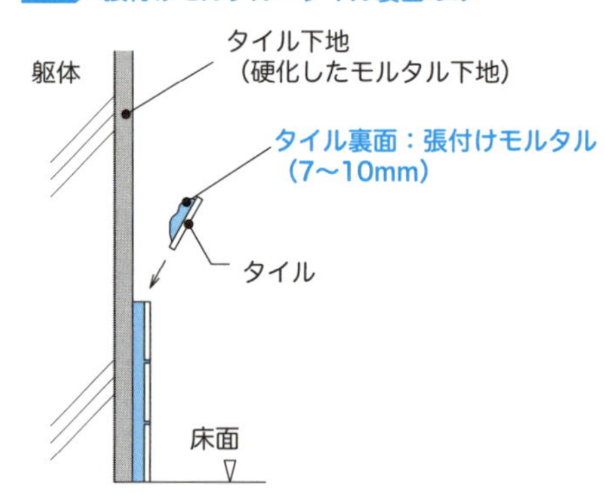

下部のタイルに荷重がかかるので、1日の張付け高さの限度は、1.5m以下ですよ。

改良圧着張り

張付けモルタルを下地面とタイル裏面の両方に塗り付け、タイルを上部から下部へ張り付けます。

メモ 張付けモルタル：下地面、タイル裏面の両方

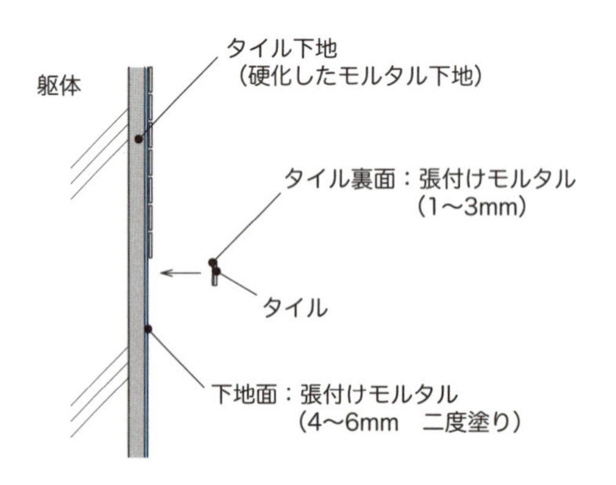

張付けモルタルは2層に分けて塗り付けるものとし、1層目は、こて圧をかけて塗り付けます。また、1回の塗付け面積は、$2m^2$/人以内ですよ。

密着張り（ヴィブラート工法）

張付けモルタルを下地のみに塗り付け、振動工具（ヴィブラート）を用いてモルタルが軟らかいうちに、タイルに振動を与えながら埋め込むように張り付けます。

メモ 張付けモルタル：下地面のみ

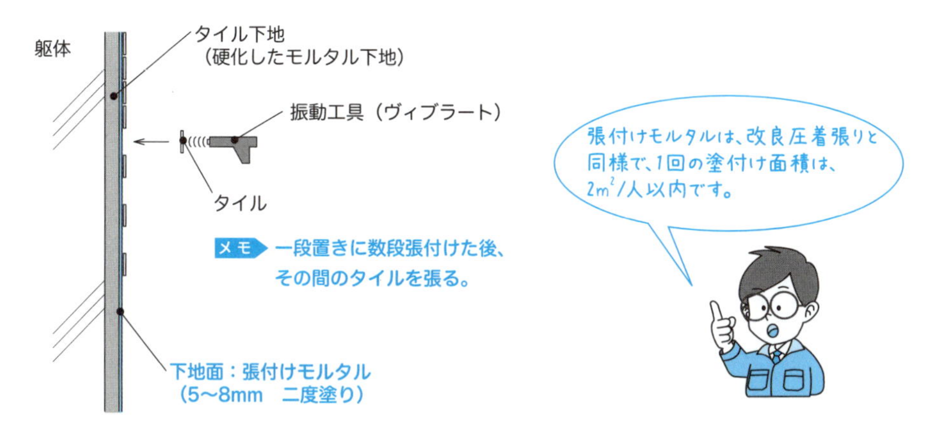

モザイクタイル張り

約30cm角の表(おもて)紙、または裏打材料でユニット化されたモザイクタイルを、張付け用モルタルが軟らかいうちに、たたき板でたたき押えて張り付けます。

メモ モザイクタイル：平物タイルの表面積が50cm²以下のタイル

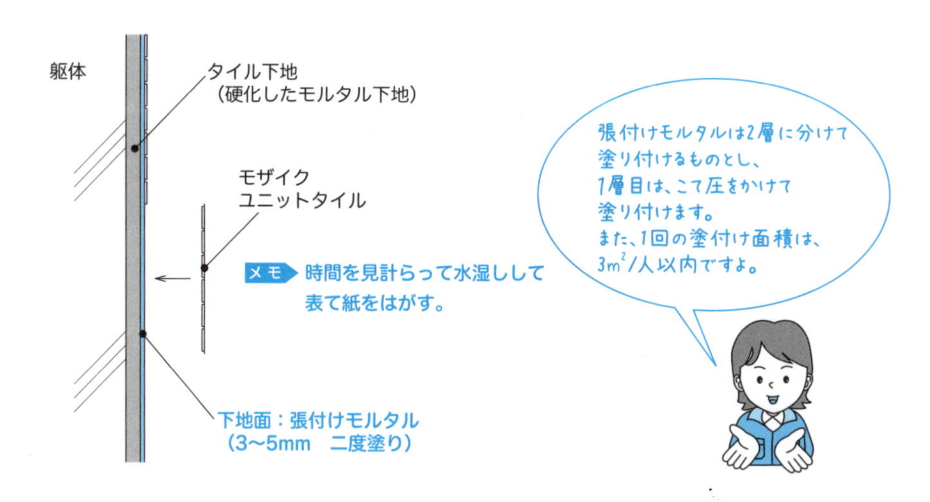

マスク張り

専用のマスク板をタイル裏面にかぶせ、この上から張付けモルタルを塗り付けます。マスクを外した後、直ちにユニットタイルを壁面に張付けます。

メモ マスクの厚みは4mm程度。

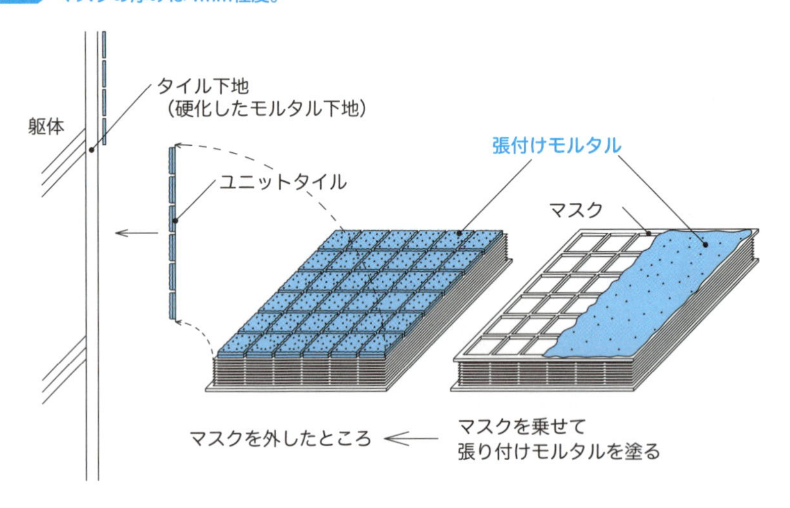

有機系接着剤張り

有機系接着剤を用いてタイルを張ります。特に、屋外に使用する有機系接着剤は、一液反応硬化形の変成シリコーン樹脂系とします。

接着剤は金ごて等を用いて平たんに塗布した後、所定のくし目ごてを用いて、壁面に60°の角度を保って、くし目を立てます。また、裏あしがあるタイルは、裏あし方向と、くし目の方向が平行にならないようにします。

メモ 裏あし：タイル裏面につけられた凸凹　くし目を立てる：接着剤で凸凹をつくる

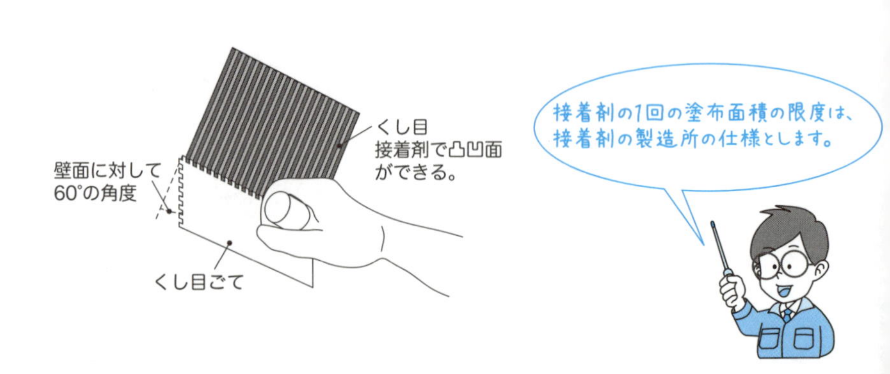

❑タイル目地と伸縮調整目地の違いは

タイル目地

タイル張付け後、少なくとも1日以上経過した後に、目地を充填します。
目地の深さは、タイル厚の1/2以下とします。

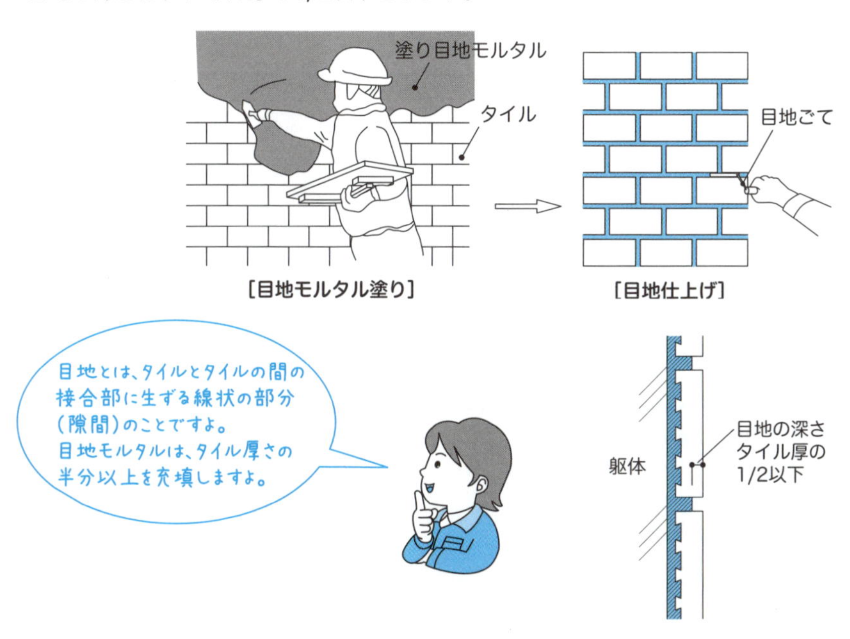

伸縮調整目地

伸縮調整目地を設ける位置は、各階の打継ぎ箇所、柱形、開口部寸法に応じた構造上の要所とし、縦・横とも3～4m以内ごとに設けます。

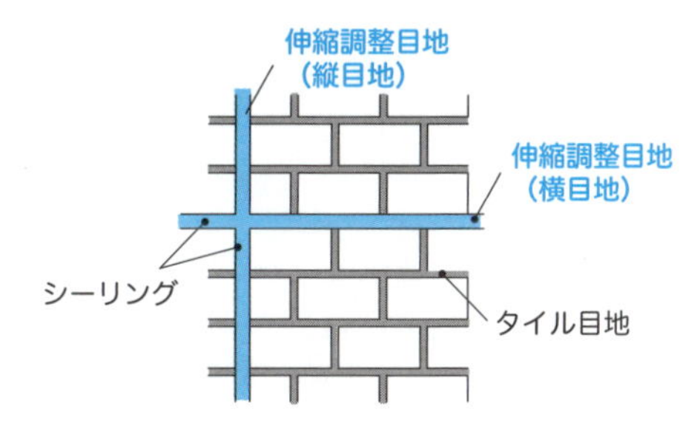

タイル面の伸縮調整目地は、下地モルタルの伸縮調整目地、コンクリート躯体のひび割れ誘発目地及び水平打継目地と一致するように設けます。

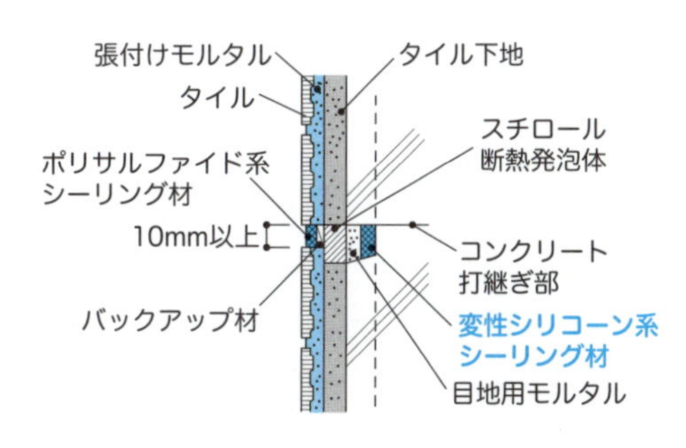

8
仕上げ工事

043—屋根工事　雨・風から建物を守る

屋根は、雨・風から建物を守る上部につけた覆いです。形状には、陸屋根（勾配のない平面上の屋根）と勾配屋根がありますが、雨漏りを防ぐには勾配屋根が良さそうですよね。屋根工事では、材料に適した施工方法、部材どうしの接合部の処理に注目しましょう。

□金属製屋根葺きの種類

屋根を仕上げる工事のことを「屋根を葺く」といいます。勾配のある屋根を勾配屋根といいますが、金属板等の部材を重ね合わせることで雨仕舞を行っています。勾配は降雨量によって左右されますが、一般に葺く材料そのものの面積が小さい場合は急勾配にします。

メモ　雨仕舞：雨水の侵入を防ぐこと

材料が小さい場合は、重ねる部分が多くなり、漏水しやすくなるので、急勾配です。

折板葺き

W型に成形加工した金属板（折板）を、あらかじめ受け梁の上に取り付けたタイトフレームに、ボルト等を用いて固定します。

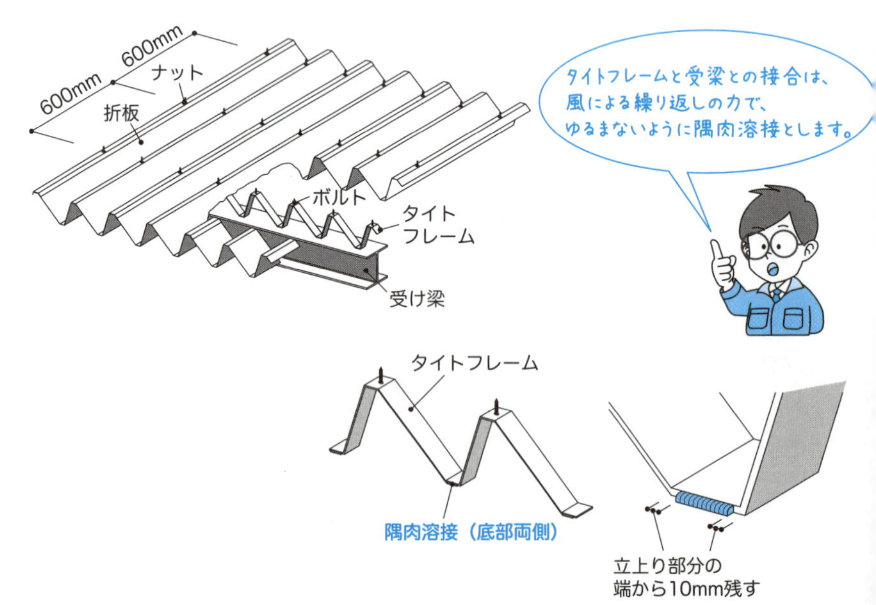

平葺き（一文字葺き）

定尺物の板を適当な大きさに切って葺き、四方の継手は、はぜ掛けとします。平葺部分は、2箇所以上を吊子で留め、棟には、棟覆い板を付けます。

メモ 棟：屋根の頂点の部分

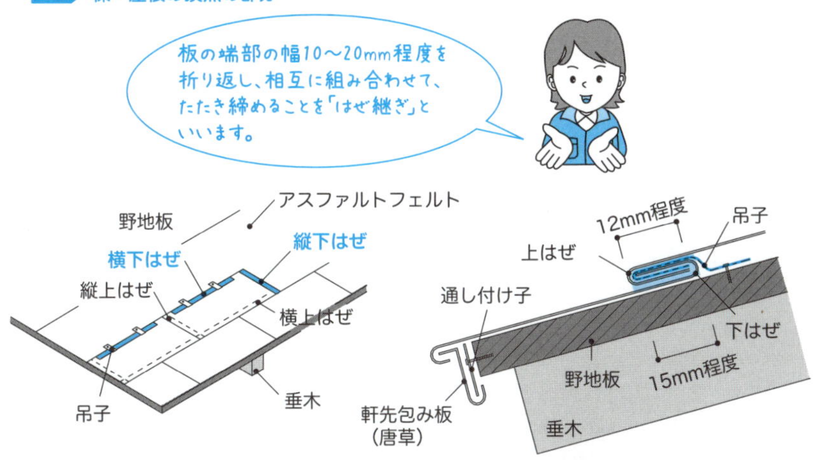

瓦棒葺き

瓦棒という角材を屋根に取り付けて、それを土台にして金属の屋根材を取り付けます。

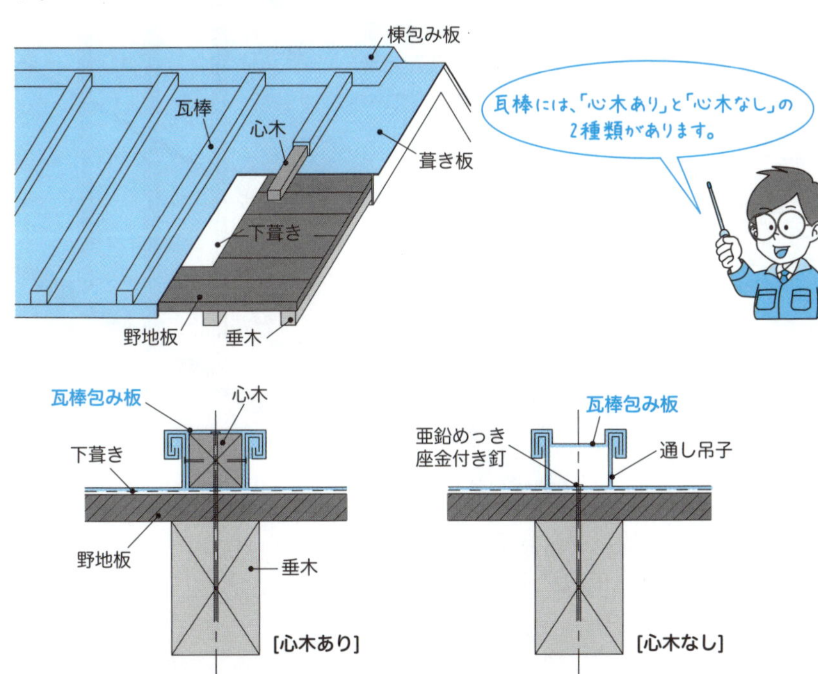

044—軽量鉄骨工事　下地の名称と数値を中心に押さえよう

壁や天井をつくるには、骨組みとなる下地が必要です。下地には木材を使用することもありますが、木造以外の建物では軽量鉄骨を使用することが多いです。規格化された軽い鉄骨を用いた工事が軽量鉄骨工事で、まずは、下地の名称と数値を中心におさえましょう。

❏壁の軽量鉄骨下地

軽量鉄骨下地は、LGS下地とも呼ばれ、Light Gauge Steel（ライト・ゲージ・スチール）を略したもので、Lはライト（軽い）、Gはゲージ（規格）、Sはスチール（鉄骨）を表します。このLGSでつくられた骨組み（LGS下地）の上から、ボード等を張って、壁が仕上げられていきます。

部材の名称	
ランナー	スタッドのガイドレールとして床と天井に取り付けるコの字型の金属材。
スタッド	間仕切り壁を設ける場合の柱材。
スペーサー	間に挟んで空間を確保するための金属材。**スタッドのねじれを防止。**
振止め	横揺れを防止する金属材。

壁下地の施工手順
①上と下にランナーを固定する。
②スタッドの調整・切断を行う。
③スペーサーを取り付ける。
④スタッドを建込む。
⑤振止めを取り付ける。

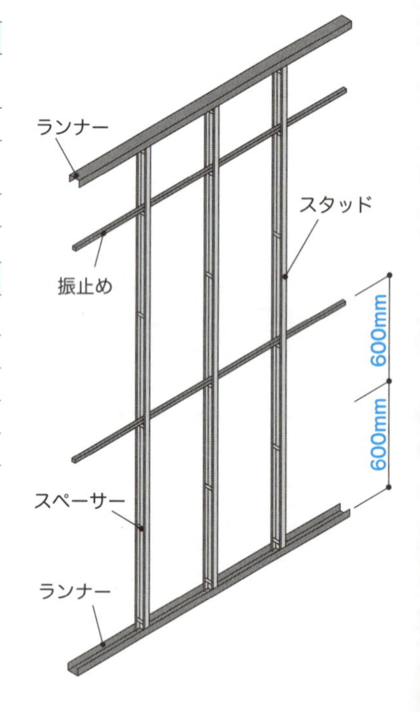

□壁下地の施工手順のポイント

ランナーの取付け

端部から50mm内側を押さえ、間隔900mm程度に打込みピンなどで、床、梁下、スラブ下に固定します。

鉄骨部材、鋼製天井下地に取り付ける場合は、タッピンねじの類または溶接で固定します。

スペーサーの取付け

各スタッドの端部を押さえ、**間隔600mm**程度に取り付けます。

スタッドの建込み

上部ランナーとスタッドの天端との間隔は10mm程度とします。

スタッドの間隔：ボード2枚張りの場合は450mm程度。
ボード1枚張りの場合は300mm程度。

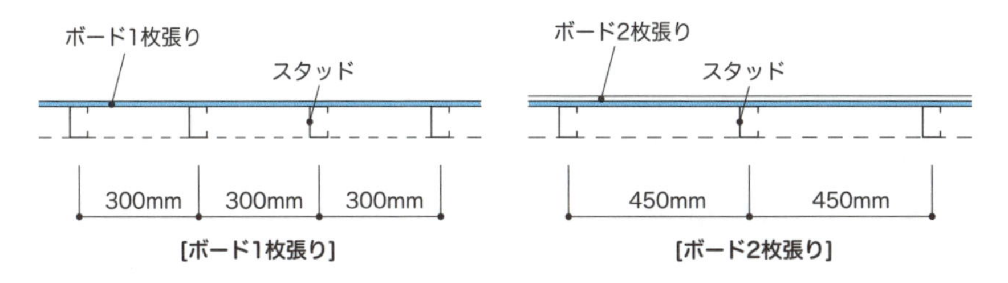

[ボード1枚張り]　[ボード2枚張り]

振止めの取付け

床面ランナー下端から1,200mm程度の間隔で設けます。
ただし、上部ランナーから400mm以内に振止めが位置する場合は、振止めを省略することができます。

メモ 天井高2500場合：高さ1200の1箇所

❑天井の軽量鉄骨下地

天井の下地は、吊りボルトを吊り、野縁受け(のぶちうけ)を掛け、野縁を渡すことで骨組みが構成されます。水平な天井は中央が垂れ下がって見えるため、実際は吊りボルトで調整して中央部を少し上方へもち上げています。これを「むくりを取る」といいます。

メモ むくり：中央部が上方にそっている状態

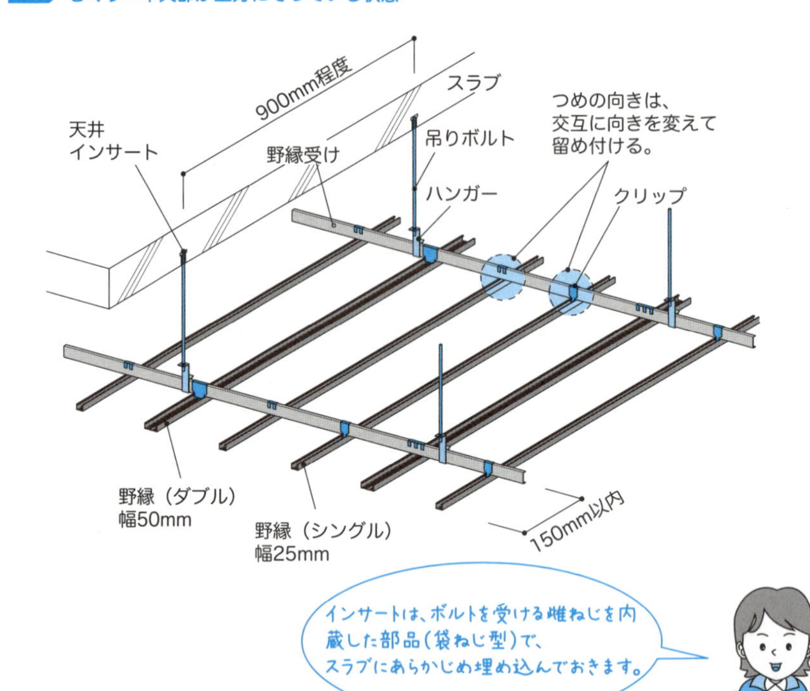

部材の名称	
吊りボルト	天井を吊るための軸部分が長いボルト。
ハンガー	野縁受けを支える金物。
クリップ	野縁と野縁受けを止める金具。
野縁	天井板を取り付けるための下地材として配置される細長い材。

天井下地の施工手順
①吊りボルトを取り付ける。
②ハンガーに野縁受けを取り付ける。
③補強材を取り付ける。
④クリップで野縁を取り付ける。
⑤開口部を補強する。

❏天井下地の施工手順のポイント

吊りボルトの取付け

野縁受け、吊りボルト及びインサートの間隔は900mm 程度とし、周辺部は端から150mm 以内とします。**ダクト等には吊りボルトを溶接しません。**

野縁受けの取付け

野縁受け用ハンガーは、吊りボルトにナット2個を用いて挟み込んで固定します。

メモ 野縁受けの継手位置は、吊りボルトの近くとする。
野縁受け、野縁の継手位置は、1m以上ずらして千鳥に配置する。

野縁の取付け

野縁を野縁受けに取り付けるクリップのつめの向きは、野縁受けに交互に留め付けます。

野縁の間隔

天井仕上げの種類	野縁の間隔（mm）	ダブル野縁の間隔（mm）
下地張りのある場合	360 程度	1,800 程度
仕上げ材料となるボードの直張り、 壁紙又は塗装の下地となるボードの直張り	300 程度	900 程度
ボードの一辺の長さが 450mm 程度以下の場合の直張り	225 程度以下	450 程度以下
金属成形板張りの場合	360 程度	—

天井ふところの補強

天井のふところが1,500mm以上ある場合の補強

・水平補強：縦横方向に間隔1,800mm程度に配置する。
・斜め補強：相対する斜め材を1組とし、縦横方向の間隔3,600mm程度に配置する。

メモ 天井のふところ：天井裏の空間

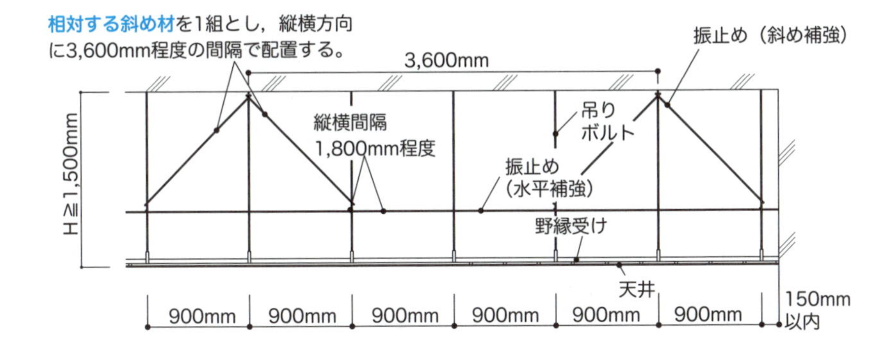

045—左官工事　扱う材料による注意点を知ろう

左官工事は、鏝（こて）を使って建物の壁や床を塗り仕上げる工事です。モルタル壁、プラスター壁、しっくい壁、土壁等、多様な仕上げができることから、仕上げ工事では欠かせない工事です。特に、モルタル塗りは、仕上げの下地づくりとしても行われます。

❑モルタル塗りを考えよう

モルタル塗りの工程は、（下地処理）→下塗り→（むら直し）→中塗り→上塗りの順序で行います。

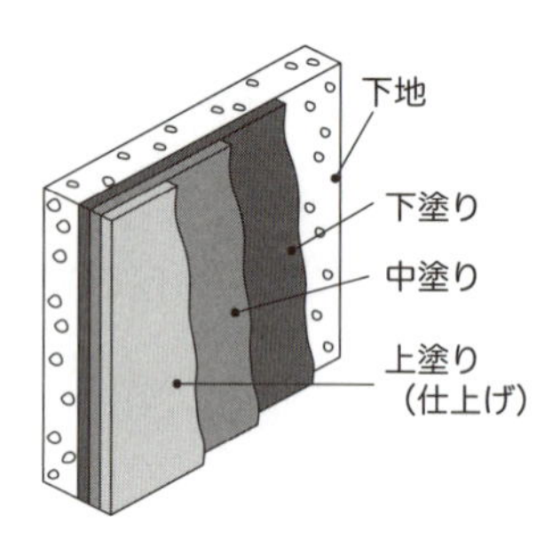

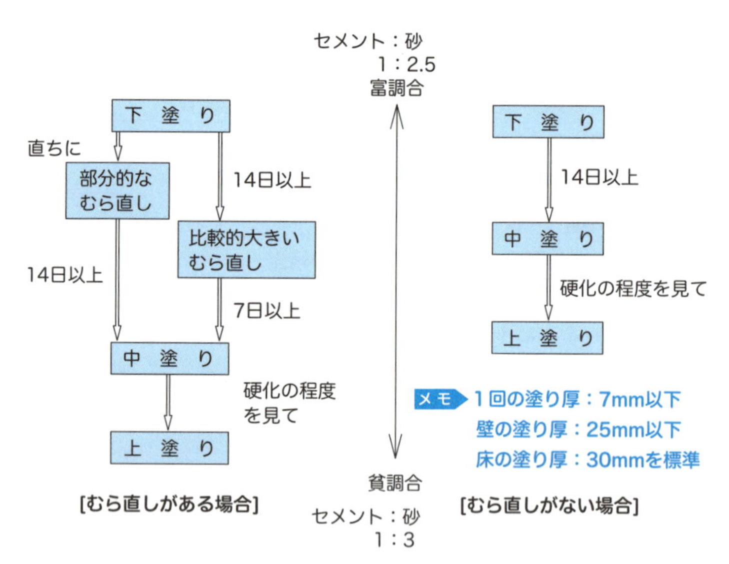

モルタルの調合　下地側に塗られるものほど強度を大きくします。

	下塗り（富調合）	上塗り（貧調合）
セメント	強度を大きくして付着力を高めるために、セメントの割合を多めにする。	セメントの割合を少なくして、ひび割れを少なくする。
砂	砂は粗目のものを使用して、ひび割れを少なくする。	砂は細目のものを使用して、精度を上げる。

モルタルの塗厚等

1回の塗厚は、7mm以下とします。（床の場合を除く）

仕上げ厚又は全塗厚（タイル張りにあっては、張付けモルタルを含む）は、25mm以下とします。（床の場合を除く）

モルタルの練混ぜは、機械練りとし、1回の練混ぜ量は60分以内に使い切れる量とします。

全塗厚が25mm以上の場合

補修塗り部分等に対して、ステレス製アンカーピンを縦横200mm程度の間隔でコンクリート躯体に打ち込み、ステンレス鋼ラス等を張ってモルタルを塗り付けます。

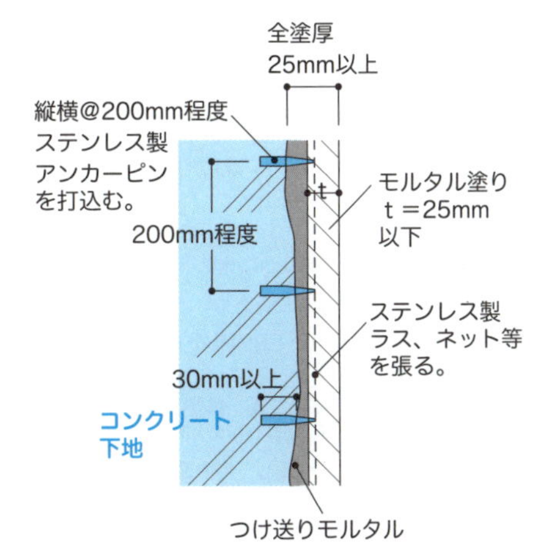

❏セルフレベリング材塗りとは

セルフレベリングとは、セメント系等のモルタルを流し込んで水平な床下地をつくるもので、セルフレベリング材には、せっこう系とセメント系の材料があります。

塗厚　セルフレベリング材の標準塗厚は、10mm程度とします。

下地処理　セルフレベリング材を流す前日に、製造業者の指定する合成樹脂エマルションを用いて、1～2回吸水調整剤塗りを行って乾燥させます。

施工と養生　流し込み作業中はできる限り通風をなくし、施工後も硬化するまでは、甚（はなは）だしい通風を避けます。

硬化後、打継ぎ部の突起及び気泡跡の周辺の突起等は、サンダー等で削り取ります。

養生期間は、標準の塗厚の場合7日以上、低温の場合は14日以上とし、表面仕上げ材の施工までの期間は、30日以内を標準とします。

046—建具・ガラス工事　枠の取付けとガラスの固定に注目しよう

建物の開口部には、窓や扉がありますね。この開口部にある開け閉めができる仕切りが建具です。ガラスとのセットで用いられることも多く、出入り口、採光、換気等の目的や用途があります。施工においては、枠の取付けとガラスの固定に注目してみましょう。

❏アルミニウム製建具の取付け

建具は､扉や窓等の開閉可能な部分（障子部分）と建具枠に分かれます。一般的には、建物にあらかじめ開けられた開口部分に建具枠を取付け、その後、障子部分をセットします。

	建具枠の施工手順
①	建具枠をくさび等で仮止めし、位置を固定します。
②	躯体付けアンカーと建具枠のアンカーをさし筋（鉄筋）で溶接します。
③	くさびを取り除いた後、建具と躯体の隙間にモルタルを充填します。（とろ詰め）
④	サッシュ養生で保護し、枠の破損を防止します。

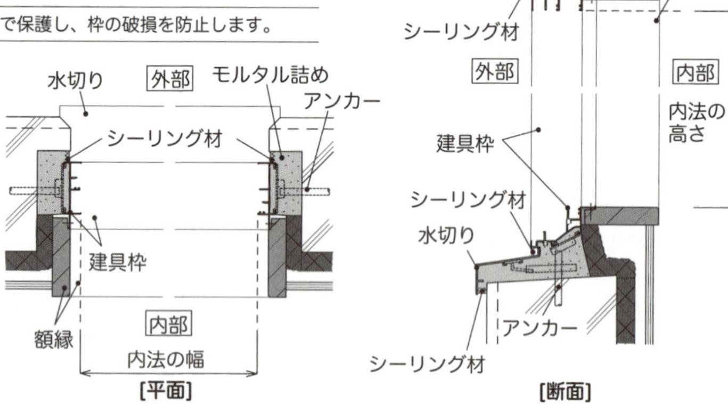

材料

枠、かまち等に用いるアルミニウム板の厚さは、1.5mm以上とします。

建具枠の取付け

建具枠の取付けは、くさび等で仮止めして、位置及び形状を正確に決め、コンクリートに埋め込んだアンカーに溶接します。

メモ　くさび：断面が V 字形をした木片
隙間に打ち込み、 調整して固定する。

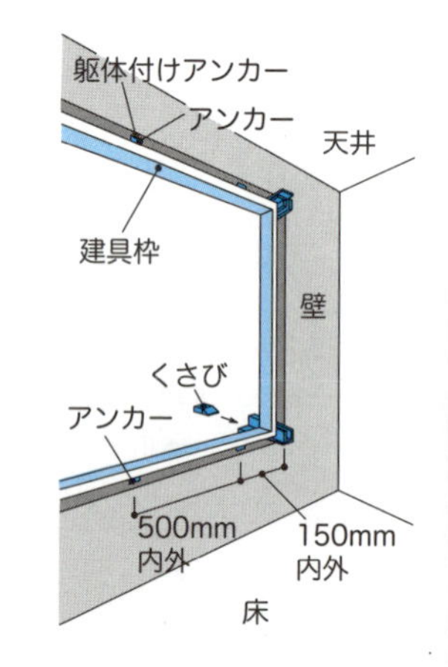

アンカー位置は、枠の隅より150mm内外を端とし、中間は500mm内外の間隔とします。

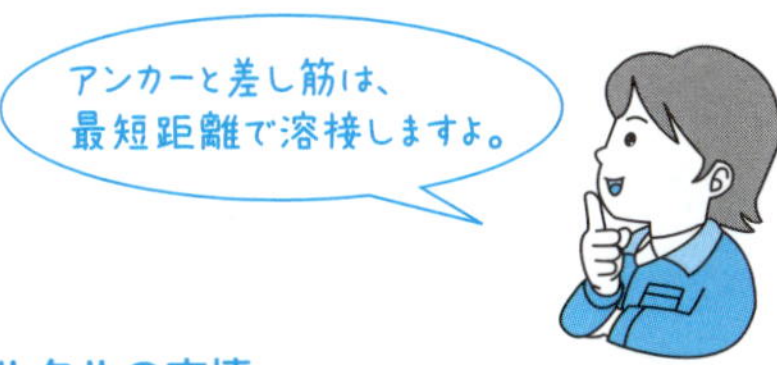

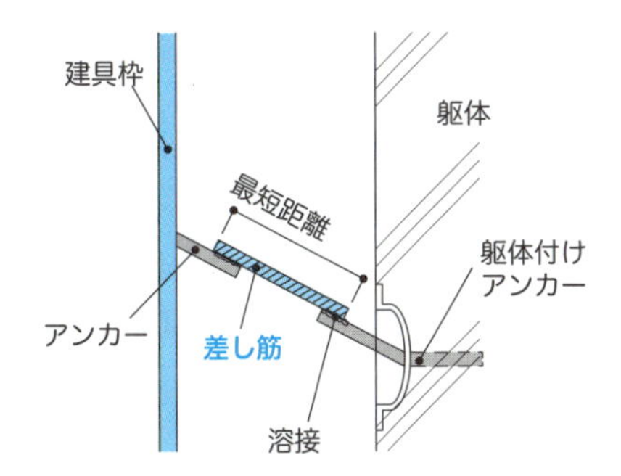

モルタルの充填

開口部上部と左右には45mm程度、下部には75mm程度の隙間をとり、水切り及びサッシ下枠部と躯体間に、2度に分けてモルタル詰めを行います。

メモ 塩化カルシウム系等の防水剤は、金属の腐食を促進するので使用しない。

❏建具金物

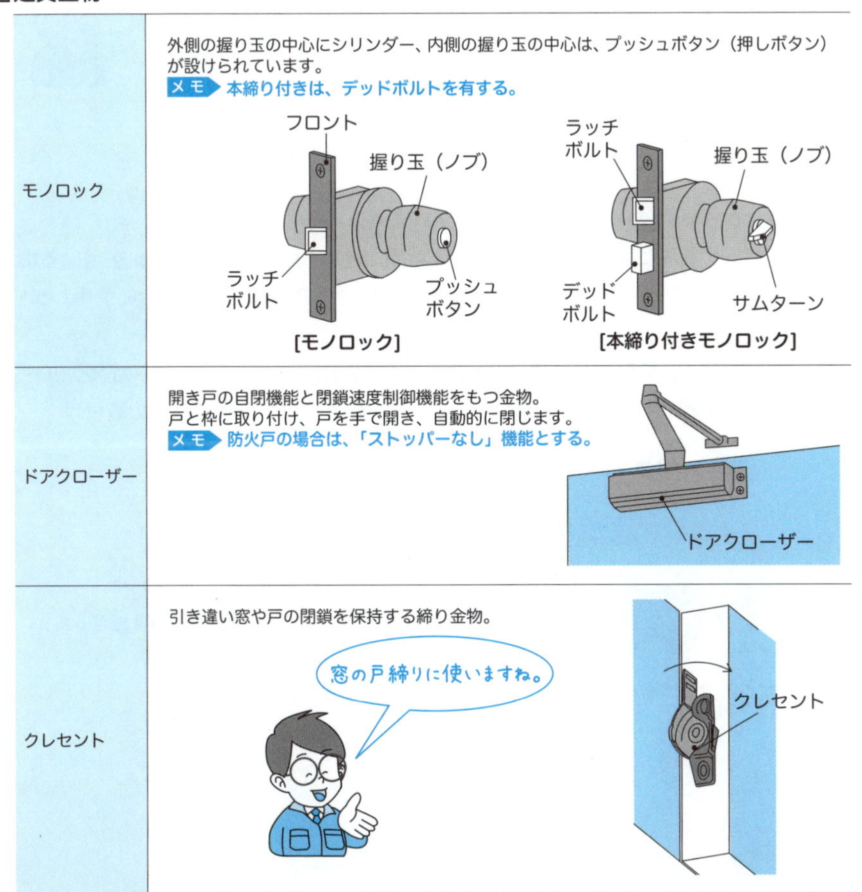

モノロック	外側の握り玉の中心にシリンダー、内側の握り玉の中心は、プッシュボタン（押しボタン）が設けられています。 メモ 本締り付きは、デッドボルトを有する。
ドアクローザー	開き戸の自閉機能と閉鎖速度制御機能をもつ金物。 戸と枠に取り付け、戸を手で開き、自動的に閉じます。 メモ 防火戸の場合は、「ストッパーなし」機能とする。
クレセント	引き違い窓や戸の閉鎖を保持する締り金物。

❏ガラスのはめ込み構法の種類

不定形シーリング材構法

施工する際は流動性があり、固まるとゴム状になるシーリング材を使用してガラスを固定する構法です。

固定材料：弾性シーリング材（変成シリコーン系は不可）

用途：金属、木等のU字形溝又は押縁止め溝にガラスをはめ込む場合に使用。

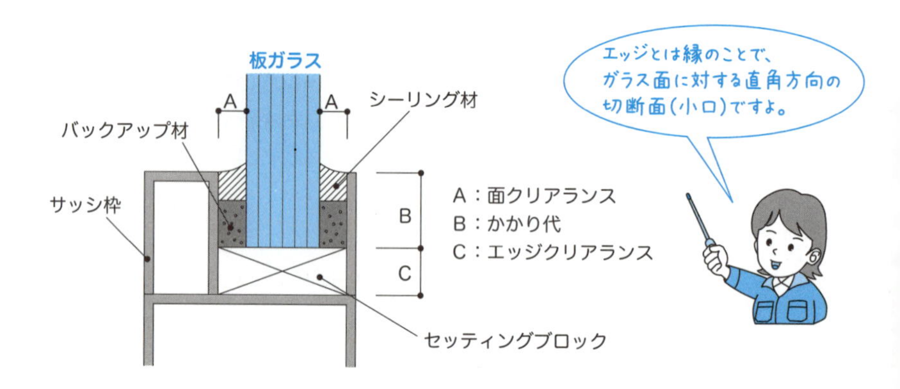

構造ガスケット構法（ジッパーガスケット構法）

ジッパーの着脱により、ガラスをガラス溝に納める形式のガスケットを用いる構法です。主に、鉄骨やコンクリートの構造躯体にガラスをはめ込む場合に使用します。

固定材料：H形ジッパーガスケット
用途：金属フレームへの取付け

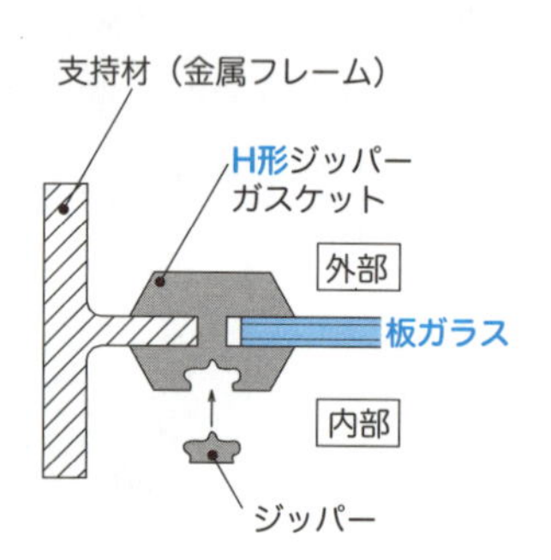

固定材料：Y形ジッパーガスケット
用途：コンクリートへの取付け

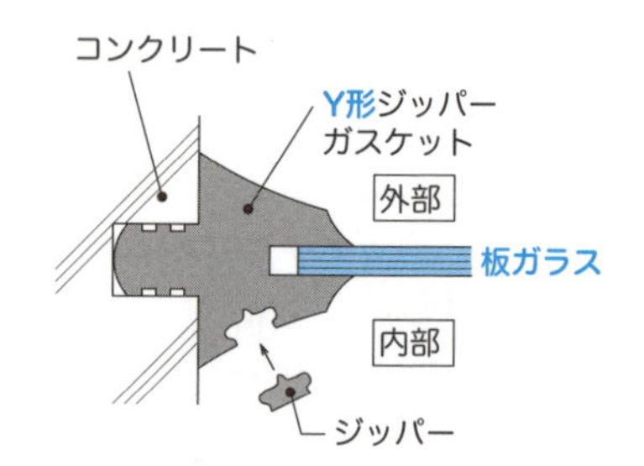

グレイジングガスケット構法

水密性、気密性の確保や板ガラスの支持のために、ガラス回りに使用するゴムやプラスチック系の定形材料（ガスケット）でガラスを固定する工法です。

メモ 継目は、ガラス上辺中央。

チャンネル（C形）：あらかじめガラスの周囲に取り付けてから、サッシ枠にガラスをはめ込む。

ビード（J形）：枠にガラスをはめ込んだ後、両側から差し込む。

固定材料：グレイジングチャンネル
用途：動きの大きい建具
（引戸、引違い戸）

固定材料：グレイジングビード
用途：動きの小さい建具（固定窓）

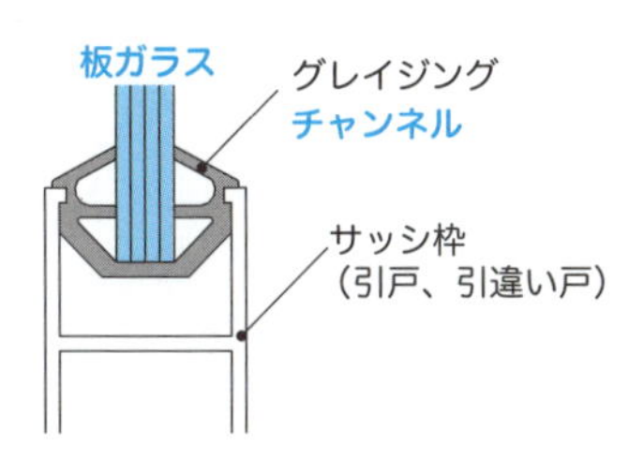

板ガラス
グレイジング
ビード
サッシ枠
（固定窓）
セッティング
ブロック

□ガラスの取付け施工

ガラスの切断

ガラスの切断面の欠け等はエッジの強度を著しく低下させるので、切断面はクリーンカット（クリアカット）とします。

メモ クリーンカット：ガラスエッジ部分に欠け等がなく、滑らかに切断する加工

小口の防錆処理

外部に面する網入り板ガラス、及び線入り板ガラスの場合、下辺小口と、縦小口下端から1/4 の高さの部分は、ガラス用防錆塗料や防錆テープを用いて防錆処理します。

セッティングブロック

セッティングブロックの設置位置は、ガラスの両端よりガラス幅の1/4の位置に、2箇所設置します。

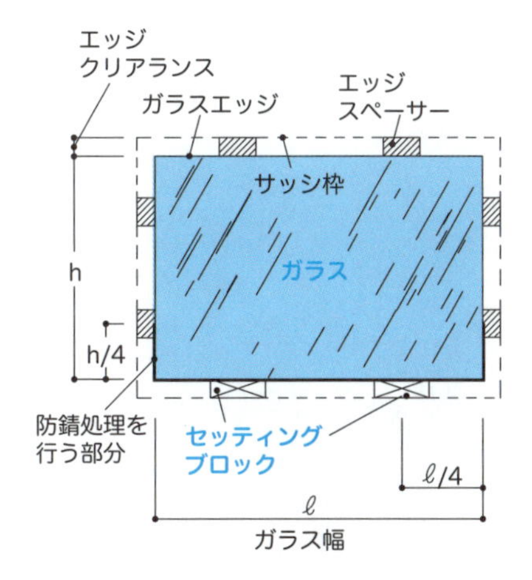

047―塗装工事　塗装の良否は、素地面の状態にかかっている

塗装工事は、塗料を塗る作業だけではないですよ。塗装前の材料である素地に対しての準備から始まります。「素地ごしらえ」と呼ばれる作業で、汚れや付着物の除去、研磨、油除去、さび落し等があります。塗装の良否は、この素地面の状態にかかっていますよ。

❏塗装工事の素地ごしらえ

塗装工事の工程は、素地ごしらえ→下塗り→中塗り→上塗りの順に行われます。素地ごしらえ（素地の調整）は、塗装に適するように素地に対して行う処理のことで、塗膜の性能等に大きく影響します。

メモ 素地：塗装前の材料で、塗装工程による行為が行われていない面

木部の素地ごしらえ

・不透明塗料塗りの場合はA種、透明塗料塗りの場合はB種とする。

工程		種別		面の処理	塗料・その他
		A 種	B 種		
1	汚れ・付着物除去	○	○	木部を傷つけないように除去し、油類は、溶剤等でふき取る。	―
2	ヤニ処理	○	○	ヤニには、削り取り又は電気ごて焼きのうえ、溶剤等でふき取る。	―
3	研磨紙ずり	○	○	かんな目、逆目、ケバ等を研磨。	研磨紙 P120 ～ 220
4	節止め	○	―	節及びその周囲に、はけ塗り	①木部下塗り用調合ペイント ②セラックニス類
5	穴埋め・パテかい	○	―	割れ、穴、隙間、くぼみ等に充填。	合成樹脂エマルションパテ
6	研磨紙ずり	○	―	穴埋め乾燥後、全面を平らに研磨。	研磨紙 P120 ～ 220

注）1. ラワン、しおじ等、導管の深いものの場合は、必要に応じて、工程2の後に塗料製造所の指定する目止め処理を行う。
2. 合成樹脂エマルションパテは、外部に用いない。
3. 工程4の節止めにおいて、合成樹脂調合ペイント塗り、つや有合成樹脂エマルションペイント塗りの場合は①を適用し、それ以外は②を適用する。

・油類やアスファルト等の付着物は、皮すき等で取り除いた後、溶剤で拭いて十分乾燥させる。

・透明塗料塗りの素地面に、仕上げに支障のある甚だしい変色等がある場合は、漂白剤を用いて修正する。

・不透明塗料塗りの場合は、節止め後に、合成樹脂エマルションパテで、**穴埋め・パテかい**を行う。

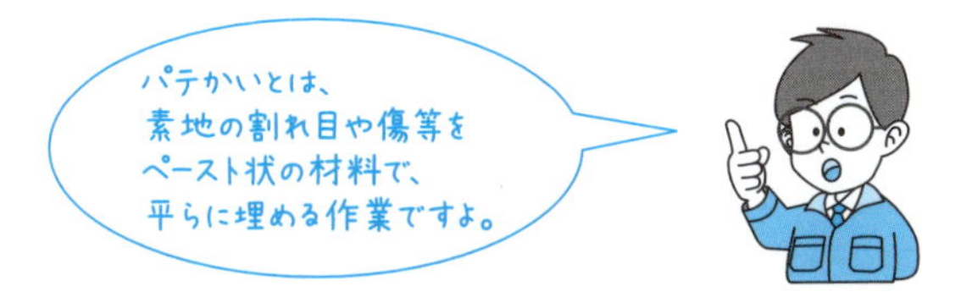

鉄鋼面の素地ごしらえ

鉄鋼面の素地ごしらえは、一般にC種とし、耐候性塗料塗り（DP）の場合は、B種とします。

工程		種別			面の処理	塗料・その他
		A種	B種	C種		
1	汚れ・付着物除去	○	―	○	スクレーパー、ワイヤブラシ等で除去。	―
2	**油類除去**	○	―	―	弱アルカリ性液で加熱処理後、湯又は水洗い。	―
		―	○	○	溶剤ぶき。	
3	**錆落し**	○	―	―	酸漬け、中和、湯洗いにより除去。	放置せず次の工程に移る。
		―	○	―	ブラスト法により除去。	
		―	―	○	ディスクサンダー又はスクレーパー、ワイヤブラシ、研磨紙P120～220等で除去。	
4	化成皮膜処理	○	―	―	リン酸塩処理後、湯洗い乾燥。	

注）A種及びB種は製作工場で行うものとする。

油類の除去において、防錆油（動・植物油）は、弱アルカリ性溶液で分解、洗浄します。機械油（鉱物油）は、石油系溶剤で洗浄します。

048―内装工事　壁・断熱・壁紙・カーテンに注目して、快適な室内を

日常生活で少し視線の高さを意識すると、室内の壁はよく目に入りますね。快適な室内づくりでは、断熱材、カーテンの役割は大きく、壁紙の仕上がりの良否によっては、不快な室内になることもあります。室内に変化をもたらす内装を少し考えてみましょう。

❏壁のせっこうボード張り（直張り工法）

せっこう系直張り用接着材による直張り工法とは、せっこう系接着材を下地に一定の間隔で塗り付け、ボードを壁等に押しつけるように張り付ける工法です。

直張り用接着材の施工

・コンクリート等の下地は、接着に支障がないよう表面を清掃し、下地に適したプライマーで処理し、乾燥させたものとする。

・直張り用接着材の間隔は、次のとおりとする。

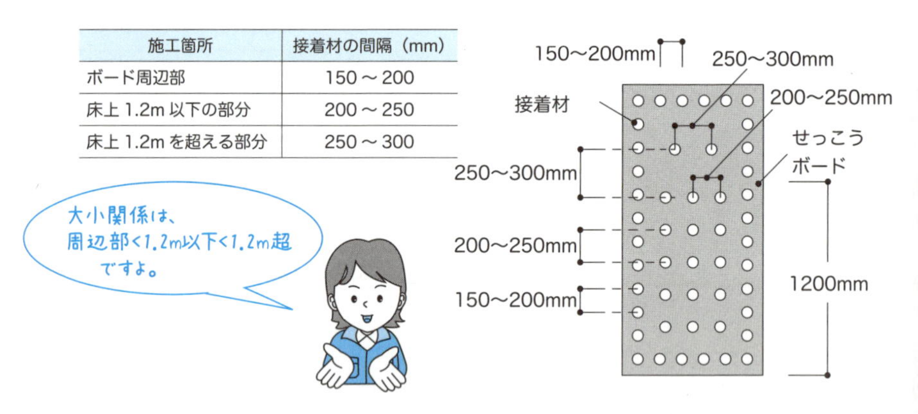

施工箇所	接着材の間隔（mm）
ボード周辺部	150 ～ 200
床上 1.2m 以下の部分	200 ～ 250
床上 1.2m を超える部分	250 ～ 300

・盛上げ高さは、仕上り寸法の2倍以上。

・仕上り面までの標準寸法は、9.5mmボードでは20mm程度、12.5mmボードでは25mm程度。

・床面からの水分の吸上げを防ぐため、床面から10mm程度浮かす。

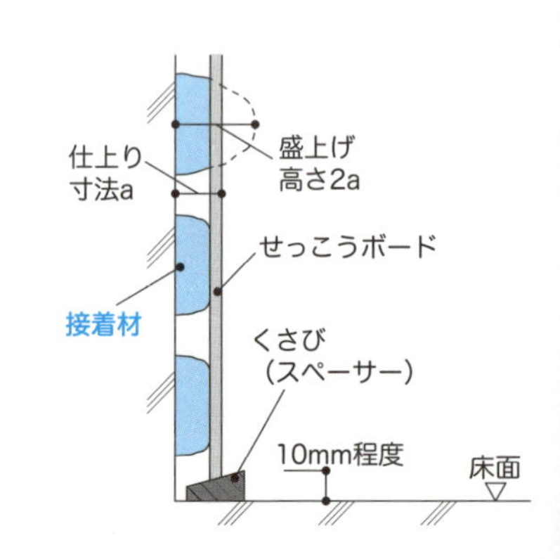

・接着材の一度に練る量は、60分以内に使い切れる量とする。

・ボード張付け後の養生期間は、仕上げ材に通気性のある場合（布クロス等）で7日以上、仕上げ材に通気性のない場合（塗装、ビニルクロス等）で20日以上。

継目処理工法（目地処理）

テーパーボードやベベルボードを用い、ジョイント部分を目地なしの平坦な状態にするために、ジョイントコンパウンドとジョイントテープを用いて処理します。

継目を適切に処理しないと、仕上げ表面に継目が現れますよね。

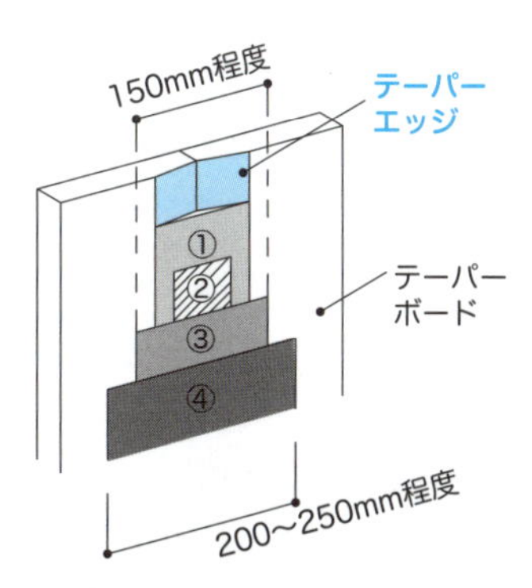

ベベルボード
400～500mm程度
ベベルエッジ
①
②
③
④
500～600mm程度

①下塗り：ジョイントコンパウンド
②ジョイントテープ
③中塗り：ジョイントコンパウンド
④上塗り：ジョイントコンパウンド

②にグラスメッシュテープを使用する場合は、下塗り①を省略することができます。

□壁紙張り

壁紙に使用する接着剤は、でん粉系接着剤と合成樹脂系接着剤を混合したものを用います。下地面には、全面にシーラー処理を行います。

シーラーを塗布する主な目的
・接着性を向上させる。 ・下地のあく等が表面に浮き出るのを防止する。 ・張り作業が容易な下地面をつくる。 ・下地の色違いを修正する。 ・張替えの際に、はがしやすい下地面をつくる。

ボード下地に使われたビスや釘の頭は、防錆処理を行うとともに、下地面より沈めてパテ処理を行い、その後、シーラーです。

❑主な断熱材の種類

分　類	材料名
フェルト状断熱材（シート状）	グラスウール
	ロックウール
ボード状断熱材	ビーズ法ポリスチレンフォーム
	押出法ポリスチレンフォーム
	硬質ウレタンフォーム
	ポリエチレンフォーム
	フェノールフォーム
現場発泡断熱材	吹付け硬質ウレタンフォーム

❑断熱材の取付け工法の種類

はめ込み工法

フェルト状断熱材またはボード状断熱材を根太や間柱等の下地材の間にはめ込みます。

メモ　主として木造の断熱工法。

張付け工法

・ボード状の断熱材を接着剤、ボルト、釘等により、壁面等に張り付ける。

・断熱材は、セメント系下地調整塗材を用いて隙間ができないようにしてから、断熱材を全面接着で張り付ける。

打込み工法

・ボード状断熱材を、あらかじめ座付き釘等により型枠に取り付けるか、それ自体を型枠としてコンクリートを打込むことにより取り付ける。

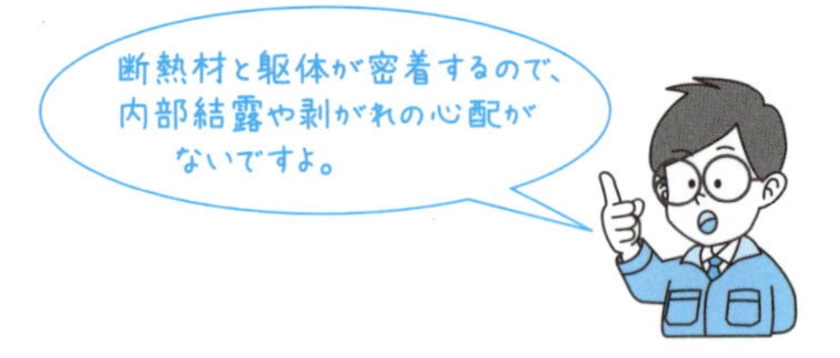

・断熱材の継目は、テープ張りをして、コンクリートの流出を防ぎます。また、断熱材の継目は、型枠の継目を避けて割り付ける。

・開口部の枠回り等、施工が不十分な箇所は、断熱材現場発泡工法で施工する。

吹込み工法

木造の断熱工法で、ばら状の断熱材または現場発泡断熱材を、ホース等で吹き込みます。

吹付け工法（硬質ウレタンフォーム）

・ばら状の断熱材または現場発泡断熱材を、壁面等に吹付ける。

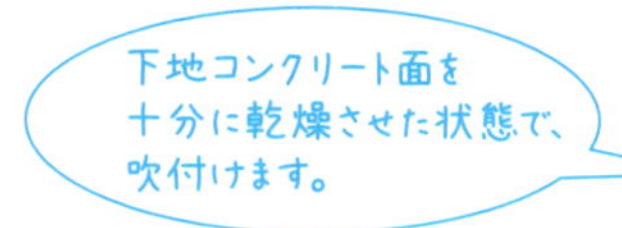

・接着性があるので、接着剤は不要。

・総厚さが30mm以上の場合は多層吹きとし、1回（各層）の吹付け厚さは30mm以下とします。一般的に下地への接着性を確保するため、厚さ5mm以下の下吹きを行う。

敷込み工法

フェルト状断熱材またはボード状断熱材を天井や床等の上に敷き込みます。

❏カーテン工事

カーテンの種類には、**ドレープ**（厚手の布による重厚なカーテン）、プリント、レース、シアー、**ケースメント**（透かし織りのカーテン、ドレープとレースの中間）等があります。

カーテンの加工仕上げ

・ひだの種類による生地の取付け幅に対する倍数は、次表により、それぞれのひだの間隔は、120mm程度とする。

ひだの種類	カーテン用生地の取付け幅に対する倍数
つまみひだ（3つ山ひだ、2つ山ひだ）	2.0以上
箱ひだ、片ひだ	1.5以上
プレーンひだ（ひだなし）	1.1以上

・カーテン下端は、腰のある窓の場合は窓下から200mm程度下げ、腰のない窓等の場合は、出入口等床に触れない程度とする。

・カーテン用レールの長さは、両端を、開口部幅より100mm延長したものとする。

049—木工事　木の反りくせと使い勝手を知る

木工事は、骨組み部分をつくる工事と室内の仕上げ部分をつくる工事に分けられています。後者を造作工事といい、躯体完了後に行われる鴨居、敷居、開口部枠、床、壁、天井等の工事です。木材を使用するため、木の反りくせや接合部に注目しましょう。

❏釘打ちと木れんがを考えよう

釘打ち

釘径は打ち付ける板厚の1/6以下とし、釘の長さは板厚の2.5倍以上とします。

メモ せっこうボードを直接張り付ける場合は、ボード厚の3倍程度とする。

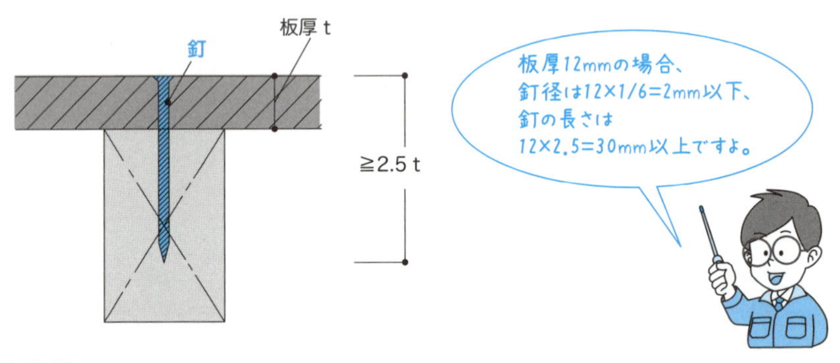

木れんが

木れんがは、接着工法又はあと施工アンカーで取り付けます。また、湿気のおそれのあるコンクリート面には、エポキシ樹脂系の接着剤を用います。

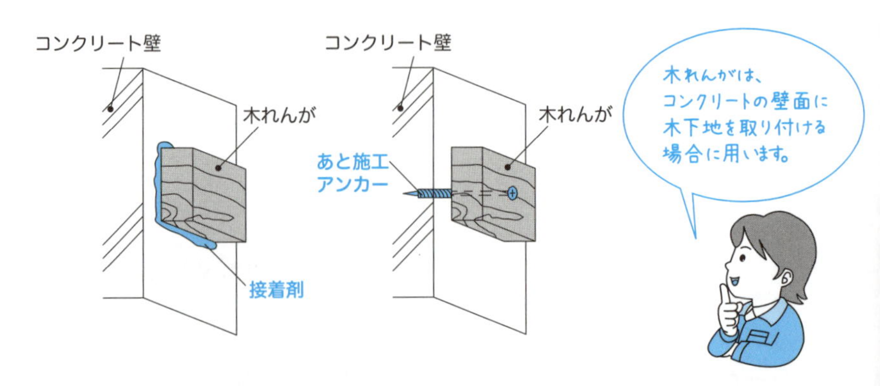

❑木工事の施工

土台

土台の据付けは、遣方から移した基礎の天端の墨を基準にします。

土台の継手は、腰掛けあり継ぎ、または、腰掛けかま継ぎとし、上木となる方をアンカーボルトで締め付けます。

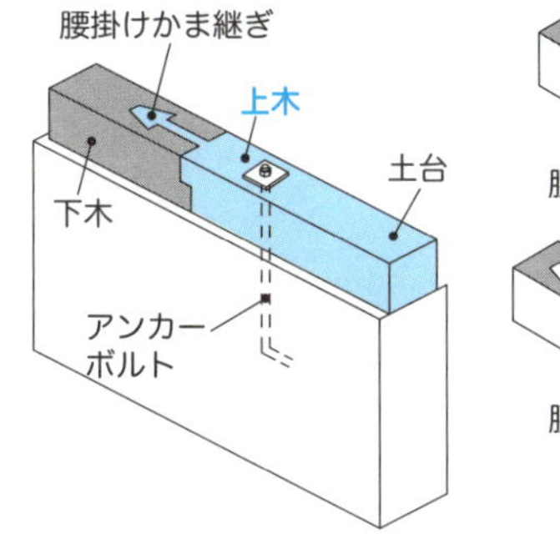

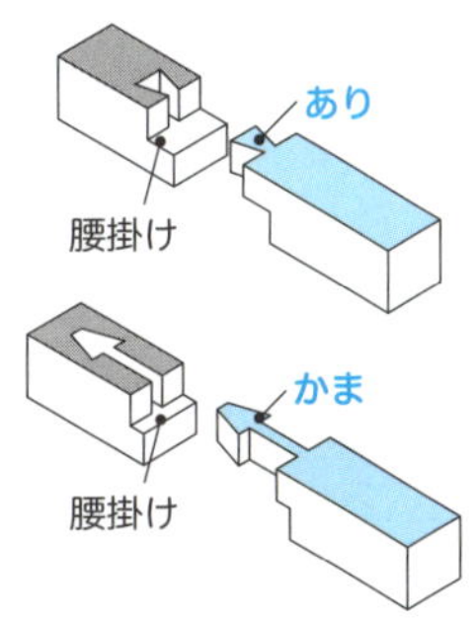

柱

隅通し柱（隅管柱）の柱下部の土台への仕口は、土台へ扇ほぞ差しとします。

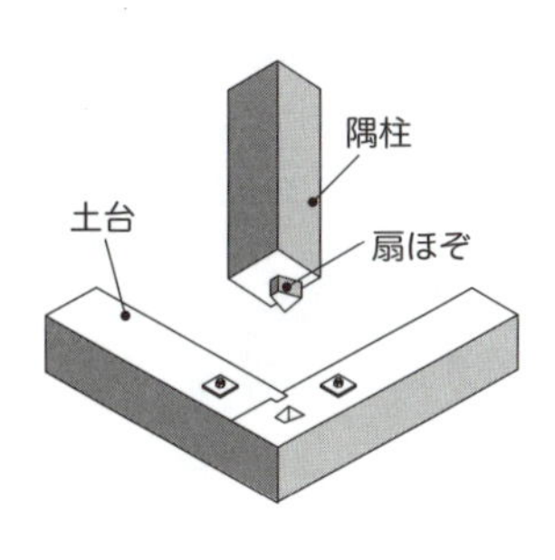

胴差

胴差の継手でせいが異なる場合、梁または上階柱を受ける柱間を避け、柱心より150mm内外持ち出し、腰掛かま継ぎとし、短ざく金物を当ててボルトで締め付けます。

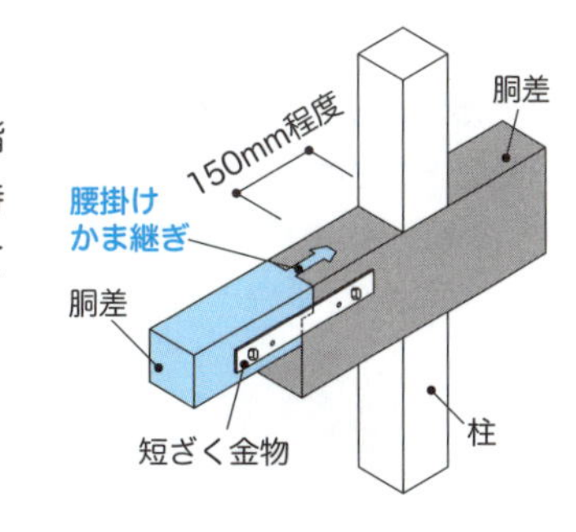

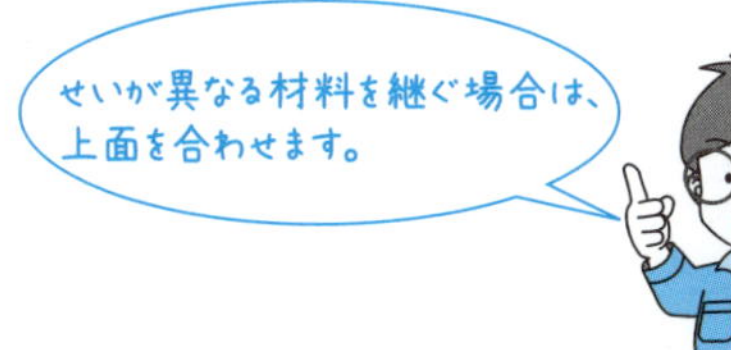

胴差しと柱の取合いの仕口は、柱へ傾ぎ大入れ短ほぞ差しとします。

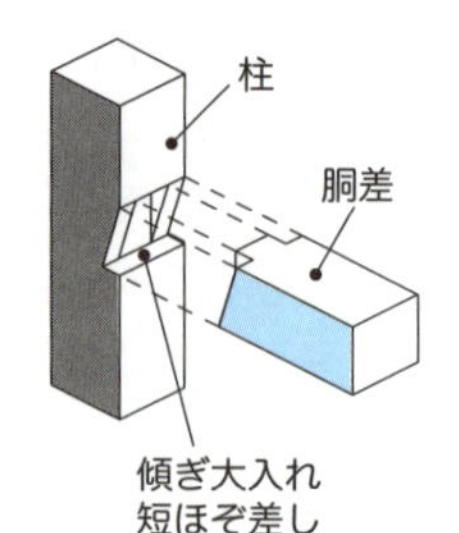

大引・根太

大引の継手は、床束心から150mm程度持ち出した位置に設け、腰掛あり継ぎ、釘2本打ちとします。

根太の継手は、大引の心で突付け継ぎとし、釘打ちします。また、隣り合う根太の継手位置は、ずらして割り付けます。

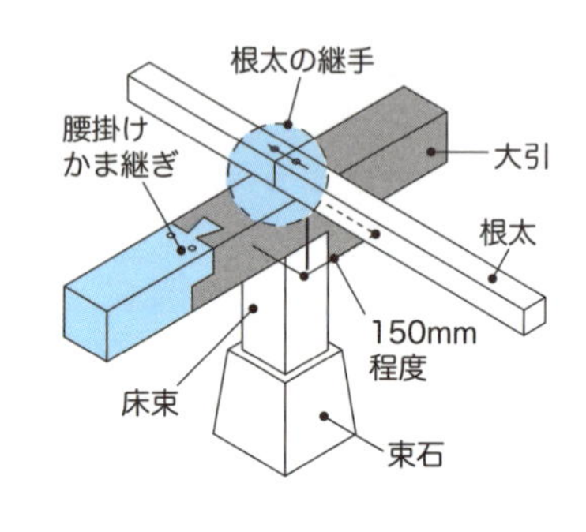

棟木・母屋

垂木の取合いは、棟木・母屋に垂木当たり欠き、または小返し削りを行い、垂木を受けます。

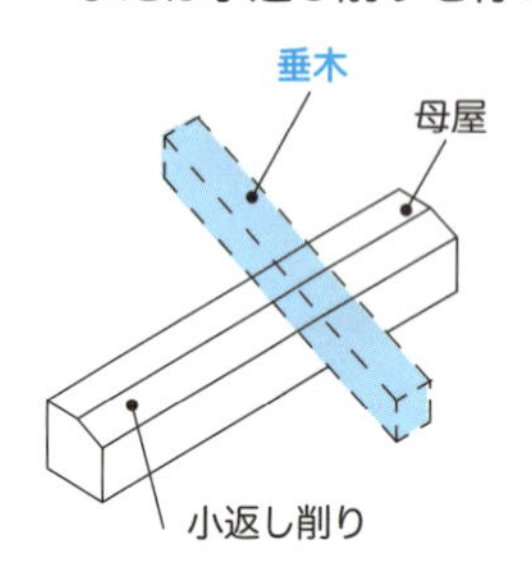

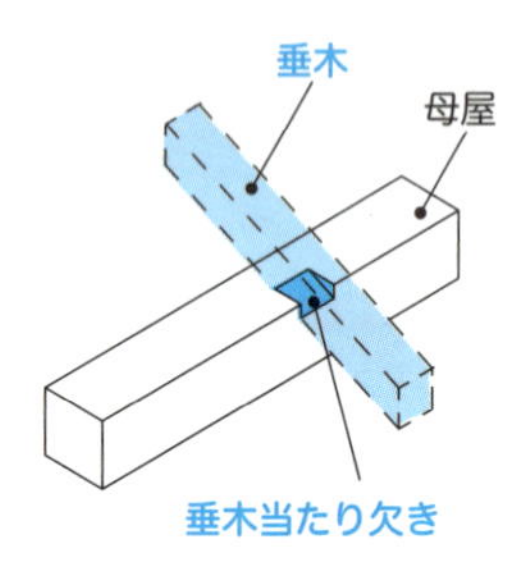

垂木の継手位置は乱に、母屋の上でそぎ継ぎとし、釘2本打ちとします。

メモ 乱に：継ぎ手の位置を一定にしない

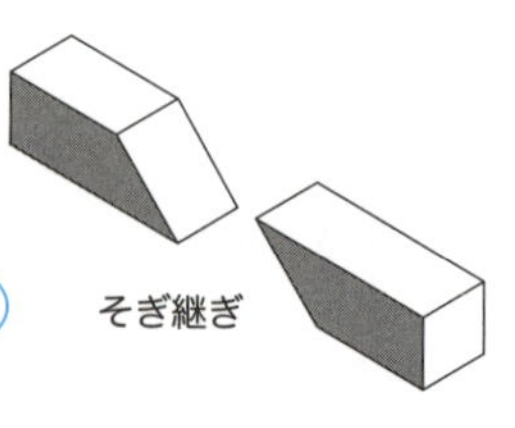

❑造作部材の施工

敷居・鴨居

敷居・鴨居の溝じゃくりを行う場合は、木表に溝を入れます。

木材の性質として、木表は木裏より含水率が高く、木表側に凹にそる傾向があり、木裏に割れが入りやすいです。

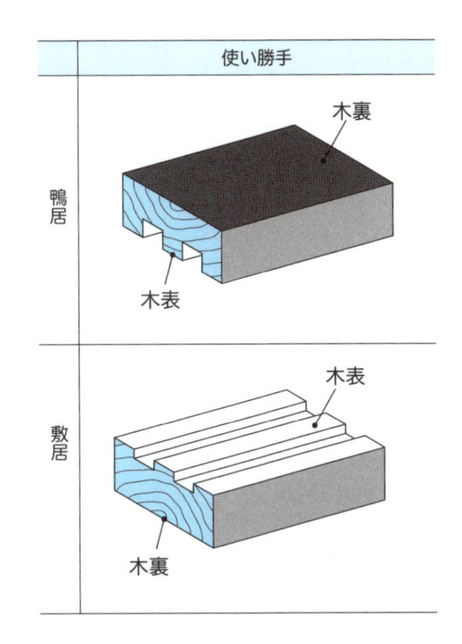

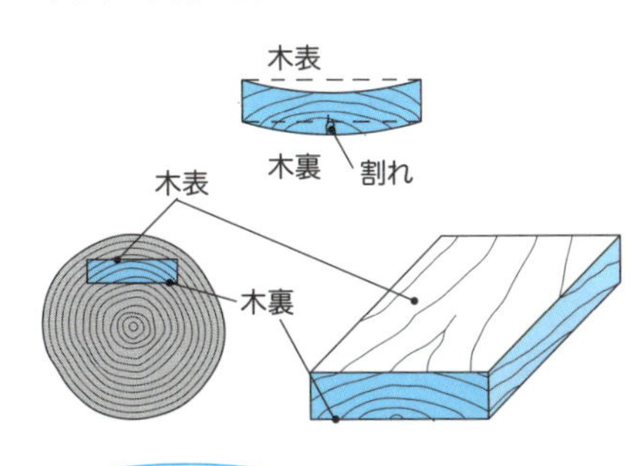

木表は外周に近い側で、
木裏は中心に近い側ですよ。

幅木

フローリングボードと壁との取合い部分は、幅木の下にのみ込みとし、壁との間に空隙（エキスパンション）を設けます。

幅木
空隙5mm程度
フローリング
ボード
エキスパンション
空隙20〜30mm
根太
下張り板

三方枠の戸当たり

木製三方枠の戸当たりは、一般的に、つけひばたとします。

溝を彫るのではなく、
雇い木をつけることによって
溝を作る場合、
その雇い木を「ひばた」といいます。

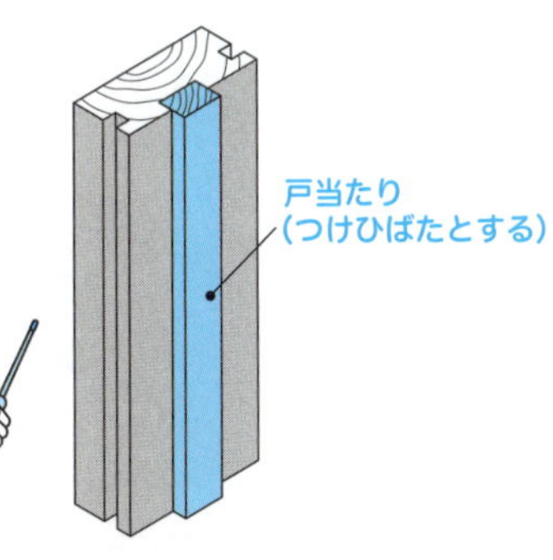

8
仕上げ工事

050—ALC パネル工事　パネルの取扱いの注意点と構法を押さえよう

ALC パネルは、軽量気泡コンクリートのパネルで、耐火性を備えたパネル建材としては、最も普及しています。軽さと強度、断熱性もありますが、パネルの表面は柔らかく、水を吸収しやすい構造です。そのため、パネルの取扱いの注意点や構法を抑えておきましょう。

❏ ALC パネルの取扱い

パネルの切断、溝掘り、孔あけ

パネルの割付け上、やむを得ず600mm未満のパネル幅を必要とする場合は、最小幅を300mmとします。

メモ パネルは、幅600mmで製造される。

パネルの切断、溝掘り、孔あけは、強度上有害とならない範囲以内とします。

メモ パネルの加工は、主筋を切断しない範囲に限る。

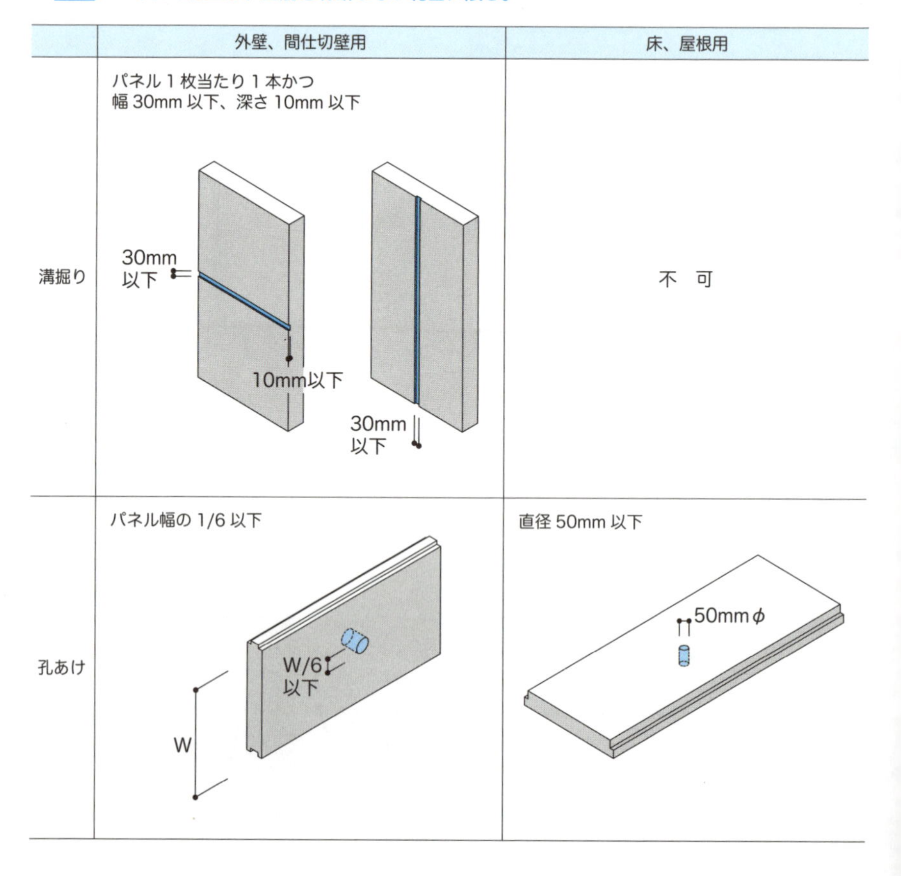

	外壁、間仕切壁用	床、屋根用
溝掘り	パネル 1 枚当たり 1 本かつ 幅 30mm 以下、深さ 10mm 以下	不　可
孔あけ	パネル幅の 1/6 以下	直径 50mm 以下

❏ ALC パネルの施工

壁パネルの取り付け

躯体の鉄骨等に下地鋼材（アングルなど）を取り付け、下地鋼材に取付け金物、ボルト等でパネルを取り付けます。

パネル短辺小口相互の接合部の目地は、目地幅10mm以上の伸縮目地とします。

［断面図］

縦壁パネルの取り付けは、バネル短辺接合部の横目地及び出隅・入隅部の縦目地に10～20mmの伸縮目地を設けます。

［平面図］

屋根・床パネルの敷き込み

屋根及び床パネルの敷き込みのパネルは、表裏を確認し、主要支点間距離の1/75以上、かつ40mm以上のかかり代を確保し、通りよく敷き込みます。

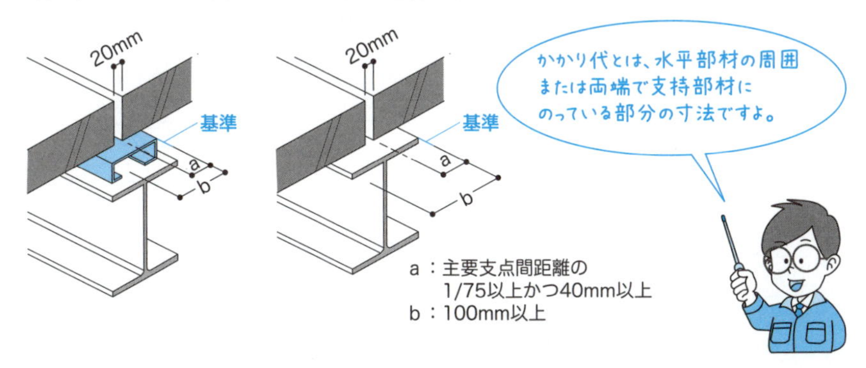

a：主要支点間距離の1/75以上かつ40mm以上
b：100mm以上

051─押出成形セメント板工事　取付け金物と目地に注目しよう

押出成形セメント板（ECP）は、セメント、ケイ酸質原料及び繊維質原料を主原料として、中空を有する板状に押出成形しオートクレーブ養生したパネルです。取付け方法はALC板と似ていますが、中空層になるよう押出し成形しており、中に鉄筋はありませんよ。

❏押出成形セメント板（ECP）の取扱い

溝掘り、開口部の措置

・パネルには、溝掘りを行わない。

・開口部の寸法及び位置は、原則として、パネル幅に合わせ、開口部には、補強材を設ける。

・パネルには、欠き込み等は行わない。やむを得ず、パネルに欠込み等を行う場合は、パネル欠込み幅はパネル幅の1/2以下、かつ、300mmを限度とし、パネル端部から穴開口まで各々 150mm以上を確保する。

❏押出成形セメント板（ECP）の施工

外壁パネル工法

地震時に建物が動いた場合に、パネルも動けるように、パネル取付け金物（Zクリップ）を用いて取り付けます。

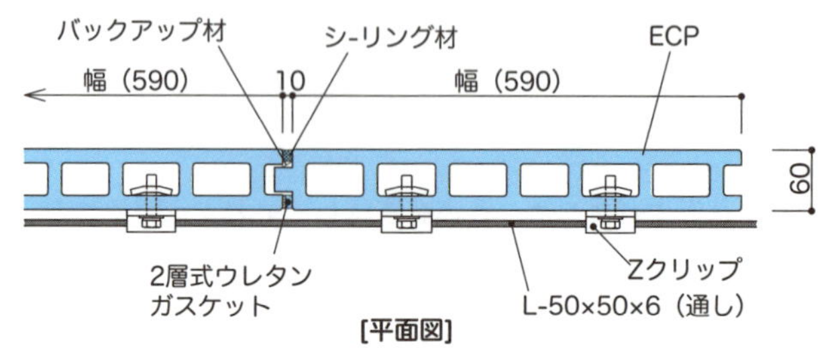

[平面図]

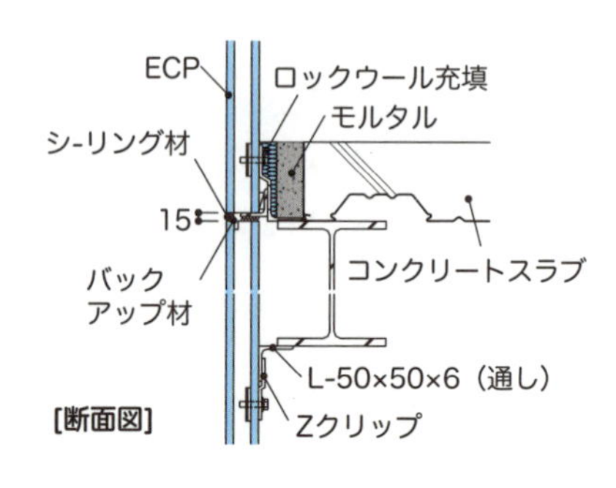

[断面図]

パネル四隅の取付け金物を支持部材に取り付けて、縦張り工法はロッキングできるように、横張り工法はスライドできるようにします。

メモ ロッキング：回転　スライド：横移動

	縦張り工法	横張り工法
工　法	躯体の層間変位に対して、ロッキングにより追随させる工法。	躯体の層間変位に対して、スライドすることにより追随させる工法。
荷重受け	各段ごとに、荷重受け部材で受ける。	パネルの積上げ枚数 3 枚以下ごとに、荷重受け部材で受ける。
取付け金物	パネルの上下端部に、ロッキングできるように取り付ける。	パネルの左右端部に、スライドできるように取り付ける。
目　地	パネル間は伸縮目地とし、縦目地は 8mm 以上、横目地は 15mm 以上とする。	パネル間は伸縮目地とし、縦目地は 15mm 以上、横目地は 8mm 以上とする。

パネル短辺の木口面に
表裏が記載されているので、
パネルの表裏を確認してから、
通りよく建て込みます。

取付け金物

パネルの取付け金物（Zクリップ）は、取付けボルトが取付け金物のルーズホールの中心に位置するように取り付け、下地鋼材に30mm以上のかかり代を確保します。

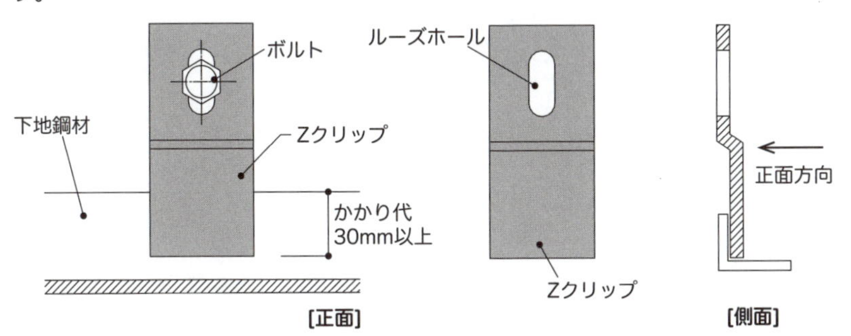

「スコップ」と「シャベル」、施工現場ではどっちで呼ぶ？

土や砂をすくったり、地面を掘ったりする道具に、「スコップ」や「シャベル」がありますよね。日本の東西で呼び方が違うのは、知っている方も多いと思います。

東の方では、大きい方を「スコップ」、小さい方を「シャベル」と呼ぶ人が多いですが、西の方では、その逆で、大きい方を「シャベル」、小さい方を「スコップ」と呼ぶ人が多いのではないでしょうか。

世代の古い人の中には、大きい方を「えんぴ」と呼ぶ人もいます。

ちなみに、私は、どちらも「スコップ」と呼んでいます。

JIS規格やメーカーの定義によれば、「足をかけられるのがシャベル、足をかけられないのがスコップ」という定義です。そうすると、大きい方が「シャベル」、小さい方が「スコップ」となりますよね。

どちらが正解かは定かではないですが、現場で使用する道具は「スコップ」と呼ぶことが多いです。スコップには、主に、「角型スコップ」（通称：角スコ）と「剣型スコップ」（通称：剣スコ）があるので、ぜひ、覚えておきましょう。

角型スコップ（角スコ）　先端の部分が四角い形状をしており、多くの土や砂を一度にすくいたい場合や、水をすくいあげたい場合に使用します。

剣型スコップ（剣スコ）　先端が剣のようにとがった形状をしているので、硬い土を掘る際に、よく使用されます。

小さいスコップ（シャベル）　園芸用スコップ、ハンドスコップと呼ばれています。

角型スコップ
（角スコ）

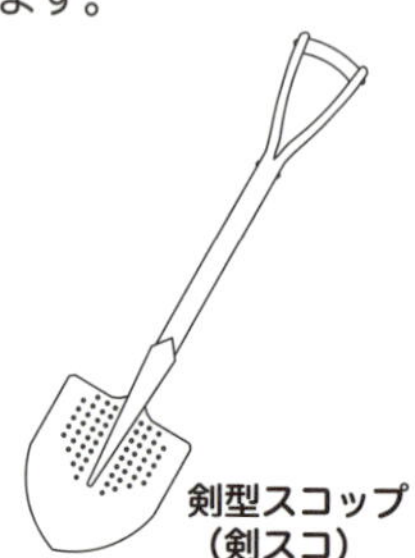
剣型スコップ
（剣スコ）

園芸用スコップ

第 9 章

現場を円滑にすすめる編

～管理計画～

現場を円滑に進めるに当たっては、どのようにすればよいでしょうか。

まずは、工事を始めてから終わるまでの進み具合を検討した計画を立てる必要がありますよね。良いものをつくるには品質も大切ですし、安全、コストも大切です。現場環境はもちろん、近隣、周辺環境にも配慮しなければなりません。

施工管理の基本として、5大管理と呼ばれる管理があります。

5大管理とは、代表とされる5つの管理で、品質（Quality（クオリティ））、原価（Cost（コスト））、工程（Delivery（デリバリー））、安全（Safety（セーフティ））、環境（Environment（エンヴァイアロンメント））の各アルファベットの頭文字を並べたもので、ＱＣＤＳＥ（キュウ・シー・ディ・エス・イー）と呼ばれています。

昭和時代は、4大管理（QCDS）でしたよ。

建築の現場管理では、5大管理は特に重要な要素ですので、ぜひ、取り組んでみましょう。

シドニー・オペラハウス

ヨーン・ウツソンによって設計された建築。
シドニー港に突き出した岬に位置し、何枚もの貝殻やヨットの帆を巡らせる外観が特徴的。

052— 施工計画　工事に欠かせない事前調査と仮設計画

何かの目標を達成するには、事前に計画を立てる必要がありますよね。建物をつくるという目標を達成するための計画が施工計画です。施工に先立ち計画するもので、事前調査は、なくてはならないものです。まずは、事前に調査する内容から始めてみましょう。

□施工に欠かせない事前調査

施工計画を立てるにあたり、現場の立地条件の事前調査が必要です。現場の事前調査で代表的な内容として次のものがあります。

敷地	・隣地及び道路境界線の確認、敷地形状の確認。 メモ 立会い者：建築主、設計者、工事監理者、隣地の所有者、道路管理者、工事管理者 ・敷地周辺の電柱や架空線の現状調査。 ・前面道路、周辺地盤や敷地境界の高低の現状調査。 ・周辺道路の交通規制の調査。 ・その他、施工のための追加調査。 メモ 設計時の地盤調査結果に不足がある場合に必要。
地下・下水	・地中障害物の有無の調査。 メモ 事前の試掘調査がベスト。 ・地下水位と水質、土質状況の調査。 ・排水方法、排水経路 (公共桝の有無と排水能力) の確認。 ・工事用水の供給施設の調査。 メモ 特に、場所打ちコンクリート杭の計画では必要。
近隣	・騒音や振動による公害防止のための、近隣の商店や工場の業種、近接家屋の現状、舗装の状況等の調査。 メモ 環境管理に関わる。 ・揚重機の設置計画に当たっては、テレビ等の電波障害の影響範囲の調査。 メモ 建物の高さより、揚重機の高さの方が高くなる。
道路状況	・敷地周辺の交通量、交通規制（特に通学路）の調査。 ・道路幅員や構造の確認。 ・大型車両の現場までの搬入経路の調査。 現場は、搬入等で大型車の出入りが多い。

仮設、根切り、杭、鉄骨建方、コンクリート工事等躯体工事で影響する内容が多いですよ。

❑主な関係書類の申請・届出と届出先

建物の施工中及び工事の完成までには、各種の手続きが必要になります。主な申請・手続きは、次の表のとおりです。

区分	申請・届出	提出先
建築関係	建築工事届	都道府県知事
	建築物除却届	
道路関係	道路使用許可申請書	警察署長
	道路占用許可申請書	道路管理者
労働安全関係	建設工事計画届	労働基準監督署長又は厚生労働大臣
	作業員寄宿舎の設置届	労働基準監督署長
	建設用リフト設置届	
	クレーン設置届	
その他	特定建設作業実地届出書	市町村長
	特定建設資材を用いた対象建設工事の届出書	都道府県知事

❑仮囲いとは

仮囲い

工事期間中に、工事現場を周囲と仕切るために設ける囲いのことです。木造で高さ13m、軒高9mを超える建物、木造以外で2階以上の建物の建築工事をする場合は、高さ1.8m以上の仮囲いが必要です。

メモ 鋼板製仮囲いの下端は、雨水が流れ出ないように、すき間をふさぐ。

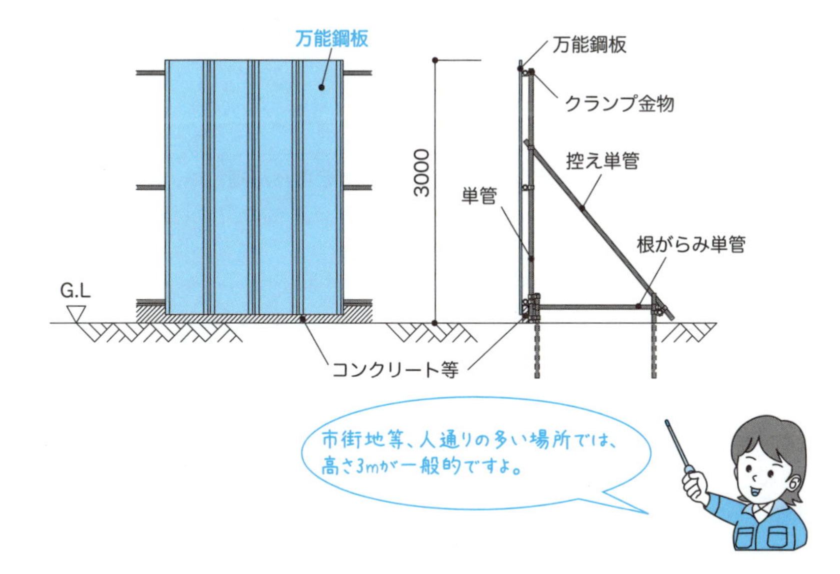

9 管理計画

❏材料管理

材料管理も施工計画の1つで、破損、汚損することのないように適切な方法で管理し、材質が劣化、変質しないように保管しなければなりません。

セメント

防湿に注意し、通風や圧力は避けます。

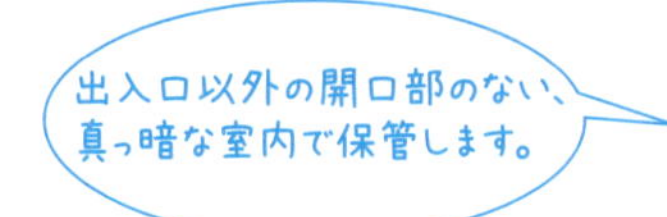

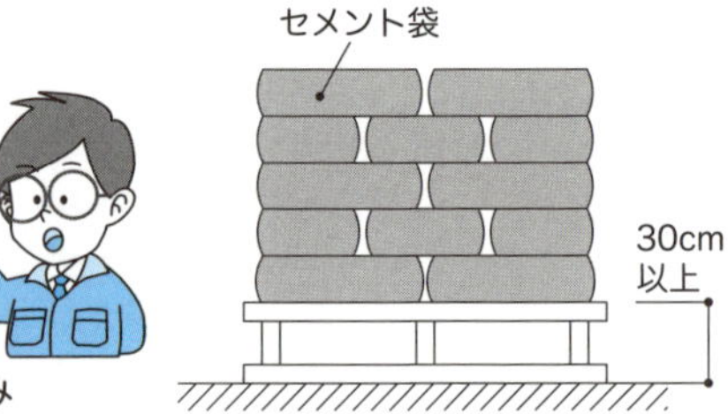

保管場所は床を30cm以上あげ、袋の積み重ねは10袋以下とします。

鉄筋

受材の上に種類ごとに整頓して保管し、土の上には直に置きません。 メモ 地面から10cm以上離して保管。

土の上に直に置くような材料、直射日光に当てるような材料はないですよ。

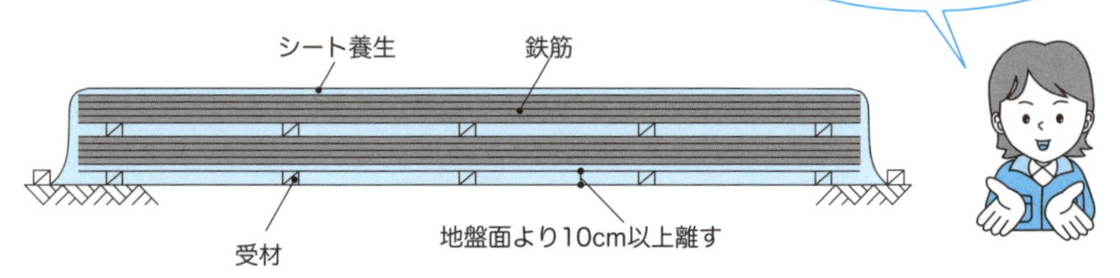

型枠用合板、木材

通風をよくして乾燥させます。屋内の保管が望ましいですが、屋外で保管する場合は直射日光が当たるのを避けます。

被覆アーク溶接棒

湿気を吸収しないように保管します。また、湿気を含んだ場合は、乾燥器で乾燥させてから使用します。

ボンベ類

ボンベは温度を40℃以下に保ち、転倒しないように保持します。

ボンベ類の貯蔵所は、通気をよくするために、壁の一面は開口とし、他の三面は上部に開口部を設けます。

メモ 貯蔵小屋は、密閉構造としません。

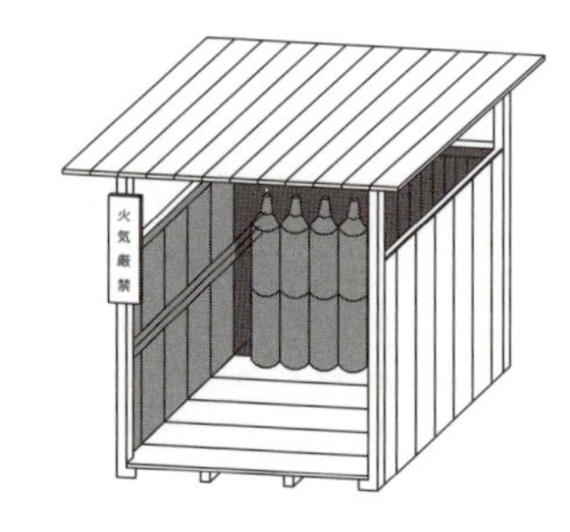

高力ボルト

包装の完全なものを未開封状態のまま現場へ搬入します。

乾燥した場所に規格種別、径別、長さ別に整理して保管し、施工直前に包装を開封します。積み上げる箱の段数は3～5段とします。

アスファルトルーフィング

屋内の乾燥した場所に、立て置きで保管します。

砂付ストレッチルーフィングは、ラップ部分を上に向けます。

コンクリートブロック

雨掛りを避けて、乾燥した場所に縦積みで保管します。

積上げ高さは1.6m以下とします。 メモ 1.6mは1日の積み上げ高さと同じ。

ALCパネル

枕木を2本使用して、平積みとします。

1単位（1山）の高さを1m以下、総高を2m以下とします。

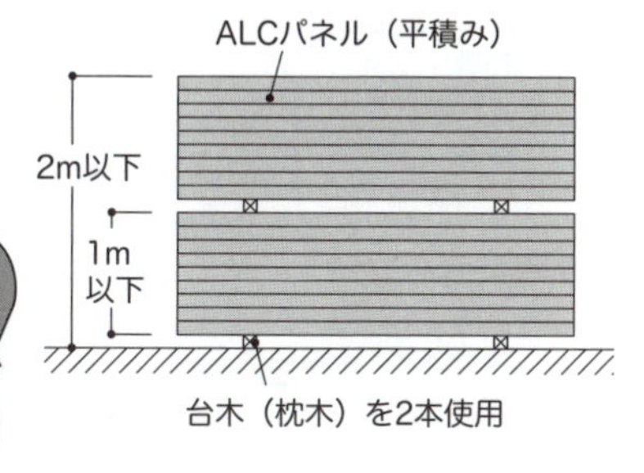

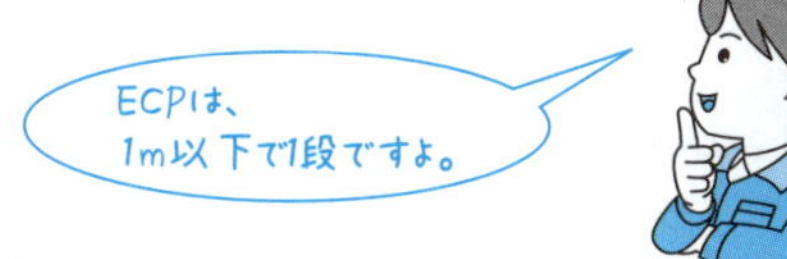

建具

アルミニウム製建具は、立置きとし、必要に応じて養生を行って保管します。

木製建具は、障子や襖は縦置きとし、フラッシュ戸は平積みとします。

ロールカーペット

ロールカーペットは縦置きせず、必ず横に倒して、2～3段までの俵積みとします。

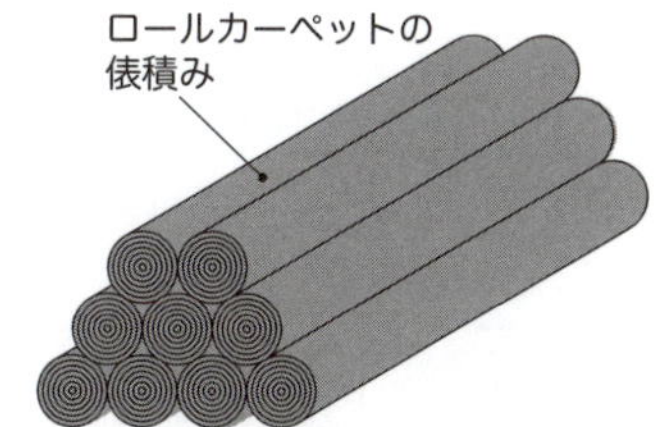

053—工程管理　円滑な工事のカギを握る日程と労務・資機材の調達

建物が定められた工事期間内に完成できるように、全体工事を構成している各種工事の進み具合と、労務・資機材の調達を管理することが工程管理です。工程管理は、他の管理に及ぼす影響が大きく、工程計画の良否が工事の出来栄えを左右しますよ。

❑工程計画の作成

工程計画を作成する上での主な留意点
①工程計画の準備を行う。 メモ 工事条件の確認、工事内容の把握、作業能率の把握。 ②各作業の手順計画を立案してから、日程計画を決定する。 メモ 手順→日程、これが基本。 ③基本工程表を最初に立て、それに基づき、順次詳細工程を決定する。 メモ 基本工程表：主要な工事項目とともに、各工事の作業手順や工期等を示したもの ④適正な工程計画の完成後は、作業が工程どおりに行われているかどうかの管理に重点をおく。 メモ 工程どおりを意識する。 ⑤工事の進捗状況の変化に対して、必要に応じて工程を変更する。 メモ 対応は素早く。 ⑥工程の調整は、労働力、作業能率、作業手順等を見直すことによって行う。 メモ 工事のスケジュール調整はしっかりと。

❑工程計画の立案

工程計画の立案段階における主な検討事項
①敷地の所在する地域の天候を把握する。 ②現場周辺の風土、習慣（祭り、催し物等）による作業中止を予測する。 ③近隣の協定に基づく作業可能日、作業開始時刻、作業終了時刻等を検討する。 ④地域による労務、資材、機材の調達状況を確認する。 ⑤使用可能な前面道路の幅員や交通規制等を検討する。

立案段階で関係の少ない事項は以下です。
・各種工事の検査項目、重点管理事項。
・工種別の施工組織体系。
・各種工事の細部の納まり。
・工事施工図の作成。

❏積上方式と割付方式

積上方式　各作業の所要時間を算出し、その合計を工期とする方式。

割付方式　工期が定められており、各作業の所要時間をその工期内におさまるように構成する方式。**多くの建築工事では、割付方式を採用。**

❏マイルストーン（管理日）とは

マイルストーン（管理日）は、工程上、重要な区切りとなる時点や、中間工期として指示される重要な作業の終了時点等をいい、工事の進捗管理のポイントとして活用されます。

軽量鉄骨天井下地取付け開始日、
内装断熱材吹付け工事開始日
等は、マイルストーンに該当しません。

❏ネットワーク式工程表とバーチャート式工程表

ネットワーク式工程表

各作業の時間的内容、先行・後行、または並行作業間の時間的関連を簡単に表現するために考案されたもの。矢線（アロー）を用いて工事の流れ（作業経路）を表現する。

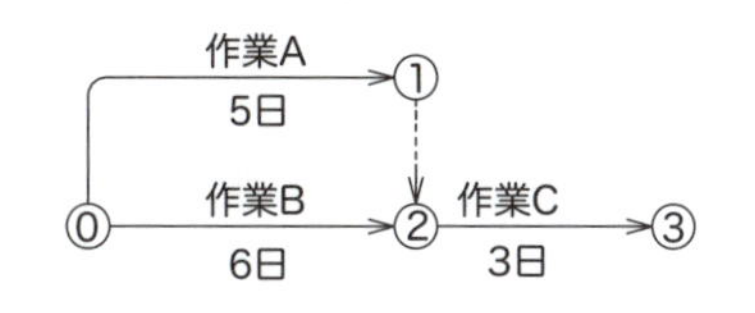

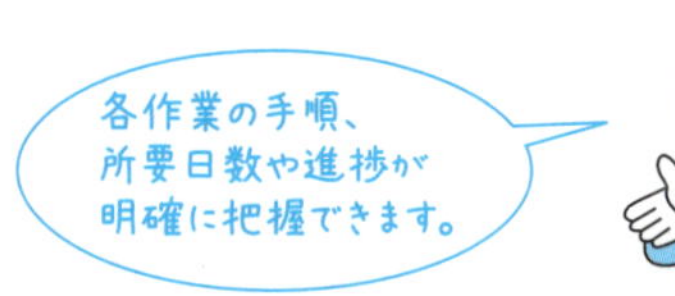

バーチャート式工程表

工事の各作業を縦軸に列記し、横軸に工期をとって、作業ごとに所要日数を示した図表。

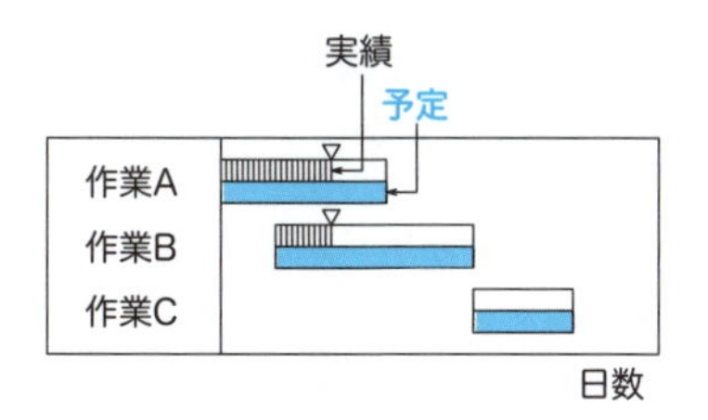

054—品質管理　重点を置くべきは、検査よりも作業手順の最適化

品質管理は、生産管理の１つです。建物の品質管理は、完成された建物が設計図書に定められた品質を満足しているかを、各工事の施工ごとに行っていきます。試験や検査によって調べるのですが、重点を置くべきことは、検査より作業手順の最適化ですよ。

❑施工における品質管理の基本

品質管理とは、完成したものが要求されている品質であるかどうかを、各種の試験や検査によって調べ、品質の粗悪なものが施工された場合は、工事を一時中断し原因究明を行って、不良品の措置と不良品発生の予防を行うことです。

メモ▶ 品質管理：クオリティコントロール（QC）

品質計画

品質計画には、施工の目標とする品質、品質管理の実施方法、管理体制等を記載します。

メモ▶ 発注者の要求する品質：使用する材料、仕上り状態、機能や性能等

品質計画のレベル

品質管理は、品質管理の目標のレベルに見合った管理を行います。

メモ▶ 全ての品質について同じレベル、品質の目標値を大幅に上回る品質の確保は、優れた品質管理とはいえない。

品質への影響

品質に及ぼす影響は、施工段階より計画段階で検討する方が、より効果的です。

メモ▶ 川上管理が基本。

品質の確保

品質管理では、出来上がり検査で品質を確認することよりも、工程で品質を造り込むことを重視します。

メモ▶ 良い品質をつくる手順の確立。

品質確保のための工程が計画できたら、作業が工程通りに行われているか、管理に重点をおきます。

メモ▶ 施工要領書、作業標準どおりに行われているかをチェック、評価する。

検査の結果

検査の結果に問題が生じた場合は、適切な処理を施し、その原因を検討し再発防止処置を行います。

役割分担

建設業における品質管理では、設計者、施工管理会社、専門工事会社の役割分担を明確にします。

❑主な工事における試験・検査

工事名	試験・検査	概　要
鉄筋工事	鉄筋のガス圧接試験	外観検査 メモ 圧接箇所全数。
		超音波探傷試験（非破壊検査） メモ 1検査ロット、30箇所。
		引張試験（破壊検査） メモ 1検査ロット、3個以上。
コンクリート工事	構造体コンクリートの圧縮強度の検査	1回の試験は、コンクリートの打込み日ごと、打込み工区ごと、かつ150m^{3}以下にほぼ均等に分割した端数ごとに行う。 メモ 調合管理強度以上のものを合格。
	スランプ試験	試料をスランプコーンに詰めるときは、ほぼ等しい量の3層に分けて詰める。 メモ スランプ8～18cmの許容差：±2.5cm
	スランプフロー試験	試料をスランプコーンに詰め始めてから、詰め終わるまでの時間は2分以内とする。 メモ 高強度コンクリートの場合 フロー値50以下：±7.5cm、フロー値50超：±10cm
	塩化物量の簡易試験	同一試料からとった3個の分取試料について各1回測定し、その平均値を測定値とする。
外壁タイル工事	打音検査	全面にわたりテストハンマーを用いて打音検査。
	引張接着強度検査	試験体の数は、100m^{2}以下ごとに1個以上、かつ全面積で3個以上を行う。 メモ 引張接着強度のすべての測定結果が0.4N/mm^{2}以上、かつ、コンクリート下地の破壊率が50%以下の場合を合格。
木工事	木材の含水率	現場での木材の含水率の測定は、高周波水分計で確認する。 メモ 現場搬入時の造作用木材の含水率：15%以下
建具工事	アルミニウム製建具	陽極酸化皮膜の厚さの測定は、渦電流式厚さ測定器を用いて行う。
塗装工事	塗料の塗膜厚	硬化乾燥後に電磁微厚計で確認する。
	塗材仕上げの所要量	単位面積当たりの使用量をもとに確認する。
	モルタル素地	モルタル面のアルカリ度検査は、pHコンパレーターを用いて行う。 メモ pH9以下であることを確認。
断熱工事	断熱材厚さ	硬質ウレタンフォーム張付け工法による断熱工事の場合、張付け後の断熱材厚さの測定は、ワイヤーゲージを用いて行う。
内装工事	ホルムアルデヒドの濃度測定	室内空気中に含まれるホルムアルデヒドの濃度測定は、パッシブ型採取機器を用いて行う。

❏品質管理に用いる代表的な図表

パレート図

不良品・欠点・故障等の発生個数を、現象や原因別に分類してデータを取り、大きい順に棒グラフにするとともに、これらの大きさを順次累積して折れ線グラフで表した図です。

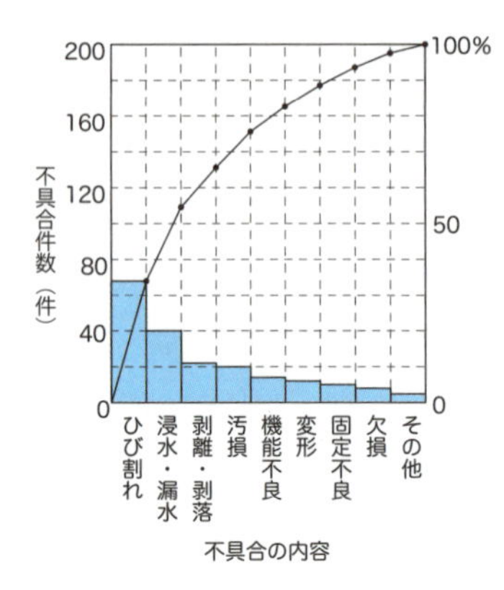

ヒストグラム

ばらつきのあるデータを一定の範囲ごとに区分し、区分ごとに発生頻度を棒グラフに表したものです。

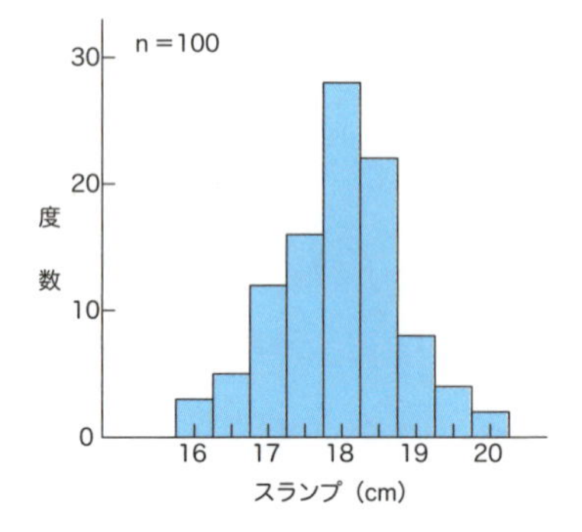

散布図

任意の2つの関連するデータの相関性を調べるグラフです。

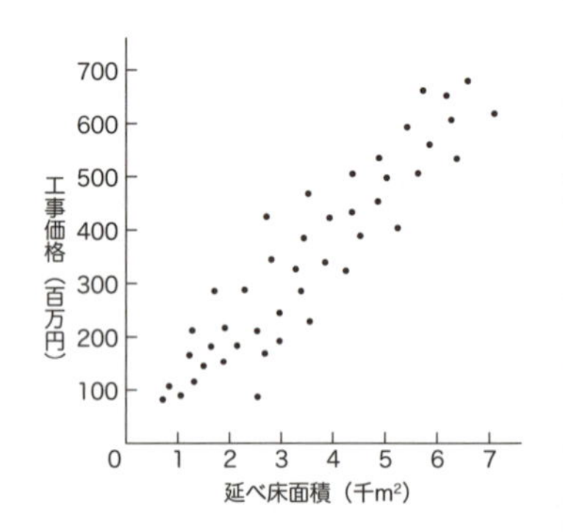

管理図

工程が安定状態にあるかを調べるため、または工程を安定状態に保持するために用いる図です。

特性要因図

問題とする特性（結果）と、技術的に影響を及ぼしていると思われる要因（原因）との関係を整理して、魚の骨のような形に体系的にまとめたものです。

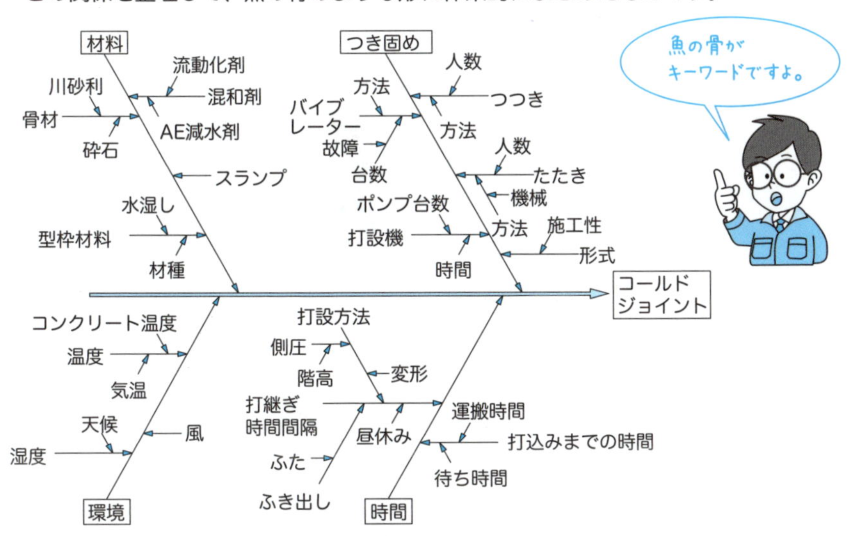

❏ QC工程表の作成

施工品質管理表（QC工程表）は、工程のどこで、何を、いつ、だれが、どのように管理するかを決め、工程の流れに沿って整理したものです。

QC工程表の作成上の留意点
・工種別又は部位別とし、一連の作業を工程順に並べる。 ・管理項目は、重点的に実施すべき項目を取り上げる。 ・管理値を外れた場合の処置を明示する。 ・工事監理者、施工管理者、専門工事業者の役割分担を計画にする。 ・検査の時期、頻度、方法を明確にする。

055—安全管理　労働災害や近隣への迷惑を予防する方法

工事現場には、どのような危険が潜んでいるでしょうか。足場等から作業員が墜落、転落する災害、資材等が飛来、落下する災害、仮設物や重機等の転倒による災害等、さまざまな災害がありますよね。これらの災害を防止する方法を、少し考えてみましょう。

❏労働災害

労働災害とは、「労働者の就業に係る建設物、設備等により、又は作業行動その他業務に起因して、労働者が負傷し、疾病にかかり、又は死亡することをいう。」と定義されています。

建設作業による労働災害は、全産業の3割程度を占めています。

❏災害発生率の表し方

労働災害の発生状況を調査する場合等の算出方法として、強度率、度数率、年千人率が一般的に用いられます。

用　語	概　要	
強度率	1,000 延労働時間当たりの労働損失日数を示す。 メモ 災害の規模や程度。	$\frac{\text{労働損失日数}}{\text{延労働時間数}} \times 1{,}000$
度数率	100 万延労働時間当たりの労働災害による死傷者数を示す。 メモ 災害発生の頻度。	$\frac{\textbf{死傷者数}}{\text{延労働時間数}} \times 1{,}000{,}000$
年千人率	労働者 1,000 人当たりの 1 年間の死傷者数を示す。 メモ 災害発生の頻度。	$\frac{\text{年間の}\textbf{死傷者数}}{\text{1 年間の平均労働者数}} \times 1{,}000$
労働損失日数	死亡及び永久全労働不能障害の場合、1 件につき 7,500 日とする。	

❑特定元方事業者が行うべき安全管理

特定元方事業者の講ずべき主な措置	
・協議組織の設置及び運営。 ・作業場所の巡視。 ・計画の作成。 ・事故現場等の標識の統一等。	・作業間の連絡及び調整。 ・教育に対する指導及び援助。 ・クレーン等の運転についての合図の統一。 ・有機溶剤等の容器の集積箇所の統一。

❑作業主任者を選任すべき作業

作業主任者	選任すべき作業
高圧室内作業主任者	高圧室内作業（潜函工法その他の圧気工法で行われる作業）。
ガス溶接作業主任者	アセチレン溶接装置、ガス集合溶接装置を用いて行う金属の溶接、溶断、加熱作業。
コンクリート破砕器作業主任者	コンクリート破砕器を用いて行う破砕作業。
地山の掘削作業主任者	掘削面の高さが **2m 以上**となる地山の掘削作業。
土止め支保工作業主任者	土止め支保工の切梁、腹おこしの取付け、取りはずし作業。
型枠支保工の組立て等作業主任者	型わく支保工の組立て、解体作業。
足場の組立て等作業主任者	つり足場（ゴンドラのつり足場を除く）、張出し足場、高さが **5m 以上**の構造の足場の組立て、解体、変更作業。
建築物等の鉄骨の組立て等作業主任者	建築物の骨組み又は塔であって、**高さ 5m 以上**の金属製の部材により構成されるものの組立て，解体、変更作業。
木造建築物の組立て等作業主任者	軒の高さが **5m 以上**の木造建築物の構造部材の組立て、これに伴う屋根下地、外壁下地の取付け作業。
コンクリート造の工作物の解体等作業主任者	高さ **5m 以上**のコンクリート造の工作物の解体、破壊の作業。
酸素欠乏危険作業主任者	酸素欠乏危険場所における作業。
石綿作業主任者	石綿もしくは石綿をその重量の **0.1%を超えて含有**する製剤その他の物を取り扱う作業（試験研究のため取り扱う作業を除く）、石綿等を試験研究のため製造する作業。

作業主任者の選任が不要な作業は以下です。
- コンクリートの打設。
- 鉄筋の組立て。
- 木造の解体。
- PC板の建込み。
- アーク手溶接。
- リフトの運転等。

❏単管足場

単管足場とは、単管（鋼管）と単管（鋼管）の交点を、緊結金具を用いて現場で組み立てる足場で、枠組足場と並んで一般的に使用されます。

緊結金具には、直交型クランプ、自在型クランプ、2連、3連等の種類があります。

建地の間隔

けた行方向は1.85m以下、はり間方向は1.5m以下とします。

建地の最高部から31mを超える部分は、下部の建地を2本組で補強します。

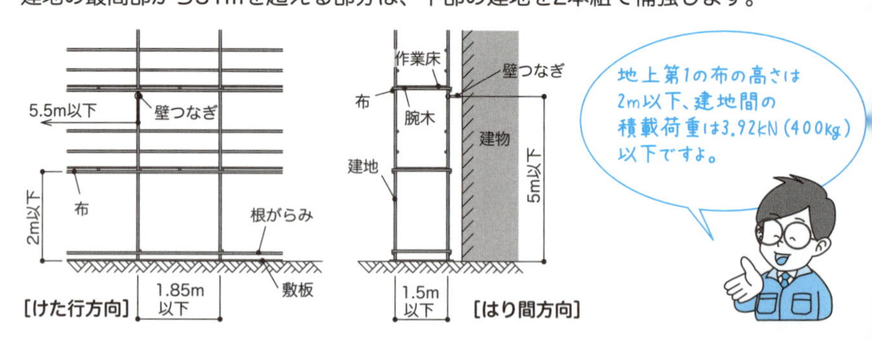

壁つなぎ・控え

壁つなぎの間隔は、垂直方向5m以下、水平方向5.5m以下とし、地上第一の壁つなぎは、地上より5m以下の位置に設けます。

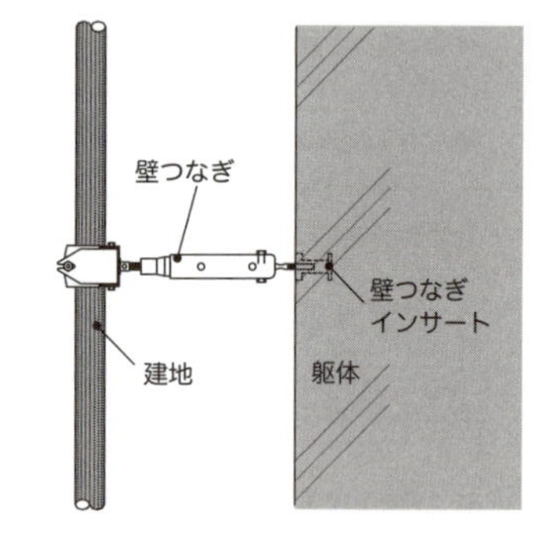

作業床（共通）

幅は40cm以上、すき間は3cm以下、

床材と建地とのすき間は12cm未満とします。

支点上での重ねは20cm以上、転位脱落防止のため、2箇所以上を緊結します。

作業員の墜落防止

高さ85cm以上の手すり及び高さ35cm以上50cm以下の桟（中桟）を設けます。

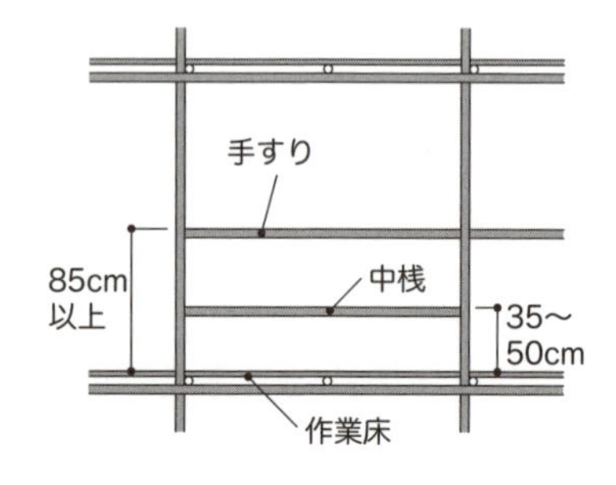

物体の落下防止（共通）

2m以上の部分に、高さ10cm以上の幅木、メッシュシートもしくは防網又はこれらと同等以上の機能を有する設備を設けます。

メモ 10cm以上の幅木か、シート類のどちらか。

❏枠組足場

一定の枠に加工された鋼管（建枠）を、現場で組み立てます。原則として45m以下です。

建枠の間隔

高さ20mを超える場合、及び重量物の積載を伴う作業をする場合は、主枠の高さ2m以下、主枠の間隔1.85m以下とします。

メモ 〈積載荷重〉建枠幅1.2m：4.90kN（500kg）以下　0.9m：3.92kN（400kg）以下

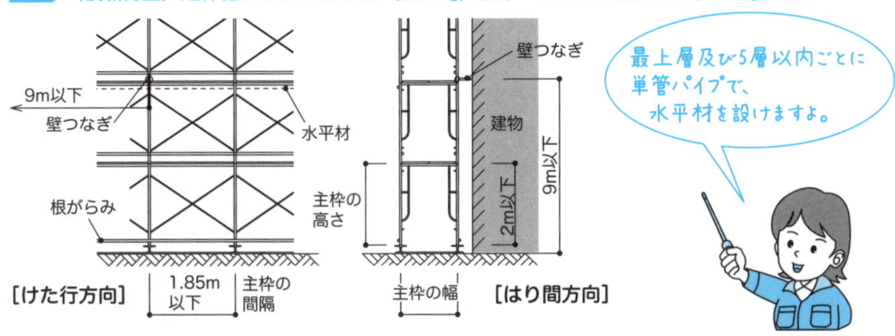

壁つなぎ・控え

壁つなぎの間隔は、垂直方向9m以下、水平方向8m以下とし、地上第一の壁つなぎは、地上より9m以下の位置に設けます。

	垂直方向	水平方向
単管足場	5m 以下	5.5m 以下
枠組足場 （高さ 5m 未満のものを除く）	9m 以下	8m 以下

壁つなぎの間隔は、「単管、直5（チョクゴ）の、水平5.5（スイヘイゴーゴー）」枠組は、「水平8（ワ）、直9（ク）」で覚えるとよいです。

作業員の墜落防止

2m以上の部分には、交差筋かい及び高さ15㎝以上40cm以下の桟（下桟）もしくは高さ15cm以上の幅木を設けます。または、手すり枠等を設けます。

メモ 妻面：高さ85cm以上の手すりと、高さ35㎝以上50㎝以下の桟（中桟）の設置

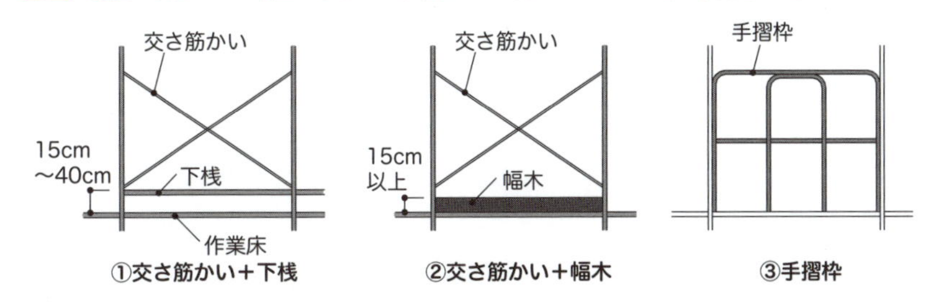

①交さ筋かい＋下桟　②交さ筋かい＋幅木　③手摺枠

建築現場のイメージ、「3K」から「新 3K」へ

よく聞く話ですが、ひと昔前の現場のイメージは「3K」でした。「3K」とは、「きつい、汚い、危険」の頭文字をとったものです。現在の現場は、労働環境の改善が進んでおり、それに伴って、若い世代や女性の活躍も多くなってきています。

時代は変わり、過酷な条件である「3K（きつい、汚い、危険）」のイメージから、新たな「3K」への取り組み、「新3K」への取り組みが、注目されていますよ。

「新3K」とは、「給料がよい」、「休暇が取れる」、「希望がもてる」を推奨する言葉です。

これまでの現場は、「3K」のイメージがあり、それに加えて、長時間労働で休みが少ない等が当たり前の世界で、今では、労働者の高齢化や人手不足が深刻な問題となっています。

このような状況を改善するため、「3K」から「新3K」へのイメージを広め、多様な人材を呼び込み、魅力ある現場への変化が期待されていますよ。

おわりに

本書をお読みいただき、建築に興味を持っていただけましたか？

いずれにしても、この本を読むのに費やした時間は、決して無駄なことではありません。今は、それほど、役に立たなくても、いずれ役に立つ日が訪れると思います。

「建築に興味はあるけど、難しいので挫折した人」、「少しは学習したが、資格の壁にぶつかっている人」、「新たに建築の世界で活躍したい人」、実に多くの人たちが、この本を手にしたことでしょう。

目的を達成するには、毎日、少しずつ進めることが大切です。特に、学習して記憶する場合、1日10時間かけて達成するのであれば、1時間ずつ10日かけて達成する方が、よい結果や効果に繋がります。

小さな努力を継続する力は無敵ですよ。

「継続は力なり」、「習慣は力なり」、座右の銘にしている言葉です。

建築の世界に進もうと思ったきっかけは、人によりさまざまです。

かっこいい、やりがいがある、面白そう等、よくある理由や動機でも、とりあえず始めてみなければ、何もわからないですよね。

しかし、始めてみると大変なことや、覚えなければならないことが多い。こんなはずではなかった。そう感じてしまって挫折して、他の世界に進む人もいます。

どのような世界でも同じですよ。

建物をつくる現場では、出来上がるまでが苦労しますが、建物が完成し、最後の外部足場を解体する時が、最も感動する瞬間です。現場に携わった人たちなら、そのような経験があるでしょう。

日々の苦労した積み重ねが大きいほど、達成した充実感、喜びも大きくなります。できれば、楽しく苦労したいものですよね。

井岡 和雄

■ 読者特典 ■

この度は『２級建築施工管理技士　はじめの一歩　第一次検定対策テキスト』をお買い求めいただき、誠にありがとうございます。

本書をご購入後、下記 URL からお申込みいただいた方は、

本書を活用した、
著者によるオンラインレクチャー

「【2級建築施工管理技士】
合格をつかむ勉強法 」

に **無料で参加** いただけます。

なお、開催後にお申込みいただいた場合はアーカイブ視聴のご案内をさせていただきます。

詳細とお申込みは下記の二次元コードか URL にアクセスしてご確認ください。

https://book.gakugei-pub.co.jp/campaign/2q-kskg-step/

※諸般の事情により、特典を中止させていただくことがございます。
ご了承いただきますよう、よろしくお願いいたします。

著者紹介

井岡 和雄（いおか　かずお）

1962年大阪生まれ。1985年関西大学工学部建築学科卒業。
1985年ゼネコンに就職。5年間の現場管理を経て、設計部に転属。10年間の設計・監理業務後、独立。
2000年井岡一級建築士事務所を開設。
設計業務の傍ら、資格学校での建築士受験を中心とした講義、企業での建築施工管理受検、建築士受験者向け講義、大学での講義、建築施工管理技士、建築士、建設機械施工管理試験等の受験書の執筆に精力的に取り組む。

本書の関連情報、
ご意見・ご感想の投稿は
下記のウェブページをご覧ください
https://book.gakugei-pub.co.jp/
gakugei-book/9784761529222/

2級建築施工管理技士
はじめの一歩
第一次検定対策テキスト

2025年4月20日　第1版第1刷発行

著　者……井岡和雄
発行者……井口夏実
発行所……株式会社 学芸出版社
京都市下京区木津屋橋通西洞院東入
電話 075-343-0811　〒600-8216
http://www.gakugei-pub.jp
Email　info@gakugei-pub.jp
編集……岩崎健一郎・安井葉日花
装丁……鈴木茉弓（ym design）
DTP……（株）フルハウス
印刷……イチダ写真製版
製本……新生製本

ISBN978-4-7615-2922-2